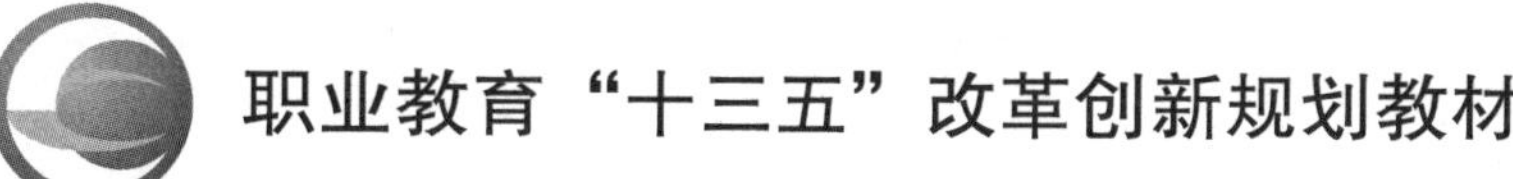

职业教育“十三五”改革创新规划教材

汽车概论

李红军 主 编

金春玉 孙 晖 高 辉 副主编

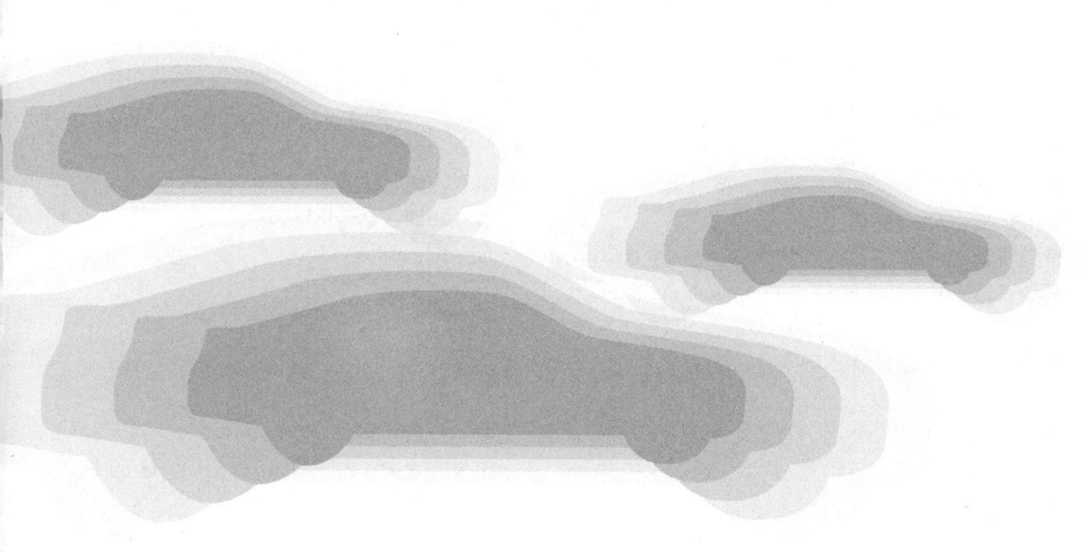

清华大学出版社

北 京

内 容 简 介

本书是职业教育"十三五"改革创新规划教材，依据教育部颁布的《中等职业学校汽车运用与维修专业教学标准》和相关国家职业技能标准编写而成。

本书除绪论外共有6个单元，主要介绍汽车的发明与发展简史、国内外著名汽车公司及商标、汽车总体结构、汽车分类及各组成系统的作用及工作原理、汽车的选购技巧及维护内容、汽车的排污控制与环境保护、新型汽车与新技术以及汽车文化等。本书内容系统全面、图文并茂、适用面广、通俗易懂、趣味性强，采用了大量的图片及图表，有利于激发学生的学习兴趣，方便教师授课和学生课外学习。

本书可作为中等职业学校汽车类专业学生的教材。对于汽车行业各类人员及具备一定文化知识的汽车爱好者，也是一本很好的参考读物。

图书在版编目(CIP)数据

汽车概论/李红军主编.—北京：清华大学出版社，2017（2021.8重印）
（职业教育"十三五"改革创新规划教材）
ISBN 978-7-302-43283-8

Ⅰ.①汽… Ⅱ.①李… Ⅲ.①汽车—中等专业学校—教材 Ⅳ.①U46

中国版本图书馆CIP数据核字(2016)第046037号

责任编辑：刘翰鹏
封面设计：张京京
责任校对：李 梅
责任印制：丛怀宇

出版发行：清华大学出版社
网 址：http://www.tup.com.cn，http://www.wqbook.com
地 址：北京清华大学学研大厦A座 **邮 编**：100084
社 总 机：010-62770175 **邮 购**：010-62786544
投稿与读者服务：010-62776969，c-service@tup.tsinghua.edu.cn
质量反馈：010-62772015，zhiliang@tup.tsinghua.edu.cn
课件下载：http://www.tup.com.cn，010-62770175-4278
印 装 者：三河市金元印装有限公司
经 销：全国新华书店
开 本：185mm×260mm **印 张**：14.5 **字 数**：331千字
版 次：2017年1月第1版 **印 次**：2021年8月第3次印刷
定 价：49.00元

产品编号：068763-02

FOREWORD 前言

本书是职业教育“十三五”改革创新规划教材，依据教育部2014年颁布的《中等职业学校汽车制造与检修专业教学标准》中“汽车概论”课程的“主要教学内容和要求”，并参照相关的国家职业技能标准编写而成。通过本书的学习，可以掌握与汽车专业相关的基础理论、基本知识和基本技能。本书在编写过程中邀请了企业技术人员参与教材的编写，紧密结合工作岗位，与职业岗位对接；选取的案例贴近生活、贴近生产实际；将创新理念贯彻到内容选取、教材体例等方面。

本书配套有丰富的教学资源，主要有电子教案、多媒体课件、多媒体素材库等，可免费获取。

本书在编写时努力贯彻教学改革的有关精神，严格依据教学标准的要求，努力体现以下特色。

(1) 本书系统规范，由表及里，深入浅出。书中选用的车型均为常用车型，选取的内容与图片极具代表性，以汽车及各部件的作用、组成、分类、应用为主线，帮助读者在熟练掌握与汽车相关的理论知识的基础上，能够举一反三、触类旁通。同时对未来汽车的新技术、新理念进行了一定程度的探索与归纳，按照学生的认知规律，由简到繁，分单元组织教材，使读者能够从中学到更多的知识与技能。

(2) 本书贴近生活，适应性强，适用面广。由于本书包含了汽车的发展历史、结构组成、实际应用、未来发展方向等各个方面内容，不仅理论知识涉及面广，还强化了汽车的日常使用性能与要求，对普通的汽车拥有者也有一定的指导作用。故凡汽车类专业，不管是单一型专业还是复合型专业，不管是刚入门的初学者还是有一定基础的汽车专业从业人员，均可根据情况选用学习，一些汽车爱好者也可把本书作为了解汽车的一本入门书籍。

(3) 本书图文并茂，通俗易懂，趣味性强。书中采用了大量的平面及立体图片，图面简洁直观，形式生动活泼，有利于激发学习兴趣。

本书建议学时为 64 学时，具体学时分配见下表。

单　　元	教学内容	课堂教学	现场教学	合计
	绪论	1		1
单元 1	认识汽车	4	1	5
单元 2	汽车发动机	20	2	22
单元 3	汽车底盘	14	2	16
单元 4	汽车电气设备	12		12
单元 5	汽车的选购与维护	3		3
单元 6	汽车与环境保护	3		3
	授课合计	57		62
	机动	2		2
总　　计		59	5	64

本书由沈阳市汽车工程学校李红军担任主编并统稿，金春玉、孙晖、高辉担任副主编，全书共分为绪论和 6 个单元，编写组成员分工为：绪论及单元 1～单元 3 由李红军编写；单元 4 由金春玉、孙晖编写；单元 5 和单元 6 由高辉编写。

本书在编写过程中参考了大量的文献资料，在此向文献资料的作者致以诚挚的谢意。由于编写时间及编者水平有限，书中难免有疏漏和不妥之处，恳请广大读者批评指正。了解更多教材相关信息，请关注微信号 Coibook。

编　者

2016 年 9 月

CONTENTS

目录

绪论

知识目标：

(1) 了解汽车发明的相关知识；

(2) 了解世界汽车工业发展的过去、现状、未来发展趋势及世界著名汽车公司的发展历程；

(3) 了解我国汽车工业发展过程及我国著名汽车公司。

能力目标：

能够熟练使用网络查找汽车相关信息。

0.1 汽车的发明

车的历史由来已久，陆地上有轮子的运输工具都可以称为“车”。学者们认为，中国是最早使用车的国家之一，大约4600年前，我们的祖先就开始造车并把车用于生产、生活和作战。车的动力从人力、兽力、蒸汽机到内燃机经历了漫长的年代。

三轮汽车的发明者卡尔·弗里特立奇·本茨(Karl Friedrich Benz)(见图0-1)是一名德国工程师，他出生于1844年，是个火车司机的儿子。本茨从小跟父亲生活在火车上，因此对蒸汽机车产生了浓厚的兴趣。1878年，34岁的本茨曾试制过二行程煤气发动机，但是没有成功。1879年，本茨终于首次试验成功了一台二冲程发动机。从1884年初到次年10月，本茨研制出单缸汽油发动机并将其装到一辆三轮车上成为一辆三轮汽车(图0-1)，它是德国梅赛德斯-奔驰汽车公司的第一代“祖宗”(1994年北京国际汽车工业展览会上，奔驰公司曾展出此车)。这辆三轮汽车打破了传统马车的木架结构，首次用钢管焊成车架，用了三个辐条式的车轮做轮子。车架上装有一台小型汽油机，单缸，有效工作容积 1687mL，转速为 200r/min，功率为 1.5 马力，用高压线圈点火，化油器是带浮子阀的，用水冷却。汽油机发动以后，动力经齿轮和链条传到后轴，后轴由两个半轴组成，中间装有差速器，以利车辆转弯；前轮架在一个叉子上，类似自行车的前轮装置，上面有转向手柄，用来操作车辆转弯。这辆汽车上还装有变速杆和制动把，车的最高时速可达 18km/h。另外，为了使人坐在上面感到舒服，在车架和车轴之间首次装上了钢板弹簧悬架。

图 0-1　卡尔·本茨与卡尔·本茨制造的三轮汽车

由上述特征可以看出，这辆汽车已具备了现代汽车的一些基本特点，它是世界上第一辆装有汽油内燃机的三轮汽车。本茨于 1886 年 1 月 29 日向德国专利局申请他发明汽车的专利，同年 11 月 2 日专利局正式批准发布。因此，1886 年 1 月 29 日被认为世界汽车诞生日。本茨的专利证书也成为世界上第一张汽车专利证书。这张专利证书的证号是 7435，类别为第 46 类，即空气及气态动力机械类。

四轮汽车的发明者德国人哥德里普·戴姆勒(Gottlieb Daimler)(见图 0-2)是马车商人的儿子。他的父亲因为蒸汽机汽车抢了他的生意而大为恼火，在一次马车与蒸汽机汽车比赛的打赌中，他父亲大丢脸面，这给小戴姆勒留下了极深的印象，他发誓要发明一种超过蒸汽机汽车的车辆。戴姆勒是一个机器迷，他做过铁匠和车工，也上过几年技术学

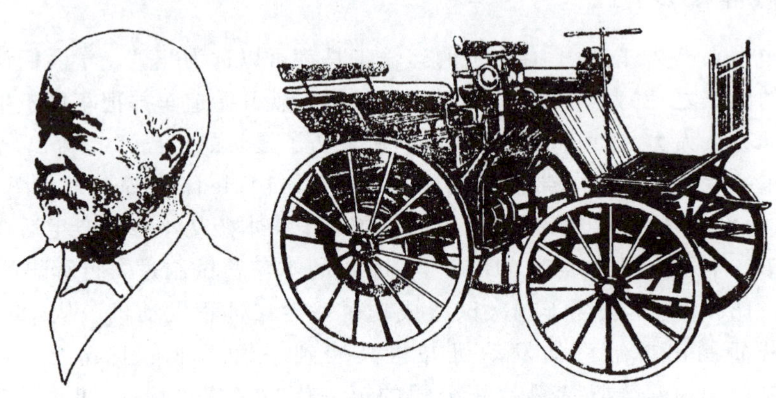

图 0-2　哥德里普·戴姆勒与哥德里普·戴姆勒发明的四轮汽车

校。他长期从事内燃机发明者奥托领导下的奥托-朗根公司的技术工作，对奥托内燃机（固定式煤气发动机）的研制做出了重要的贡献。戴姆勒对汽油发动机更感兴趣，他认为奥托内燃机虽然质量大、转速低，但只要稍加改动就可装在汽车上使用。然而奥托本人目光短浅，墨守成规，他看到当时制造煤气发动机销路比较好，所以不同意改进。1881 年，戴姆勒辞去奥托厂的一切职务，转而与他的同胞兄弟威廉·迈巴赫合作开办了当时的第一家汽车工厂，开始研究一种"轻便快速"发动机的设计方案。1883 年 8 月 15 日，戴姆勒发明了世界上第一台"轻便快速"运转的内燃机，这台发动机每马力能带动 80kg 重物，达到了相当高的转速。此时，戴姆勒并没有就此满足，他想创造一种"所有车辆都能使用的自动推进器"。在 1885 年，他又研制出第二台立式单缸内燃机，功率达到了 1.1 马力，他立刻将自己的发明装到一辆"骑士"自行车上。1886 年，戴姆勒又将马车加以改善，增添了传动、转向等必备机构，安上一台 1.5 马力的汽油发动机，使其成为世界上第一辆没有马拉的"马车"——汽车，这辆车以 14.4km/h"令人窒息"的车速从斯图加特驶向了康斯塔特。装有汽油内燃机的第一辆四轮汽车（见图 0-2）诞生了，这与卡尔·本茨研制的三轮汽车是在同一年，本茨和戴姆勒也因此被誉为汽车之父。

戴姆勒和本茨发明的汽车都采用汽油机。汽油是由石油精炼而成，极易蒸发和燃烧，对发动机的启动、加速和工作稳定性十分有利。石油的另一产品——柴油同样具有优良性能，并且，柴油价格低廉（柴油问世时，其价格仅为汽油的一半），引起了汽车研究者们极大的兴趣，他们都在试验让发动机试用这种燃料。

1890 年 1 月，一位叫狄塞尔的德国人摘取了"柴油机发明者"的桂冠，他成功地试制出世界上第一台柴油机。

鲁道夫·狄塞尔（见图 0-3）于 1858 年 3 月生于法国巴黎，父母是在法国打工的德国工人。法、德交恶后，由于父母是德国移民，狄塞尔一家被驱逐回德国，家中的生活相当窘迫。但是年少的狄塞尔学习非常勤奋，成绩一直名列前茅。毕业时，他以全校最高分的成绩获得奖学金，从而进入德国慕尼黑工业大学学习，这为他以后的研究工作创造了很好的条件。

图 0-3　狄塞尔与狄塞尔发明的柴油机

1879 年，21 岁的狄塞尔大学毕业，当了一名冷藏工程师。早在大学时代，他就喜欢物理和热力学，当他知道那时蒸汽机的最高效率只有 13％时，决心攻克蒸汽机的致命弱点，探索一种高效率的发动机。他首先研究发动机的历史，查阅了大量的资料。为了实现自己的愿望和抱负，他辞去了制冷机工程师兼销售经理的职务，自己成立了一个发动机实验室。

针对蒸汽机效率低的弱点，狄塞尔专注于开发高效率的内燃机。当时尼古拉斯·奥托发明的点火式内燃机已较成熟，但那时奥托发动机的燃料是煤气，储存、携带均不方便，效率也受到影响。19 世纪末，石油产品在欧洲极为罕见，于是狄塞尔决定选用植物油来解决机器的燃料问题(他用于实验的是花生油)。因为植物油点火性能不佳，无法套用奥托内燃机的结构。狄塞尔决定另起炉灶，提高内燃机的压缩比，利用压缩产生的高温高压点燃油料。后来，这种压燃式发动机循环便被称为狄塞尔循环。

实验证明，植物油燃烧不稳定，成本也太高，难以承担狄塞尔的“重任”。好在当时石油制品在欧洲逐渐普及，狄塞尔选择了本来用于取暖的重馏分柴油作为机器的燃料，但压燃式发动机的结构强度始终是个难题。一次实验中，气缸上的零件像炮弹碎片一样四处飞散，差点儿造成人员伤亡。实验不顺利，狄塞尔的资金也渐渐耗尽。他不得不回到制冷机工厂谋生。但狄塞尔没有向困难屈服，他利用业余时间继续实验，一步步完善自己的机器。

1892 年，狄塞尔终于能够向全世界展示自己的成果——一台实用的柴油动力压燃式发动机(见图 0-3)。这种发动机功率大，油耗低，可使用劣质燃油，显示出辉煌的发展前景。

1898 年，在慕尼黑展览会上，这台柴油机引起了美国人阿尔道夫·布什的浓厚兴趣，他将它成功地装在汽车上使用，油耗比汽油机低了 1/3。

柴油机是动力工程方面的又一项伟大的发明，它比汽油机油耗低，是汽车的又一颗机能良好的“心脏”。后人为了纪念狄塞尔的功绩，将柴油机称为“狄塞尔”(单词 DIESEL 即为柴油机的意思)。现在你可以在许多汽车上看到 DIESEL 的字样，就表示这是一辆柴油发动机汽车。

对世界汽车工业发展做出了巨大贡献的另一个人是美国的亨利·福特(见图 0-4)，他在汽车发展史上享有“汽车大王”的美誉，是他将人类社会带入了汽车时代。福特出生于 1863 年 7 月 30 日，其父是一位农场主，他自小就对从事农事颇有怨言，反而对鼓捣机

图 0-4 福特与其公司开发生产的 T 型车

械充满了浓厚的兴趣。

1893年圣诞节，福特汽油机试验成功，这给了他极大鼓舞，决心再接再厉，研制出自己的“不用马拉的马车”。1896年春天，他的第一辆汽车研制、试验成功，福特感到无比高兴。1899年，福特又成功地制作出了三辆汽车，他因此在当地被公认是这一领域的杰出人物。于是，他与别人合作成立了底特律汽车公司并任制造部经理。然而，公司制造了20辆汽车以后，就关门了。1901年10月10日，福特接受主要凭赛车建立起了商业信誉的温顿的挑战，亲驾自制赛车参赛，结果他出人意料地获得了胜利。于是，在商人们的支持下，他又成立了第二个汽车公司。可是批量生产汽车所需的技术完全不同于生产单一的汽车，修理工出身的福特在当时显然还不能胜任这一重任。当投资者发现他只热心于将金钱花在研制一种无法销售的高价竞赛车上时，毫不客气地将其赶出了厂门。这样，福特第二次办汽车厂也以失败而告终。

两次失败的经历没将福特吓倒，他仍然谋求在汽车业的发展，并付出了比以往更大的努力：自驾赛车四处表演，不断改进汽车结构。由于经常获得各种比赛的胜利，他进而成为“全美第一流的汽车司机”，并被新闻界誉为“速度之魔”(他的赛车曾在一条0.8km长的大街上创下了11km/h的速度纪录)。1903年6月，福特第三次与别人合作，按股份制模式成立了汽车公司，尽管公司只有10位雇员，但他们制造了性能稳定的A型汽车，A型汽车为福特日后的发展奠定了物质基础，它在不到一年时间内就销出650辆，实现了开门红。第二年，A型车月产量稳定在300辆，第三年达到360辆，福特公司因此而成为全底特律最为忙碌的工厂。1906年，N型车问世，这是一种物美价廉的汽车，外形美观、性能良好，加之随后推出的R型、S型等车，两年之内共售出8000多辆。N型车是福特的得意作品之一，它的成功不仅使福特彻底摆脱了贫困的生活，而且为日后的大发展提供了良好的经验。

1908年秋，令人瞩目的T型车隆重问世了。T型车(见图0-4)在设计思路、生产过程、零售定价、销售组织、售后服务等许多方面都采用了与众不同的方法。T型车的各种零件被首次设计成统一规格，实现了总成互换；在大型总装车间，别人发明的流水线装配法被发展成为由机械传送带运送零件和工具，极大地提高了工作效率；采用低定价(每辆车只售850美元，后又降至360美元)的销售策略，使大多数人能购买得起；提供充足的零部件和及时的售后服务保障，消除了用户的后顾之忧；由于该车价格低廉、使用方便、维护容易，销售异常火爆。累计1500多辆的产量更是创造了空前的纪录。T型车不仅使福特获得了巨大的成功，它作为普通民众的交通工具，也改变了人们的生活方式、思维方式和娱乐方式，将人类带入了汽车时代。

在世界汽车发展历史上还有以下几个重要的年代、人物和事件。

(1) 1839年，美国人固特异发明橡胶充气轮胎。

(2) 1876年，德国人奥托研制成第一台四冲程汽油发动机。

(3) 1895年，发动机前置式汽车问世。

(4) 1895年，法国发明家雷诺提出用齿轮传动替代皮带或链条传动，改进传动机构，随后变速器、差速器相继出现。

(5) 1895年，法国橡胶商米其林兄弟制造出可拆卸、有充气内胎的橡胶轮胎，使车速从 20km/h 提高到 100km/h。

(6) 1897 年，德国人狄塞尔研制成功第一台柴油发动机。

(7) 1939 年，第一批由德国波尔舍博士于 1937 年设计的“甲壳虫”车被生产出来，这款车型以其价廉、耐用、便于维修等特点而迅速遍布全球。

0.2 世界汽车工业

1. 世界汽车工业的发展

1) 发展阶段

世界汽车工业发展总体经历了创建、发展、全盛、稳定、兼并改组和再发展等过程，可分为以下 3 个主要阶段。

(1) 汽车快速发展时期(19 世纪末至 20 世纪 30 年代)

继本茨和戴姆勒之后，福特、通用等 20 余家汽车公司相继成立。汽车生产组织形式由家庭作坊式过渡到大规模、标准化和流水线生产，出现了美国福特和通用等大汽车公司。1913 年，福特公司首次采用流水线生产 T 型汽车，到 1920 年，实现了每分钟生产 1 辆汽车的速度。由于 T 型车经济实用，深受当时人们的欢迎，生产量达 1546 万辆，创下当时汽车单产世界纪录。1908—1920 年，全世界汽车保有量的 50% 是 T 型车，为“装在汽车轮子上的美国”立下了不朽功勋。通用公司采用合作兼并等方法，先后兼并了凯迪拉克、别克、雪佛兰、庞蒂克等 30 多个汽车公司，进行集团化生产，分工协作，到 1927 年成为世界上最大的汽车公司。这个时期，欧洲忙于战乱，而美国工业发展迅速，人民收入提高，加上政府的政策，使美国的汽车工业得以快速发展，处于世界领先地位。

在汽车产量发展的同时，汽车技术也有很大进步，高速汽油发动机、柴油发动机、艾克曼式的转向机构、等速万向节、弧齿锥齿轮和准双曲面齿轮传动、带同步器的变速器、四轮制动、液压减振器、充气轮胎、发电机、蓄电池、启动电动机系统都是这个时期发明的。

(2) 汽车发展的全盛时期(20 世纪 30 年代至 70 年代初)

第二次世界大战结束后，欧洲各国也大力发展汽车，西欧汽车年产量由战前的 80 万辆猛增到 750 多万辆，增长了近 10 倍。德国大众的甲壳虫牌汽车，流线型设计，减少风阻和车尾气体涡流，风靡全球，1936—1973 年共生产 2150 万辆，创下了单产世界纪录。其中，高尔夫牌轿车，款式新颖齐全，外壳镀锌板，12 年不锈，深受欢迎，已经生产 2000 多万辆，欧洲几乎每个家庭都有 1 辆。在这个时期，日本也迅速崛起，在引进、消化的基础上，创造出新车型，产量从 1963 年的 100 多万辆迅速增加到 1970 年的 400 余万辆，其中出口汽车 100 多万辆。1985 年日本出口汽车达 675 万辆，1980—1993 年期间年产量超过美国，跃居世界第一。

这个时期的汽车技术主要是向高速、方便、舒适方面发展。20 世纪 50 年代轿车功率已经达到 280kW，最高车速达 200km/h，流线型车身、前轮独立悬架、液力自动变速器、动力转向、动力制动、全轮驱动、低压轮胎、子午线轮胎都相继出现。

(3) 汽车企业兼并改组，汽车产量相对稳定时期(20 世纪 70 年代以后)

这个时期的世界汽车年产量稳定在 4000 万～5000 万辆。由于发达国家汽车保有量趋于饱和，汽车生产过剩，市场竞争激烈，日美连续发生 5 次贸易战，欧美、欧日贸易摩擦不断。各大公司通过参股、控股、转让、兼并，加速了汽车工业国际化和高度垄断。1998 年 5 月 7 日，德国最大的汽车工业集团戴姆勒·本茨公司与美国第三大汽车公司克莱斯勒公司合并，给汽车工业带来了极大震撼。

这个时期汽车技术的主要发展方向是提高汽车的安全性和降低排气污染。各种保障安全、减少排气污染的新技术、新车型应运而生，如防抱死制动系统、电子控制喷油、电子控制点火、三元催化转化系统、电动汽车等。

2）世界汽车发展现状及发展趋势

由历年来世界汽车产量排名的数据分析可见，世界汽车产业已形成了“4＋3”的格局，4 大汽车巨头（丰田、通用、福特、大众）汽车年销量都超过了 500 万辆，属第一集团；而本田、日产、标致雪铁龙的年销量都超过了 300 万辆，组成了第二阵营。这 7 家汽车公司 2008 年的总销量为 4000 万辆，占全球汽车销量的 77％，几乎垄断了全球汽车市场。

汽车市场竞争依然激烈，重点在亚洲。由于我国汽车市场潜力巨大，几乎所有跨国汽车集团公司均已进入我国，同时在中国周边国家中寻找新的投资地点。如通用、戴姆勒、克莱斯勒、宝马、雷诺、日产、铃木在印度投资，丰田、大众则在俄罗斯，本田在越南，马自达在泰国都新增或追加投资的项目。

从汽车技术发展看，围绕轿车的安全、环保、节能和防盗等重要问题，汽车电子控制、智能化日益深化和扩大，在 20 世纪 80 年代初，电子设备只占汽车成本的 2％，而目前已经达到 20％～30％。电控燃油喷射（EFI）、无分电器电子点火（DLI）、防抱死制动系统（ABS）、电子控制制动力分配系统（EBD）、动态稳定控制系统（DSC）、电子驱动力调节系统（ETS）、电子差速锁（EDS）、驱动防滑装置（ASR）、电控自动变速器（EAT）、安全气囊（SRS）、电子巡航系统（COS）、智能悬架、速度感应式转向系统（SSS）、三元催化转化系统、故障自诊断系统和各种报警装置几乎都成为现代汽车标准配置；全球卫星定位系统（GPS）、车载蓝牙技术和多路传输系统（CAN）等新技术也被许多汽车采用。同时，汽车新结构、新材料、新工艺和新机型等不断涌现。汽车的设计和制造也广泛采用计算机辅助设计（CAD）、计算机辅助工程分析（CAE）、计算机辅助试验（CAT）、计算机辅助造型（CAS）、计算机辅助制造（CAM）、计算机辅助集成制造系统（CIMS）和计算机虚拟现实系统（VR）等先进技术。

根据发达国家的研究结果，未来世界汽车的技术发展将主要集中在汽车设计技术和控制手段电子化、汽车驱动形式多样化、汽车生产制造柔性化、汽车材料轻量化、汽车生产组织全球化，以开发出更安全、舒适、无污染和节能型、智能化汽车。

2. 世界著名汽车公司

进入 21 世纪，汽车几乎已遍布在世界的各个角落，汽车生产企业也分布于世界各地，以下简单介绍几个最具影响力的公司。

（1）在汽车的发源地德国，著名的汽车公司有梅塞德斯-奔驰汽车公司（简称奔驰汽车公司）、宝马汽车公司、大众汽车集团、保时捷设计与研究公司（原译为波尔舍公司）、欧宝（曾译为奥贝尔）汽车公司。

① 梅塞德斯-奔驰公司。世界十大汽车公司之一，德国按销售额为第一大汽车公司，按产量则居第二。目前拥有 12 个系列，百余种车型，年产量达到了近百万辆。

1926 年由奔驰公司和戴姆勒公司合并而成。在本茨和戴姆勒各自生产出自己的第一部汽车后,两人都于 1887 年把自己的产品推向市场,两家公司都不断推出新的汽车品种,到了 1902 年,戴姆勒将公司生产的所有汽车都以自己女儿的名字命名,没想到销量大增。但很快,德国在“一战”中失败,经济衰退,福特汽车以廉价赢得大量德国市场,为求生存,戴姆勒与本茨决定联合起来一致对外。合并后的公司称为戴姆勒-奔驰汽车公司,产品统一命名为梅塞德斯-奔驰。20 世纪 60 年代起,梅塞德斯-奔驰公司的业务向宇航、航空动力等多方面发展,公司改组为戴姆勒-奔驰工业集团,汽车部改称为梅塞德斯-奔驰公司。现在,奔驰汽车公司除以高质量、高性能豪华汽车闻名外,它也是世界上最著名的大客车和重型载重汽车的生产厂家。小汽车新产品有奔驰 W124、奔驰 R129、奔驰 W126 等四大系列。其中 W126 系列的 560SEC 和 R129 系列的 500SL 都是十分受欢迎的超豪华汽车。具体车型划分:C 级车(中档轿、跑车);E 级车(高档轿、跑车);S 级(豪华轿、跑车);G 型车(越野车)。

② 宝马汽车公司。该公司创建于 1916 年,创始人是卡尔·拉普和古斯塔夫·奥托,总部设在德国慕尼黑,主要生产高级轿车和跑车。宝马公司初建时只生产飞机发动机,所以选择蓝白相间的螺旋桨型图案作标志。第一次世界大战后德国航空工业受到严格限制,宝马公司于 1929 年开始生产汽车。20 世纪 90 年代,宝马公司的汽车产量多次超过奔驰公司,成为全球增长最快的高档汽车生产厂家。BMW 集团拥有 BMW、MINI 和 Rolls-Royce(劳斯莱斯)三个品牌。宝马公司目前在 13 个国家设有子公司和生产厂,国内有 10 家子公司。销售的汽车产品有宝马新 3、新 5、新 7 和新 8 系列豪华小轿车。宝马 7 系是最新推出的最为豪华的轿车。

③ 大众汽车集团。大众汽车公司创建于 1938 年,初建时是德国国有企业,主要发起人是费迪南德·波尔舍博士,总部设在德国沃尔夫斯堡。20 世纪 40 年代,大众的“甲壳虫”成为欧洲最畅销的车型。1960 年大众公司实现私有化,1964 年买下奥迪汽车公司,组成大众汽车集团,后又买下西班牙西特汽车公司和捷克斯科达汽车公司,成为大型世界性汽车工业集团。大众集团的大众汽车公司是欧洲最大的汽车公司,主要产品有高尔夫、捷达、帕萨特等。

④ 保时捷设计与研究公司。保时捷公司始建于 1930 年,创始人是费迪南德·保时捷博士(见图 0-5),公司总部设在德国斯图加特。这是一个非常特殊的公司,既从事保时捷牌超级跑车的设计与生产,又承接其他公司委托的技术研究和设计开发工作。尽管保时捷以其跑车闻名于世,但公司收入的更大部分来自承接的研究工作。大众公司的“甲壳虫”(见图 0-5)就是保时捷博士研制开发的。

保时捷汽车公司对运动车的研究成就辉煌,从创建至今,公司推出了许多令汽车界和车迷瞩目的运动车产品。它和英国的莲花汽车公司、意大利的法拉利汽车公司以及英国的杰戈娃公司领导着世界运动车的发展潮流。费迪南德·保时捷以及他的儿子费利·保时捷、孙子费迪南德·亚历山大·保时捷都是举世闻名的汽车设计大师,他们三代人推出的跑车产品风靡全世界。保时捷 356、保时捷 804、保时捷 904 和保时捷 911 都是名噪一时的运动车。特别是老保时捷的孙子费迪南德·亚历山大·保时捷设计的保时捷 911,直到现在还有广泛的市场。

图 0-5　保时捷与保时捷设计的“甲壳虫”汽车

(2) 在首创流水线的美国，著名的汽车公司有通用、福特和克莱斯勒。

① 通用汽车公司。通用汽车公司是世界上最大的汽车公司，建于 1908 年，创始人是威廉·杜兰特，总部设在美国汽车城底特律。杜兰特原来是美国最大的马车制造商，1904 年他买下了别克汽车公司，开始进入汽车制造业，由于财力雄厚和善于经营，公司迅速发展，1908 年成为美国最大的汽车公司，在拿不出足够的现金收购福特公司时，他仍不懈努力，笼络了包括凯迪拉克等 20 多家小公司，于 1908 年秋正式成立了通用汽车公司。因为杜兰特没有管理庞大公司的能力，2 年后公司陷于困境，他被迫离开通用。但他不气馁，另建了雪佛兰汽车公司并经营成功，在其家族巨大的财力支持下，通过收购股权重新控制了通用。还是由于不善管理，最终换用了具有管理天赋的阿尔弗莱德·斯隆，通用从此开始了一个崭新的时代。通用现有六个分部和两个子公司：凯迪拉克分部、别克分部、奥兹莫比尔分部、庞蒂克分部、雪佛兰分部、土星分部、欧宝公司和伏克斯豪尔公司，还在瑞典绅宝汽车公司拥有一半股份。

2009 年 6 月 1 日，通用汽车申请破产保护。2009 年 7 月 10 日成立新通用汽车有限公司，结束破产保护。目前由美国联邦政府注资而持有其 60.8%的股权，新公司标志保持不变，只保留“雪佛兰”“凯迪拉克”“别克”和“GMC”4 个核心汽车品牌。

② 福特汽车公司。福特汽车公司是美国和世界第二大汽车公司，建于 1903 年，创始人是亨利·福特，总部在底特律附近的迪尔本。1903 年，福特与一个煤商合建公司，并以二人名字命名——福特马尔科姆逊公司。第二年该公司更名为福特汽车公司，不久福特买下了对方的股份，使其成为福特家族的独占企业。福特公司目前有两个分部和两家大型子公司：福特分部、林肯-水星分部、德国福特公司和英国福特公司。福特汽车公司的著名品牌有福特、林肯、沃尔沃、马自达、水星、阿斯顿·马丁、捷豹、陆虎等。

③ 克莱斯勒汽车公司。克莱斯勒汽车公司始建于 1925 年，创始人是沃尔特·克莱斯勒，总部设在底特律，是美国第三大汽车公司。它的前身是 1913 年成立的马克斯维尔汽车公司，1924 年，克莱斯勒以自己的名字命名了新开发的轿车，1925 年他买下破产的马克斯维尔公司组建自己的公司。凭借自己的技术和财力，他先后买下道奇、布立格和普利茅斯公司，逐渐发展成为美国第三大汽车公司。1998 年 5 月宣布与戴姆勒-奔驰公司合并为戴姆勒-克莱斯勒公司。如今的克莱斯勒公司有四个分部：道奇、普利茅斯(顺风)、克莱斯勒和鹰·吉普部，它的著名品牌有“奔驰”“克莱斯勒”等。

(3) 法国的著名汽车公司有雷诺、标志、雪铁龙。

① 雷诺汽车公司。雷诺汽车公司建于 1898 年，创始人是路易斯·雷诺，总部设在法

国比昂古。第二次世界大战期间，法国被德军占领，雷诺与纳粹德国合作，为其生产军用产品。第二次世界大战结束后，1944年，路易·雷诺以通敌罪被法国政府逮捕，不久死于狱中，雷诺公司也被法国政府接管收归国有。目前，雷诺公司是法国第二大汽车公司，主要产品有雷诺牌轿车、公务用车及运动车等。雷诺和日产于1999年3月签订股本参与协议和联盟协定。雷诺与日产联盟合作密切，缔造了全球优异的销售业绩，同时也协助双方公司在新市场的业务拓展，更让雷诺-日产联盟跻身于世界前五大汽车集团之列。雷诺-日产汽车公司的著名汽车品牌有雷诺、日产等。

② 标志汽车公司。标志汽车公司始建于1890年，创始人是阿尔芒·标志。标志家族1810年建厂生产锯条和工具，把杜斯省的省标——一只雄师作为商标，1889年开始生产汽车。法国的第一辆汽车是标志公司生产的。1976年标致公司吞并了法国历史悠久的雪铁龙汽车公司，从而成为世界上一家以生产汽车为主，兼营机械加工、运输、金融和服务业的跨国工业集团。标致汽车公司总部在法国巴黎，汽车厂多在弗南修·昆蒂省，雇员总数为11万人左右，年产汽车220万辆。

③ 雪铁龙汽车公司。雪铁龙汽车公司建于1919年，创始人是安德列·雪铁龙，总部设在巴黎，它的前身是齿轮厂，故其标志是人字型齿轮。1913年，雪铁龙把流水线引入法国；1934年雪铁龙又生产出法国第一辆前轮驱动汽车；1969年，雪铁龙公司生产了法国第一部电控燃油喷射汽车；1976年雪铁龙汽车公司加入标致集团，成为法国“标致-雪铁龙”集团成员之一，但它仍然有很大的独立性，其经营活动仍然由自己掌握。雪铁龙公司有13个生产厂家和一个研究中心，其中阿尔内·色·布瓦是欧洲最先进的汽车厂。近几年来，雪铁龙公司的产品有“雪铁龙”AX、BX、CX系列，还有“雪铁龙”TDR等。1992年，雪铁龙与东风汽车公司签订协议，成立合资公司神龙汽车有限公司，生产富康轿车。

(4) 意大利著名的汽车公司有菲亚特、法拉利、兰博基尼、阿尔法·罗密欧等。

① 菲亚特(FIAT)汽车公司。菲亚特汽车公司是意大利最大的汽车公司，是世界十大汽车公司之一，始建于1899年7月的意大利都灵市，创始人是乔凡尼·阿涅利。菲亚特汽车公司是世界上第一个生产微型车的汽车生产厂家。公司全称是意大利都灵汽车制造厂，菲亚特(FIAT)既是该公司缩写的音译，也是该公司产品的商标。集团总部设在意大利都灵市，现任董事长是创始人的长孙。该公司拥有菲亚特、蓝旗亚(Lancia)和阿尔法罗密欧(Alfa Romeo)三大轿车品牌，商用车品牌有菲亚特。

② 法拉利汽车公司。法拉利汽车公司建于1929年，创始人是恩佐·法拉利。阿尔法·罗密欧是意大利高级轿车和跑车制造公司，建于1910年。1919年法拉利第一次参加汽车赛，其优异的赛车成绩引起阿尔法·罗密欧公司注意，1920年法拉利应邀加入阿尔法·罗密欧车队，他不但是一名赛车手，还是一位优秀的组织者，他通过关系聘请到了菲亚特公司著名工程师维多利·亚诺。1923年，法拉利驾驶着亚诺为阿尔法·罗密欧公司制造出的第一辆有实力的赛车在拉文纳汽车大赛中大获全胜，使法拉利和阿尔法·罗密欧车队一举成名。拉文纳是一位伯爵的儿子，第一次世界大战中曾是意大利的王牌飞行员。伯爵夫人曾建议法拉利把她儿子飞机上的吉祥物——一匹黄色奔马印到她儿子的赛车上作为护身符，从此，这匹奔马就出现在每一辆法拉利的和以法拉利命名的汽车上。以后法拉利和亚诺又接连创造了多个赛车史上的奇迹，为阿尔法·罗密欧公司在全世界

赢得了声誉。1929 年,法拉利离开了阿尔法·罗密欧公司,决心独自发展,但由于受到多种原因的干扰,直到 1947 年,第一辆以奔马为象征的法拉利汽车才诞生,从此,法拉利带领他心爱的赛车南征北战,为世界赛车史写下了无数辉煌的篇章。法拉利被后人称为赛车之父。

(5) 英国著名的汽车公司有劳斯莱斯、莲花等。

劳斯莱斯汽车公司(曾译为罗尔斯-罗伊斯)建于 1906 年,创始人是亨利·罗伊斯和查尔斯·罗尔斯。罗尔斯和罗伊斯原本就是商业伙伴,罗伊斯是位工程师,罗尔斯出身贵族,是个兼营汽车销售的赛车手。罗伊斯于 1904 年造出了他的第一批汽车,罗尔斯对这些车极其欣赏,认为这些车会有极好的发展前景,所以决定共同组建劳斯莱斯(罗尔斯-罗伊斯)汽车公司,罗伊斯负责设计和生产,罗尔斯负责销售。1907 年推出了第一辆以劳斯莱斯命名的豪华轿车,后来公司又聘请雕塑专家为劳斯莱斯设计了立体车标——狂喜之灵女神。直到今日,一提到劳斯莱斯,人们总会联想到"豪华",的确,劳斯莱斯车一直位居世界豪华轿车之冠。第一次世界大战初,劳斯莱斯公司就开始生产航空发动机,20 世纪 70 年代时因投巨资开发新型航空发动机而使公司破产,后由政府对公司进行改组,把公司分为劳斯莱斯汽车公司和劳斯莱斯航空发动机公司。劳斯莱斯品牌仍然由两家公司在两种产品上使用。劳斯莱斯航空发动机公司恢复了生机,再次跻身于世界三大航空发动机厂家之列,而劳斯莱斯汽车公司却鲜有作为,2003 年劳斯莱斯汽车公司归入宝马集团。劳斯莱斯汽车公司年产量只有几千辆,连世界大汽车公司产量的零头都不够。它是以一个"贵族化"的汽车公司享誉全球的。曾经有过这样的规定：只有贵族身份才能成为劳斯莱斯轿车的车主。因此劳斯莱斯轿车成为地位和身份的象征。

(6) 瑞典著名的汽车公司是沃尔沃(VOLVO)汽车公司。

沃尔沃(VOLVO),瑞典著名汽车品牌,又译为富豪,该品牌汽车是目前世界上最安全的汽车。沃尔沃汽车公司是北欧最大的汽车企业,也是瑞典最大的工业企业集团,世界 20 大汽车公司之一。创立于 1924 年,创始人是古斯塔夫·拉尔松和阿萨尔·加布里尔松,该公司原生产轴承,1927 年制成第一部汽车。沃尔沃公司除了大客车、各种载货车在北欧占绝对统治地位外,它的小客车在世界上也非常有名气。沃尔沃小客车以造型简洁,内饰豪华舒适而闻名。"VOLVO"为拉丁语,是"滚动向前"的意思。喻示着汽车车轮滚滚向前、公司兴旺发达和前途无限。北京时间 2010 年 3 月 28 日,中国浙江吉利控股集团有限公司(简称吉利集团)在瑞典哥德堡与福特汽车签署最终股权收购协议,获得沃尔沃轿车公司(简称沃尔沃轿车)100%的股权以及相关资产(包括知识产权)。本次收购涉及金额 18 亿美元。

沃尔沃汽车全线经典车型分成轿车(S 系)、商务旅行车(V 系)、SUV/运动休闲汽车(XC 系)和敞篷车/双门跑车(C 系)四个系列。此外,还有以字母"R"为代表的运动型高性能车系列。公司的产品战略是利用全球共享技术制造出众多型号的汽车,以满足不同顾客群体的需求。S 系主要产品包括 S80 高级轿车、S60 轿跑车、S40 轿车；V 系主要产品包括 V70、V50；C 系主要产品包括 C70 敞篷跑车,全新 C30；XC 系主要产品包括 XC60,XC90。

(7) 日本的著名汽车公司有丰田、日产、本田、三菱、铃木等。

① 丰田汽车公司。丰田汽车公司是世界十大汽车工业公司之一,也是亚洲最大的汽车工业公司,总部设在日本爱知县丰田市。该公司创立于 1933 年,现在已发展成为以汽车生产为主,业务涉及机械、电子、金融等行业的庞大工业集团。

丰田公司早期以制造纺织机械为主,创始人丰田喜一郎 1933 年在纺织机械制作所设立汽车部,从而开始了丰田汽车公司制造汽车的历史。丰田公司自 1935 年生产出第一部汽车开始,在它各个不同的历史发展阶段,研发出不同的名牌产品,而且以快速的产品换型击败美欧竞争对手。早期的"皇冠""光冠""花冠"汽车名噪一时,近年来的"克雷西达""雷克萨斯"豪华汽车也极负盛名。丰田汽车公司与韩国的现代汽车公司已结成合作伙伴关系。丰田汽车(TOYOTA)所属品牌有"丰田""雷克萨斯(凌志)"等。

② 日产汽车公司。日产汽车公司创立于 1933 年,前身是户烟铸造公司和日本产业公司合并的汽车制造公司,1934 年开始使用现名日产汽车公司,是日本三大汽车制造商之一。它在全世界 17 个国家有 21 个制造中心,汽车年产量约 240 万辆,在全世界 191 个国家和地区销售汽车。日产汽车公司拥有堪称世界一流的技术和研发中心,被车界称作"技术日产"。从 1991 年起,日产公司的经营状况每况愈下,到 1999 年连续 7 年亏损,背负债务高达 21000 亿日元,市场份额由 6.6%下降到不足 5%,整个日产公司濒临破产。雷诺和日产于 1999 年3 月签订的股本参与协议和联盟协定。雷诺与日产联盟,双方合作密切,缔造了全球优异的销售业绩,同时也协助双方公司在新市场的业务拓展,更让雷诺-日产联盟跻身于世界前五大汽车集团之列。雷诺-日产汽车公司的著名汽车品牌有雷诺、日产等。

③ 本田汽车公司。本田(Honda)汽车公司全称为"本田技研工业股份有限公司"。其前身是本田技术研究所,建于 1948 年 9 月,创建人是本田宗一郎。该公司生产的摩托车闻名世界,于 1962 年开始生产汽车。本田公司先后建立本田美国公司、本田欧洲英国公司。

本田公司的经营方法十分灵活,汽车年产量已高达 190 万辆。在美国设立的本田分公司,1991 年在美国市场上的销量已超过克莱斯勒汽车公司,名列第三。本田公司也在英国建立了分公司。本田公司的"雅阁"和"思域"牌汽车历年来被用户评为质量最佳和最受欢迎的汽车。本田汽车公司素有日本汽车技术发展的"排头兵"之称,公司创始人本田宗一郎非常注重技术开发和研究,因而科技成果颇丰。本田的电子陀螺仪是世界上最先应用在汽车上的导航装置,它可以在荧光屏上显示地图以及行车路线,还可确定汽车的位置。本田公司的四轮防侧滑电子控制器、自动控制车身高度电子装置和复合涡流调整燃烧发动机都是世界上汽车高技术的领先成果。同时,"本田"汽车也是日本第一个达到美国标准的汽车公司。它的主要车型有本田阿库拉轿车、本田 S2000 跑车、本田 NSX 跑车、雅阁轿车等。

0.3 我国的汽车工业

1. 我国汽车工业的发展

我国历史上出现的第一辆汽车是 1902 年袁世凯进贡给慈禧 67 岁大寿的寿礼。这是一辆生产于 1896—1898 年的德国造汽车,该车外形很像 18 世纪欧洲的马车,车身为木质敞开式,上部有四根木杆支撑着帆布顶篷,前后两排座位,发动机为三缸水冷汽油机,功率为 2.94kW(4 马力)。慈禧曾乘此车在皇宫和颐和园赏景。一日,游玩中她突然觉得开车的奴才坐在她前面冒犯了她的尊严,即令驾驶员跪着开车,驾驶员没法用脚踩加速踏板就报告说车子坏了。这辆 1902 年进口的汽车就此成了历史文物,该车现存于颐和园,是我国现存年代最早的汽车。

我国的汽车工业起步较晚。1929 年 5 月,我国的第一辆国产汽车在辽宁省沈阳市问世。该车由张学良将军掌管的迫击炮厂制造,是民生工厂厂长李宜春从美国购进“瑞雪”牌汽车进行了拆卸,除发动机、后轴、电气设备和轮胎等采用原车部件外,对其他零件进行重新设计制造,终于试制成功我国第一辆“民生”牌汽车。随后,沈阳民生工厂进行小批量生产。1931 年“九一八”事变爆发,日本人侵了东三省,扼杀了我国汽车工业的萌芽。日本却借机盗取成果,成立了同和汽车株式会社,到 1945 年日本投降,已达年产量 5000 辆的生产能力。直到 20 世纪 50 年代,新中国成立后才开始建立自己的汽车工业。我国汽车工业经历了从无到有、从小到大,创建、成长和全面发展三个历史阶段。

新中国成立后,毛泽东主席、周恩来总理等第一代国家领导人亲自筹划建立中国自己的汽车工业。1950 年,建设一座现代化的载货汽车工厂被列入苏联援助中国的重点工业项目之一。1953 年 6 月,毛泽东主席亲自签发《中共中央关于力争三年内建设长春汽车厂的指示》。同年 7 月,第一汽车制造厂(简称“一汽”)在吉林省长春市奠基。1956 年 7 月,国产第一辆“解放”牌 4t 载货汽车在第一汽车制造厂诞生。“一汽”也因此被誉为中国汽车工业的摇篮。

1966 年以前,我国对汽车工业共投资 11 亿元,形成“一大四小”5 个汽车制造厂,年生产能力近 6 万辆、9 个车型品种。1965 年年底,全国民用汽车保有量近 29 万辆,其中国产汽车 17 万辆(“一汽”累计生产 15 万辆)。经历 15 年的发展,我国汽车工业的雏形迅速形成了。

1966—1980 年期间建设了“三线”汽车厂,并以中、重型载货汽车和越野汽车为主,同时发展矿用自卸车。由于备战,国家确定在“三线”的山区建设以生产越野汽车为主的第二汽车制造厂(简称“二汽”)、四川和陕西汽车制造厂。

20 世纪 60 年代后期,我国提出调动地方生产积极性,建设地方工业体系的方针。全国各省、自治区(除西藏外)均建设汽车制造厂,有的省建了八九个汽车制造厂。地方发展汽车工业,几乎全部仿制国产车型重复生产。据粗略统计,生产“解放”牌车型有 20 多家,生产“北京 130”车型有 20 多家,生产“跃进”车型有近 20 家,生产“北京”越野车有近 10 家;改装车生产向多品种、专业化方向发展,生产厂点近 200 家。这些工厂技术水平低、规模小,形成汽车生产的“小而全”的分散局面。到 1980 年,汽车生产厂家 56 家,汽车生产行业企业总数为 2379 家。1980 年年产量 22.2 万辆,是 1965 年产量的 5.48 倍;1966—1980 年生产各类汽车累计 163.9 万辆;1980 年全国民用汽车保有量 169 万辆,其中载货汽车 148 万辆。

十一届三中全会确定了改革开放的政策,加速了经济发展,提高了人民生活水平。汽车需求量的激增对汽车工业提出了加快发展的要求。由于国际形势的缓和,一些大中型军工企业也转产汽车,这些企业有资金、有设备、有技术,是我国汽车工业的一支主力军。

1984 年我国把汽车工业作为发展国民经济的支柱产业。1987 年我国针对汽车业“缺重少轻,轿车几乎空白”的不利局面,又把轿车工业作为我国汽车工业发展的重点。从

20 世纪 80 年代中期开始，我国确定建立“三大”(上海、“一汽”“二汽”)、“三小”(天津、北京、广州)轿车生产基地，并正式将轿车项目列为国家重点支持项目，中国汽车工业开始了战略转移。中国汽车工业结束了多年来主要生产载货车和越野车的历史，进入崭新的“轿车时代”。1984 年年初，中美合资北京吉普汽车有限公司成立，开创了我国合资生产整车的先河。上海大众、一汽大众、神龙公司、上海通用一个个大型中外合资轿车企业迅速崛起，并成为中国轿车工业的主力军。

1994 年颁布了中国第一部《汽车工业产业政策》，中国汽车业自此进入了快速发展时期。1998 年全国汽车年产量为 162.8 万辆，全球排名第 10 位；2000 年全国汽车生产跨越 200 万辆(207.7 万辆)，全球排名第 8 位；商用车生产 146.5 万辆，全球排名第 3 位；轿车生产 61.2 万辆，全球排名第 13 位。在这一时期，汽车消费的市场主体开始由政府、集团公款购买为主逐步向私人购买为主转变。1995 年私人购买占 30%，到 2000 年私人购买达 50%以上。随着中国加入世界贸易组织，联合重组的浪潮再次席卷了中国，中国汽车企业开始加速融入全球化大潮。众多的汽车企业开始寻求与世界汽车巨头的战略联合，新的合资企业也随之纷纷诞生。在此期间，汽车产品结构进一步优化，形成 3 个大型企业集团为龙头和 16 个重点企业集团(公司)为主力军的汽车工业新体制。“一汽”“东风”“上海”3 个大型企业集团的总体规模和综合实力增强，确立了中国汽车工业的龙头地位，其他还有 13 个重点大企业集团(公司)。中国汽车工业已经从原来那个各自独立的散乱差局面改变成现在的以大集团为主的规模化、集约化的产业新格局。

改革开放 20 多年来，全国建立了 600 多家中外合资汽车企业，积累了 200 多亿美元资本，占全国汽车工业资本的 40%以上。中国汽车行业高速发展，近 10 多年来汽车产销量以每年 15%的速度增长，是世界平均速度的 10 倍，中国已成为世界 7 大汽车生产国之一。中国汽车工业已经成为世界汽车工业的重要组成部分。

2. 我国著名汽车公司

1) 中国第一汽车集团公司(简称“一汽”)

中国“一汽”是中国汽车工业的摇篮，总部位于吉林省长春市，始建于 1953 年，毛泽东主席亲笔题名奠基。1956 年第一辆国产汽车——解放牌中型卡车诞生。1958 年生产出第一辆国产高级轿车“红旗”。改革开放以来，“一汽”经过“换型改造”“上轿车”为主要内容的两次创业，企业不断地发展壮大。目前拥有中国最大的中重型卡车生产基地、6 万辆轻型车生产基地、3 万辆红旗轿车生产基地和中德合资的 15 万辆轿车生产基地，四大基地构成了中国“一汽”生产力的核心。

近年来，“一汽”采取了分开、分立、分流和分离的方法，组建分公司或子公司实行市场机制管理。重组和调整后，拥有一汽轿车、一汽四环、一汽夏利 3 个股份制的上市公司，一汽-大众、天津丰田等 22 个中外、中中合资企业，海外 11 个办事机构(含组装厂)，拥有解放、红旗、马自达、一汽奥迪、捷达、宝来、威驰、夏利、雅酷、威姿、福美来等品牌，还组建了“一汽客车有限公司”“一汽解放汽车有限公司”，形成了生产“轻、中、重、轿客、微”和越野汽车、专用车、变型车多品种、宽系列以及零部件的产品格局。

2) 东风汽车公司

东风汽车公司(原中国第二汽车制造厂)始建于 1969 年，是依靠我国自己的力量，设计、建设和装备起来的现代化汽车生产企业，也是国家明确重点支持的三大汽车集团之一。

东风汽车公司的建设发展，大致经历了艰苦创业、改革发展和结构调整三个时期。1978 年 5t 民用车投产，十堰基地初具规模。1980 年靠“自筹资金、续建二汽”，闯过了“停缓关”，开始走上了以改革求发展的道路。1981 年以“二汽”为核心的东风集团成立。1986 年东风集团作为国家经济改革的试点，首批在国家计划中实行单列。1993 年被国家批准为国有资产授权经营试点企业，同年开展了以轻型轿车建设为重点的产品结构调整。1990 年东风汽车公司与法国 PSA 标致雪铁龙汽车公司在巴黎正式签订合作协议，成立神龙汽车公司，双方各占 32%股份，具备年产 15 万辆轿车的生产能力。目前生产“雪铁龙-富康”轿车和“毕加索”轿车。之后，东风汽车公司与江苏悦达投资股份有限公司、韩国起亚自动车株式会社合资成立东风悦达起亚汽车公司，主要生产“普莱特”轿车。中信汽车公司、东风汽车公司和日本日产自动车公司合资成立郑州日产汽车公司，主要生产“皮卡”。2000 年 3 月，风神汽车有限公司正式成立，风神汽车有限公司是东风汽车公司、广州京安云豹汽车有限公司、台湾裕隆汽车公司三家股东共同组建的，由东风汽车公司控股的国内合资汽车公司。

经过三十余年的建设和发展，东风公司相继建成了十堰、襄樊、武汉三大汽车开发生产基地，拥有货车、轻型车和轿车三大产品系列，年生产能力 50 万辆。创立“东风科技”“东风汽车”上市公司，开辟融资渠道，跳出纯产品经营局限；对外合资合作，全方位、多层次展开，保留东风名称和品牌，共同发展新品牌。拥有东风载货车（十堰）、东风汽车股份（襄樊）、神龙（武汉）、云南汽车、柳州汽车、杭州汽车、杭州日产柴、武汉万通、风神汽车（花都）、东风悦达起亚（盐城）、东风荣成等 11 个载货汽车、客车（含底盘）和轿车生产企业，东风康明斯（十堰）、东风柴发（襄樊）、东风朝阳和东风本田（广州）等发动机生产企业，拥有“东风标致（307 系列）”“东风雪铁龙（爱丽舍、赛纳、毕加索）”“东风日产（新蓝鸟、阳光、天籁）”“小霸王”“多利卡”“东风之星”“东风梦卡”“东风信天游皮卡”“东风小王子”等品牌，形成了生产“重、中、轻、微、客、轿”和越野车、专用车、变型车多品种、宽系列以及零部件的产品格局。

3）上海汽车工业（集团）总公司（简称“上汽集团”）

“上汽集团”主要生产经营轿车、客车、拖拉机、摩托车、载重车等整车及其配套零部件，并进行资产经营，现有职工 6 万余人，是我国重点发展的三大汽车集团之一。2002 年“上汽集团”销售各类汽车 61 万辆，成为国内汽车销量最大的企业。旗下有上海大众汽车有限公司、上海通用汽车公司、上汽通用五菱汽车股份有限公司等。

“上汽集团”在上海（安亭、浦东、闵行）、仪征、柳州、合肥、烟台建立了乘用车（客车、轿车）、商用车（载货、载客）生产基地，拥有桑塔纳、帕萨特、波罗、途安、高尔、别克君威、别克凯越、雪佛兰赛欧、赛宝、上汽五菱、申沃等品牌，先后与德国、美国、日本、英国、法国和意大利等国家的汽车和零部件企业集团建立了 57 家合资企业，还设立了上海汽车股份有限公司，成立销售、进出口、财务、开发、信息 5 家专业性公司和汽车工程研究院、培训中心，形成了生产经营轿车、客车、重型载货汽车、拖拉机和摩托车及其零部件的产品格局。

4）长安汽车（集团）有限责任公司（简称“长安集团”）

“长安集团”创建于 1995 年，由原长安机器制造厂和江陵机器厂合并而成，是国内最大的微型汽车生产基地。“长安集团”目前拥有七大汽车制造企业：长安汽车股份有限公司、长安福特汽车有限公司、长安铃木汽车有限公司、南京长安汽车有限公司、河北长安胜利有限公司、河北长安汽车有限公司和长安跨越车辆有限公司。“长安”品牌价值达46.18亿元，成为国内小型车行业最有价值的汽车品牌，并跻身世界汽车品牌前20位。

公司于1984年引进日本铃木微型汽车技术，开发生产微型汽车及微车发动机，是全国最大的微型汽车及发动机生产厂家之一。经过多年的发展，创立了一代名车“长安”牌微型汽车和名机“江陵”牌发动机。多次荣获全国和行业各种评比的最高奖项。公司具有机、车生产一体化的优势，并于1991年引进日本铃木技术，生产“奥拓”微型轿车，是现今国家重点扶持的5家上15万辆经济规模的轿车生产基地之一。2001年4月25日，福特汽车公司和长安汽车集团成立了长安福特汽车有限公司，双方各拥有50%的股份，专业生产满足中国消费者需求的轿车。生产的系列有奥拓、长安之星、长安雪虎、长安福特(嘉年华、蒙迪欧)等。

5) 天津一汽夏利汽车股份有限公司

2002年6月14日，中国第一汽车集团公司与天津汽车工业(集团)有限公司在北京人民大会堂签署联合重组协议，一汽集团持有公司50.98%的股份，对公司拥有控股权，企业正式融入一汽体系之中，天津一汽夏利汽车股份有限公司由此得名。公司是中国轿车、微型车的生产基地。1986年，该公司引进日本大发工业株式会社的技术开始生产天津夏利轿车。公司与日本丰田汽车公司成立合资企业，中日双方各占50%股权，生产“丰田”品牌的中档轿车。

公司目前拥有居于国内先进水平的冲压、车身、涂装、装配生产线、整车质量检测线、汽车发动机铸造及机加工生产线、变速箱生产线、计算机工作站等，已具备产品开发和年23万辆轿车(含天津一汽丰田8万辆)、18万台变速器、20万台发动机的生产能力，主要拥有“夏利”一个自有品牌和威姿、雅酷、威乐三个合作品牌以及威驰、花冠两个合资品牌，天内牌系列汽车发动机、天齿牌变速器也是企业的拳头产品。公司生产的轿车遍布祖国的大江南北，并已成功出口美洲市场。

6) 北京汽车工业控股有限公司

北京汽车工业控股有限公司位居中国轻型货车制造商前5位，由北京汽车工业集团总公司和北京内燃机厂于2001年5月共同改制组建而成。北京汽车工业集团早在1984年时，即与当时的克莱斯勒公司(现戴姆勒-克莱斯勒(Daimler Chrysler))合资成立北京吉普汽车有限公司，为中国汽车制造业的首家合资企业。

7) 南京跃进汽车集团公司

南京跃进汽车集团公司诞生于1947年，1958年制造出中国第一辆国产轻型载货汽车，被国家命名为跃进牌。南京跃进汽车集团是国内主要的轻型车生产基地，拥有三大汽车生产基地，即跃进轻型汽车、依维柯汽车和南亚自动车，产品包括卡车、轻型客车、轿车和越野车等。

南京跃进汽车集团公司原名为“南京汽车制造厂”。20世纪80年代，南京汽车制造厂对其产品进行更新换代，推出了“跃进”NJ131型载货汽车。后来，该厂引进了意大利工业车辆公司的技术和设备，生产“依维柯”S系列轻型载货汽车和客车。1982年，以南京汽车制造厂为基础成立的南京汽车联营公司，加强了我国轻型载货汽车和客车的生产能力。1995 年改为跃进汽车集团公司。

“九五”期间，南汽与意大利菲亚特集团依维柯公司合资成立南京依维柯汽车有限公司，后又引进外资建设南京菲亚特公司，开创了生产轿车的历史。同时对跃进牌汽车的生产企业进行股份制改造，成立跃进汽车股份有限公司。初步形成跃进系列、依维柯系列和菲亚特系列三大整车生产基地。目前公司产品有“跃进”“依维柯”“都灵 V 系列商旅车”“菲亚特派力奥”“菲亚特西耶那”几大品牌系列。

3. 我国著名汽车公司与世界汽车集团的合作

(1) 通用集团(含通用汽车、铃木、五十铃、菲亚特、富士重工和大宇)，参股合资进入上海通用、金杯通用、上汽通用五菱、长安铃木、昌河铃木、江铃、庆铃、北轻汽、北铃专用车、南京依维柯、江苏南亚、贵州云雀、桂林大宇(客车)和烟台大宇(零部件)。

(2) 大众集团，参股合资进入上海大众和一汽大众。

(3) 福特集团(含福特汽车、马自达和沃尔沃轿车)，参股合资进入江铃和长安福特。

(4) 丰田公司(含丰田、大发和日野)，参股合资进入一汽丰田、天津丰田、四川丰田、沈飞日野和金杯客车(技术合作)。

(5) 戴姆勒-克莱斯勒集团(含戴姆勒-克莱斯勒、三菱和现代)，参股合资进入北京吉普、亚星・奔驰、北方奔驰、湖南长丰、东南汽车、北京现代和东风悦达起亚。

(6) 雷诺-日产集团(含雷诺-日产、日产和三星)，参股合资进入三江雷诺、郑州日产、杭州东风日产柴、风神和东风汽车。

(7) 标致-雪铁龙集团，参股合资进入神龙。

(8) 本田公司，参股合资进入广州本田、东风本田。

(9) 宝马公司，参股合资进入沈阳华晨(宝马)。

4. 国内主要汽车合资企业

了解国内主要汽车合资企业，请扫描二维码。

文件名称：国内主要汽车合资企业
文件类型：DOC
文件大小：30.5KB

5. 常见汽车标志

了解常见汽车标志，请扫描二维码。

文件名称：常见汽车标志
文件类型：DOC
文件大小：2.51MB

课堂小结

(1) 汽车诞生于1886年，德国工程师卡尔·本茨发明了世界上第一辆三轮汽车，哥德里普·戴姆勒发明了世界上第一辆四轮汽车。1886年1月29日被认为世界汽车诞生日。本茨和戴姆勒被誉为汽车之父。

(2) 德国人鲁道夫·狄塞尔成功地试制出世界上第一台柴油机。后人为了纪念狄塞尔的功绩，将柴油机称为"狄塞尔"(DIESEL)。

(3) 美国的亨利·福特成功设计了T型车，使汽车由单一生产变为批量生产，并使其成为普通民众的交通工具，从而将人类带入了汽车时代。

(4) 世界汽车工业发展总体经历了以下3个主要阶段：汽车快速发展时期、汽车发展的全盛时期以及汽车企业兼并改组、汽车产量相对稳定时期。世界汽车产业已形成了"4+3"的基本格局。未来世界汽车的技术发展将主要集中在汽车设计技术和控制手段电子化、汽车驱动形式多样化、汽车生产制造柔性化、汽车材料轻量化、汽车生产组织全球化，以开发出更安全、舒适、无污染和节能型、智能化汽车。

(5) 我国的汽车工业虽起步较晚但发展较快，自1956年第一辆国产汽车——解放牌中型卡车在一汽诞生以来，中国汽车行业高速发展，近10多年来汽车产销量增长速度，是世界平均增长速度的10倍，中国已成为世界7大汽车生产国之一。中国汽车工业已经成为世界汽车工业的重要组成部分。

自我诊断与检测

(1) 被称为汽车之父的是________国的________。

(2) ________日被认为世界汽车诞生日。

(3) 第一台柴油机由________国人鲁道夫·狄塞尔发明。

(4) 世界汽车工业发展总体经历了________、________、________三个主要阶段。

(5) 我国的第一辆国产汽车于________年在________(厂)诞生。

单元1

认识汽车

1.1 汽车的概念与分类

知识目标：

(1) 掌握汽车的概念；

(2) 掌握汽车的各种分类形式。

能力目标：

能正确识别各类汽车。

学习内容

1.1.1 汽车的概念

车的历史由来已久，陆地上有轮子的运输工具都可以称为"车"。车的动力从人力、兽力、蒸汽机到内燃机经历了漫长的年代。我国的辞书中关于汽车的定义几经更迭，但一直强调一点：用内燃机做动力。

随着车用新能源的不断涌现，国际标准化组织（ISO）规定，凡由动力驱动，并有4个或4个以上车轮的非轨道承载的道路车辆都称为汽车。

我国国家标准GB/T 3730.1—2001对汽车是这样定义的：汽车（MOTOR VEHICLE），是指由动力驱动，具有四个或四个以上车轮的非轨道承载的车辆。主要用于载运人员或货物、牵引载运人员或货物的车辆及特殊用途。它还包括与电力线相连的车辆，如无轨电车以及整车整备质量超过400kg的三轮车辆等其他形式。

1.1.2 汽车的分类

汽车种类繁多,分类方法各不相同。我国汽车分类旧标准(GB/T 3730.1—1988)是1988年制定的,将汽车分为三大类,即载货汽车、客车和轿车,各类汽车又按照不同的划分标准具体细分如下。

1) 轿车按照发动机排量划分

有微型轿车(1L以下)、轻级轿车(1～1.6L)、中级轿车(1.6～2.5L)、中高级轿车(2.5～4L)、高级轿车(4L以上)。

2) 客车按照长度划分

有微型客车(不超过3.5m)、小型客车(3.5～7m)、中型客车(7～10m)和大型客车(10m以上)。

3) 货车按照载重量划分

有微型货车(1.8t以下)、轻型货车(1.8～6t)、中型货车(6～14t)、重型货车(14t以上)。

新的车型分类国家标准是在参考GB/T 3730.1—2001和GB/T 15089－2001两个国家标准,对汽车分类进行了重新定义,该标准依据国际标准(ISO 3833)制定,其名称基本与国际通行的称谓一致,于2001年7月3日发布,2002年3月1日起正式实施。

1. 按用途分类

我国汽车按用途,可分为乘用车和商用车两大类。

1) 乘用车(PASSENGER CAR)

在设计和技术特性上主要用于载运乘客及其随身行李和(或)临时物品的汽车。包括驾驶员座位在内最多不超过9个,它也可以牵引一辆挂车。乘用车可分为基本型乘用车(轿车)、多功能车(MPV)、运动型多用途车(SUV)和交叉型乘用车。

2) 商用车(COMMERCIAL VEHICLE)

在设计和技术特性上主要用于商业用途,运送人员和货物的汽车,并且可以牵引挂车。乘用车不包括在内。

2. 按发动机位置及驱动形式分类

汽车按发动机位置及驱动形式可分为发动机前置后轮驱动FR、发动机前置前轮驱动FF、发动机后置后轮驱动RR、发动机前置四轮驱动4DW和发动机中置后轮驱动MR 5种。

(1) 发动机前置后轮驱动是传统的布置形式,如图1-1所示,其各轮载荷分配合理,但传动轴较长,既增加了车重,又降低了传动效率,目前,在货车、部分中高级乘用车、客车上较广泛采用。

(2) 发动机前置前轮驱动汽车结构紧凑,如图1-2所示。其整车质量小,底盘低,高速时操纵稳定性好。越来越多的乘用车采用这种结构形式。

(3) 发动机后置后轮驱动是大、中型客车常采用的布置形式,如图1-3所示。其发动机的振动、噪声、油气味对乘员影响小,空间利用率高。

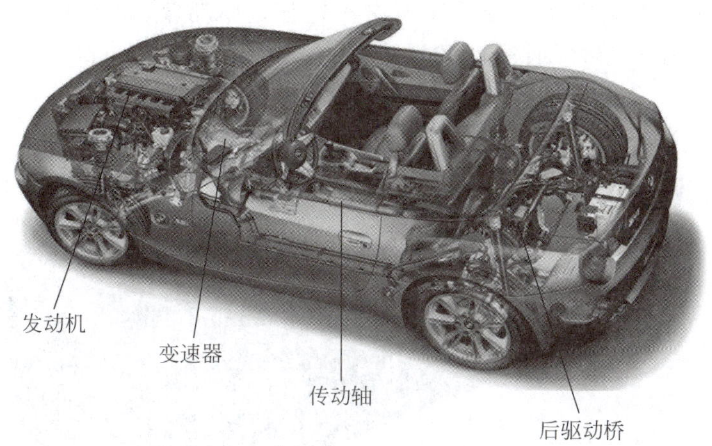

图 1-1 发动机前置后轮驱动汽车

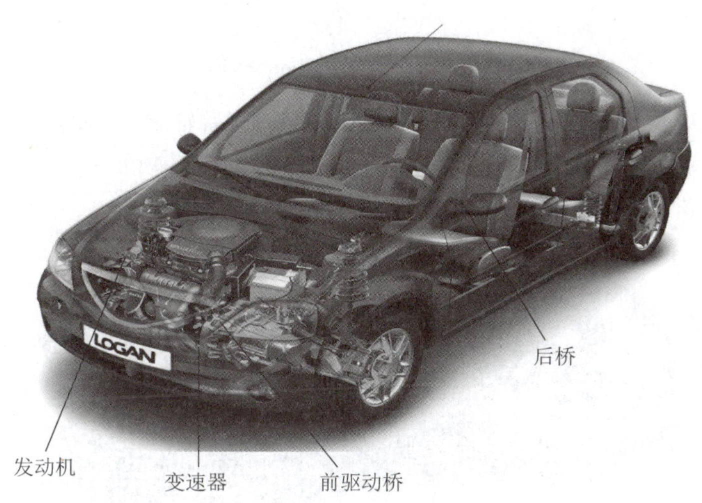

图 1-2 发动机前置前轮驱动汽车

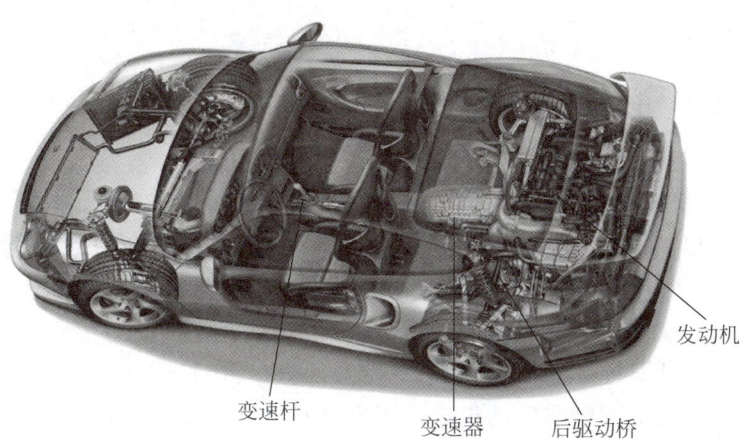

图 1-3 发动机后置后轮驱动汽车

(4) 发动机前置四轮驱动是指汽车所有车轮都是驱动轮，如图 1-4 所示。四个车轮均有动力，地面附着力最大，通过性和动力性好，因而在越野车、高性能跑车上应用得最多。

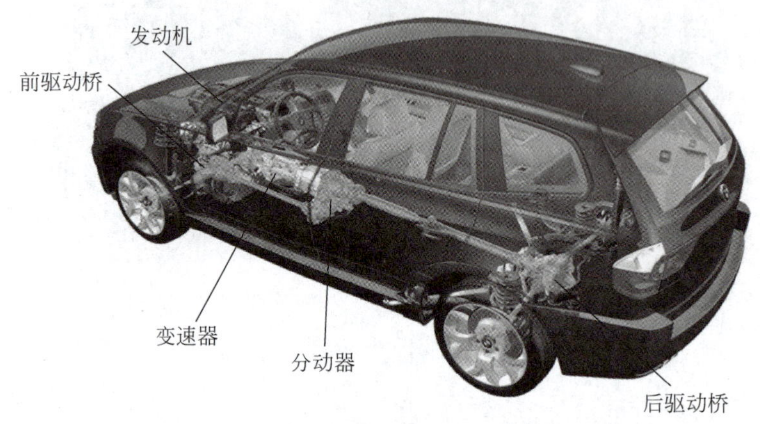

图 1-4　发动机前置四轮驱动汽车

(5) 发动机中置后轮驱动汽车的发动机放置在前、后轴之间，使得轴荷分配均匀，具有中性的操控特性。目前，只应用于 F1 赛车、跑车，如图 1-5 所示。

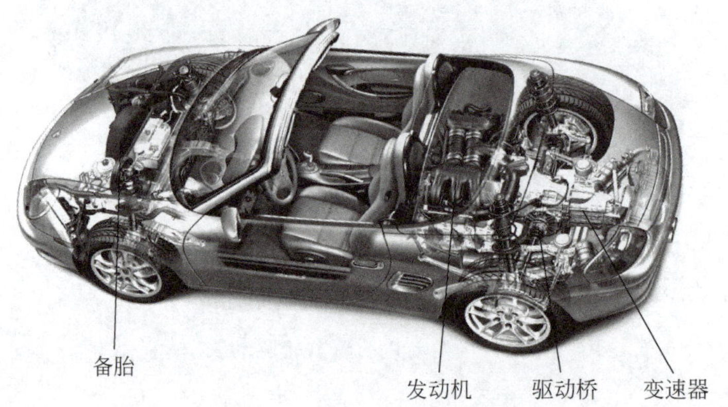

图 1-5　发动机中置后轮驱动汽车

汽车驱动情况常用 4×2、4×4 等表示，前一位数表示汽车总的车轮数，后一位数表示汽车驱动轮数。

3. 按汽车动力装置分类

按汽车动力装置类型分类，汽车可分为内燃机汽车、电动汽车和燃气轮机汽车三类。

内燃机汽车是指燃料在气缸内燃烧，将产生的热能转化为机械能的汽车。如汽油车、柴油车、气体燃料汽车等。

电动汽车是以蓄电池为能源，以电动机驱动的汽车。

燃气轮机汽车是采用航空发动机或火箭发动机及特殊燃料，用喷气反作用力驱动的汽车。主要用于赛车。

文件名称：轿车的分类
文件类型：DOCX
文件大小：2.73MB

(1) 汽车(MOTOR VEHICLE)是指由动力驱动，具有四个或四个以上车轮的非轨道承载的车辆，主要用于载运人员和(或)货物、牵引载运人员和(或)货物的车辆及特殊用途。它还包括与电力线相连的车辆，如无轨电车以及整车整备质量超过400kg的三轮车辆等形式。

(2) 国标GB/T 3730.1—2001代替了旧标准GB/T 3730.1—1988，对汽车分类进行了重新定义，该标准是依据国际标准(ISO 3833)制定的，于2001年7月3日发布，2002年3月1日起正式实施。

(3) 我国汽车按用途分，可分为乘用车和商用车两大类。

(4) 乘用车(PASSENGER CAR)是指在设计和技术特性上主要用于载运乘客及其随身行李和(或)临时物品的汽车，包括驾驶员座位在内最多不超过9个座位。它也可以牵引一辆挂车。乘用车可大致分为基本型乘用车(轿车)、多功能车(MPV)、运动型多用途车(SUV)等类型。

(5) 商用车(COMMERCIAL VEHICLE)是指在设计和技术特性上主要用于商业，运送人员和货物的汽车，并且可以牵引挂车。乘用车不包括在内。

(6) 汽车若按发动机位置及驱动形式可分为前置发动机前驱动FF、前置发动机后驱动FR、中置发动机后驱动MR、后置发动机后驱动RR和四轮驱动4DW五种。

(7) 若按汽车动力装置类型，汽车可分为内燃机汽车、电动汽车和燃气轮机汽车三类。

自我诊断与检测

(1) 汽车是指由动力驱动，具有________车轮的________承载的车辆。

(2) 汽车按用途可分为________和商用车。

(3) 乘用车主要用于________，包括驾驶员座位在内最多不超过________个。

(4) 汽车按发动机位置及驱动形式可分为________、________、________、________以及________五种类型。

1.2 汽车的产品型号

知识目标：

(1) 掌握国产汽车型号编制规则；

(2) 掌握汽车识别代号的含义。

能力目标：

能根据汽车型号或汽车识别代号正确识别各类汽车。

在汽车上使用汽车产品型号是各国政府为管理机动车辆而实施的一项强制性规定。有了产品型号就可以使用计算机对车辆进行检索管理，在处理交通事故、开展交通事故保险赔偿、破获被盗车辆案件等方面发挥着重要作用。各国政府都制定了这方面的专门技术法规，强制要求汽车厂在汽车上使用汽车产品型号。

产品型号是指为识别车辆而设置在汽车标牌上的一组由字母和阿拉伯数字组成的编号，每一位符号代表着某一方面的信息。各国对汽车型号的制定方法既有相同之处又有不同之处。

1.2.1 国产汽车型号编制规则

国家标准 GB 9417—1988《汽车产品型号编制规则》规定：国产汽车的产品型号由企业名称代号、车辆类别代号、主参数代号、产品序号、专用汽车分类代号组成，必要时附加企业自定代号。对于专用汽车及专用半挂车还应增加专用汽车分类代号。其形式如图 1-6 所示。

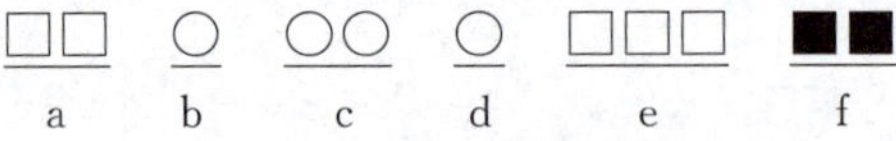

图 1-6 国产汽车型号编制规则

a—企业名称代号；b—车辆类别代号；c—主参数代号；d—产品序号；e—专用汽车分类代号；f—企业自定代号

□—用汉语拼音字母表示；○—用阿拉伯数字表示；■—用汉语拼音字母或阿拉伯数字均可

1. 企业名称代号

企业名称代号是识别车辆制造企业的代号，位于产品型号的第一部分，用代表企业名称的两个或三个汉语拼音字母表示。如 CA：长春一汽；EQ：第二汽车；FV：一汽大众；SGM：上海通用；SVW：上海大众；DC：东风雪铁龙；HG：广州本田；CAF：长安福特；XMQ：厦门汽车(金龙)。

2. 车辆类别代号

车辆类别代号是表明车辆附属分类的代号，位于产品型号的第二部分，用一位阿拉伯数字表示，车辆类别代号见表 1-1。

表 1-1 车辆类别代号

车辆类别代号	车辆种类	车辆类别代号	车 辆 种 类
1	载货汽车	6	客车
2	越野汽车	7	轿车
3	自卸汽车	8	—
4	牵引汽车	9	半挂车及专用半挂车
5	专用汽车		

注：上表也适用于所列车辆的底盘。

3. 主参数代号

主参数代号是表明车辆主要性能特征的代号，位于产品型号的第三部分，用两位或三位阿拉伯数字表示。

(1) 载货汽车、越野汽车、自卸汽车、牵引汽车、专用汽车与半挂车的主参数代号为车辆的总质量，以 t 为单位，精确到整数位。当主参数不足两位时，应以 0 补足。牵引汽车的总质量包括牵引座上的最大质量。当总质量在 100t 以上时，允许用三位数字表示。

(2) 客车及半挂车的主参数代号为车辆长度，以 m 为单位。当车辆长度小于 10m 时，应精确到小数点后 1 位，并以长度(m)值的 10 倍数值表示。

(3) 轿车的主参数代号为发动机排量，以 L 为单位。应精确到小数点后 1 位，并以其值的 10 倍数值表示。

4. 产品序号

产品序号表示一个企业的类别代号和主参数代号相同的车辆的投产顺序，位于产品型号的第四部分，用阿拉伯数字表示，数字由 0、1、2…依次使用。0 表示原设计产品或第一代产品，1 表示第一次改型或称第二代产品……以此类推。

5. 专用汽车分类代号

当车辆属于专用汽车时，以字母表示专用汽车分类。专用汽车分类代号位于产品型号的第五部分，用反映车辆结构和用途特征的三个汉语拼音表示，结构特征代号规定见表 1-2，用途特征代号按中国汽车联合协会行业管理标准规定执行，具体标注形式如图 1-7 所示。

表 1-2 专用汽车结构特征代号

厢式汽车	罐式汽车	专用自卸汽车	特种结构汽车	起重举升汽车	仓栅式汽车
X	G	Z	T	J	C

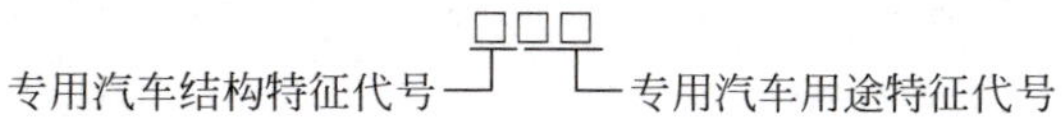

□□□
专用汽车结构特征代号 专用汽车用途特征代号

图 1-7 专用汽车分类代号

6. 企业自定代号

企业自定代号是企业根据需要自行规定的补充代号，一般位于产品型号的最后部分，同一种汽车结构略有变化而需要区别时(例如汽油、柴油发动机，长、短轴距，单、双排座驾驶室，平、凸头驾驶室，左、右置方向盘等)，可用汉语拼音字母和阿拉伯数字表示，位数也由企业自定。供用户选装的零部件(如暖风装置、收音机、地毯、绞盘等)不属结构特征变化，应不给予企业自定代号。编制型号举例如下。

例 1：CA1091 是中国第一汽车制造厂生产的第二代载货汽车，总质量为 9310kg。

例 2：EQ2080 是中国第二汽车制造厂生产的越野汽车，越野时总质量为 7720kg。

例 3：SP6900 是中国四平客车厂生产的第一代客车，车长为 9080mm。

例 4：TJ6481 是中国天津客车厂生产的第二代车长为 4750mm 的客车。

例 5：TJ7100 是中国天津汽车厂生产的第一代轿车，发动机排量为 0.993L。

例 6：SH7221 是中国上海汽车厂生产的第二代轿车，发动机排量为 2.232L。

了解了我国汽车产品型号的编制方法，我们还应知道产品型号在车上的位置。美国法规规定车辆识别号安装在仪表盘左侧，观察者在白天从车外透过前挡风玻璃应能清楚地看到它；欧盟则规定车辆识别号安装在汽车右侧的底盘车架上或写在厂家铭牌上。我国汽车的识别号一般印在汽车的尾部，非常直观。

1.2.2 车辆识别代号

现在世界各国汽车公司生产的汽车大部分使用了 VIN(车辆识别代号编码 Vehicle Identification Number)，它由一组字母和阿拉伯数字组成，共 17 位，又称 17 位识别代号编码。它是识别一辆汽车不可缺少的工具，每辆汽车只有一个代号，就像人的身份证号码，故又称为“汽车身份证”。从 VIN 中可以识别出该车的生产国家、制造厂家、汽车类型、品牌名称、车型系列、车身形式、发动机型号、车型年款、安全防护装置型号、检测数字、装配工厂名称和出厂顺序号码等。它是汽车修理时的数据检索、配件采购和经营管理所必须掌握的，以免产生误购、错装等严重后果。

各国政府及汽车公司对本国或本公司生产的汽车 17 位识别代号编码都有具体规定。我国于 2004 年 6 月 21 日发布了《道路车辆　车辆识别代号(VIN)内容与构成》(GB/T 16735—2004)的强制性国家标准，并规定于 2004 年 10 月 1 日起开始实施。根据 GB/T 16735—2004 规定，我国汽车代号与国际车辆识别代号(VIN)接轨，由 3 部分 17 位字码组成。对年产量大于 500 辆的制造厂，车辆识别代号的第一部分为世界制造厂识别代号(WMI)；第二部分为车辆说明部分(VDS)；第三部分为车辆指示部分(VIS)。

1. WMI(第 1～3 位)

表示制造厂、品牌和类型，用来标识车辆制造厂的唯一性，通常占 VIN 代码的前 3 位，用字母或数字表示。

1）第 1 位是生产国家代码

数字或字母	国家或地区(英文名)	中文名
1,4 或 5	United States	美国
2	Canada	加拿大
3	Mexico	墨西哥
6	Australia	澳大利亚
9	Brazil	巴西
J	Japan	日本
K	Korea	韩国
L	China	中国
R	Taiwan	中国台湾
S	England	英国
T	Switzerland	瑞士
V	France	法国
W	Germany	德国
Y	Sweden/Finland	瑞典/芬兰
Z	Italia	意大利

2）第 2 位是汽车制造商代码

1—Chevrolet；B—BMW；M—Hyundai

2—Pontiac；B—Dodge；M—Mitsubishi

3—Oldsmobile；C—Chrysler；M—Mercury

4—Buick；D—Mercedes；N—Infiniti

5—Pontiac；E—Eagle；N—Nissan

6—Cadillac；F—Ford；P—Plymouth

7—GM Canada；G—General；M S—Subaru

8—Saturn；G—Suzuki；T—Lexus

9—Isuzu；H—Acura；T—Toyota

A—Alfa Romeo；H—Honda；V—Volkswagen

A—Audi；J—Jeep；V—Volvo

A—Jaguar；L—Daewoo；Y—Mazda

L—Lincoln；Z—Ford

Z—Mazda

G—所有属于通用汽车的品牌：Buick,Cadillac,Chevrolet,Oldsmobile,Pontiac,Saturn

3）第 3 位是汽车类型代码(不同的厂商有不同的解释)

第 3 位用来表示某个特定的制造厂，由各国的授权机构负责分配。如果某制造厂的年产量少于 500 辆，其识别代码的第三个字码就是 9。

2. VDS(第 4～9 位)

说明车辆的一般特性，制造厂不用其中的一位或几位字符，就在该位置填入选定的字母或数字占位，其代号顺序由制造厂确定。

1）第 4～8 位为车辆特征

（1）轿车：种类、系列、车身类型、发动机类型及约束系统类型；

（2）MPV：种类、系列、车身类型、发动机类型及车辆额定总重；

（3）载货车：型号或种类、系列、底盘、驾驶室类型、发动机类型、制动系统及车辆额定总质量；

（4）客车：型号或种类、系列、车身类型、发动机类型及制动系统。

2）第 9 位为校验位，通过一定的算法防止输入错误。按标准加权计算（参见《世界汽车识别代号（VIN）资料手册》）。

3. VIS（第 10～17 位）

制造厂为了区别不同车辆而指定的一级字符，其最后四位应是数字。

（1）第 10 位表示车型年份，即厂家规定的型年（Model Year），不一定是实际生产的年份，但一般与实际生产的年份之差不超过 1 年。

A：1980/2010
B：1981/2011
C：1982/2012
D：1983/2013
E：1984/2014
F：1985/2015
G：1986/2016
H：1987
J：1988
K：1989
L：1990
M：1991
N：1992
P：1993
R：1994
S：1995
T：1996
V：1997
W：1998
X：1999
Y：2000
1：2001
2：2002
3：2003
4：2004
5：2005
6：2006
7：2007
8：2008
9：2009

（2）第 11 位代表装配厂。

（3）第 12～17 位代表顺序号，一般情况下，汽车召回都是针对某一顺序号范围内的车辆，即某一批次的车辆。

例如上海大众桑塔纳 2000 型轿车 VIN 编码规则为 LSVHJ133022221761，其含义如下。

第 1 位：生产国家代码（L——中国）；

第 2 位：汽车制造商代码（上海大众汽车有限公司）；

第 3 位：汽车类型代码（桑塔纳 2000 轿车）；

第 4 位：车身形式代码（H——4 门加长型揭背式车身）；

第 5 位：发动机/变速器代码（J——AYJ（06BC）/FNV（01N. A））；

第 6 位：乘员保护系统代码（1——安全气囊（驾驶员））；

第 7～8 位：车辆等级代码（33——上海桑塔纳轿车、上海桑塔纳旅行轿车、上海桑塔纳 2000 轿车）；

第 9 位：校验位；

第 10 位：年份代码（2——2002）；

第 11 位：装配厂代码（2——上海大众汽车有限公司）；

第 12～17 位：车辆制造顺序号。

课堂小结

（1）国产汽车的产品型号由企业名称代号、车辆类别代号、主参数代号、产品序号组成。必要时附加企业自定代号。对于专用汽车及专用半挂车还应增加专用汽车分类代号。

（2）根据 GB/T 16735—2004 规定，我国汽车代号与国际车辆识别代号（VIN）接轨，由 3 部分 17 位字码组成。对年产量大于 500 辆的制造厂，车辆识别代号的第一部分为世界制造厂识别代号（WMI）；第二部分为车辆说明部分（VDS）；第三部分为车辆指示部分（VIS）。第一部分通常占 VIN 代码的前 3 位，表示制造厂、品牌和类型；第二部分为第 4～9 位，说明车辆的一般特性；第三部分为第 10～17 位，是制造厂为了区别不同车辆而指定的一级字符。

自我诊断与检测

（1）国产汽车的产品型号由________、________、________、________组成。

（2）车辆识别代号（VIN）由________、________、________三部分组成，共________位字码。

（3）CA1091 是________生产的第二代载货汽车。

（4）LSVHJ133022221761 是________年生产的汽车。

1.3 汽车总体组成、主要技术参数

学习目标

知识目标：

（1）掌握汽车的总体组成；

（2）掌握汽车的主要技术参数。

能力目标：

能够在汽车上找出几大组成部件。

学习内容

1.3.1 汽车的总体组成

汽车是由数百个总成、上万个零部件装配而成的。不同的车型结构千差万别，但都是由发动机、底盘、车身及其附件和电气设备四部分组成，专用汽车还有其他专用设备。

1. 发动机

发动机是汽车的动力源。其作用是使燃料燃烧，将热能转变成机械能，驱动汽车行驶，并驱动其他机电设备。汽车所用动力装置的类型，对于汽车的总体及部件的构造有决定性的影响。目前国内外汽车绝大多数采用往复活塞式内燃机作为动力装置。它一般是由曲柄连杆机构、配气机构、供给系统、冷却系统、润滑系统、点火系统（汽油发动机采用）、启动系统等部分组成。随着现代科技的高速发展，还出现了电动汽车、燃气汽车、太阳能汽车。

2. 底盘

底盘是汽车的骨架，用来支撑车身和安装所有部件，同时将发动机的动力传递到驱动轮，并按驾驶员要求进行行驶（加速、减速、转向、制动等）。汽车底盘由传动系统、行驶系统、转向系统和制动系统四部分组成。

传动系统的作用是将发动机的动力传给驱动车轮。其中包括离合器、变速器、万向传动装置、驱动桥等部件。

行驶系统的作用是将汽车各总成、部件连接成一个整体，起到支持全车并保证行驶的作用。其中包括车架、车桥、车轮、悬架等部分。

转向系统的作用就是通过驾驶员转动转向盘，根据需要保持或改变汽车行驶方向。由带转向盘（方向盘）的转向器和转向传动机构组成。

汽车制动系统的作用就是根据需要使汽车减速或在最短的距离内停车，并保证汽车停放可靠，不致自动滑溜。

3. 车身及其附件

车身主要用来覆盖、包装和保护汽车零部件，提供装载货物的空间以及给驾驶人和乘员提供舒适的乘坐环境。车身附件是安装于车身之上的附属设备，如座椅、空调、风窗刮水器、玻璃升降器、点烟器、音响和通信设备等。

4. 电气设备

电气设备包括电源、灯光系统、点火系统、启动系统、仪表、传感器与报警装置、空调、自动检测装置等。此外，在现代汽车上越来越多地装用了各种电子设备：微处理机、中央计算机系统及各种人工智能装置等，显著提高了汽车的性能。

汽车的结构形式并不是一成不变的。随着科学技术的发展，汽车的总体结构组成和部件的构造必将不断完善。

1.3.2 汽车的主要技术参数

1. 主要尺寸参数

汽车的主要尺寸参数包括车长、车宽、车高、轴距、轮距、前悬、后悬、最小离地间隙（离地距）、接近角、离去角、最小转弯直径等。《道路车辆外廓尺寸、轴荷及质量限值》（GB 1589—2004）和《机动车运行安全技术条件》（GB 7258—2004）均对我国道路车辆的极限尺寸作了规定：货车、乘用车及二轴客车的长度不大于 12m，宽度不大于 2.5m，高度不大于 4m。

1）车长

如图 1-8 所示，车长是从汽车前保险杠最凸出的位置量起，直到后保险杠最凸出的位置之间的距离（汽车最前端到最后端的距离）。车长是对汽车的用途、功能、使用方便性等影响最大的参数。因此一般以车长来划分车身等级。车身长意味着纵向可利用空间大，这是显而易见的，但太长的车身会给调头、停车造成不便。一般中小型乘用车长 4m 左右，接近 5m 长的可算作大型车了。我国对公路车辆长度的限制是：对于载货汽车及越野汽车不大于 12m，牵引汽车带半挂车不大于 16m，汽车拖带挂车不大于 20m，挂车不大于 8m，大客车不大于 12m，铰接式大客车不大于 18m。

技术参数表	主要参数	
尺寸及质量		
长 x 宽 x 高(mm)	4325 x 1705 x1490	
轴距(mm)	2600	
最小离地间隙(mm)	170	
整备质量(kg)	1170	
轮胎型号	195/60R15	
发动机		
型号	BYD473QB全铝发动机	4G18
型式	直列四缸、16气门，水冷，顶置凸轮轴 电子控制燃油多点顺序喷射	直列四缸、16气门、水冷、顶置凸轮轴
排气量(L)	1.5	1.6
最大功率(kw/rpm)	75/5800	73.5 / 6000
最大扭矩(Nm/rpm)	135/4800	134 / 4500
压缩比	10.1	9.5
最高车速(km/h)	170	170
变速箱型式	MT	原装进口AT变速器
油箱容量(L)	50	50
悬挂系统		
悬挂系统前	麦弗逊式悬架	
悬挂系统后	拖曳臂式悬架	

图 1-8　汽车的主要尺寸参数（一）

2）车宽

如图 1-8 所示，车宽是车身左、右最凸出位置的距离，但是不包含左、右后视镜伸出的宽度，即后视镜折叠后的宽度。车宽主要影响乘坐空间和灵活性。对于乘用轿车，如果要求横向布置的三个座位都有宽阔的乘坐感（主要是足够的肩宽），那么车宽一般都要达到 1.8m。近年由于对安全性的要求，车门壁的厚度有所增加，因此车宽也普遍增加。我国对公路车辆的限制尺寸是：车宽（不包括后视镜）不大于 2.5m，左、右后视镜等突出部分的侧向尺寸总共不大于 250mm。

3）车高

如图 1-8 所示，车高是从地面算起，一直到车身顶部最高的位置，但不包括天线的长度。车高直接影响重心（操控性）和空间。大部分轿车高度在 1.5m 以下，与人体的自然坐姿高度相比低很多，主要是出于降低全车重心的考虑，以确保高速拐弯时不会翻车。MPV、面包车等为了营造宽阔的乘坐（头部空间）和载货空间，车身一般比较高（1.6m 以上）。我国对公路车辆高度的限制是不大于 4m。

4）轴距

如图 1-8 所示，轴距是前、后车轮轴之间纵向测定的距离。在车长确定后，轴距是影响乘坐空间最重要的因素，因为绝大多数的二厢和三厢轿车，乘员的座位都是布置在前后轴之间的。长轴距使乘员的纵向空间增大，直接得益的是对乘坐舒适性影响很大的脚部空间。在行驶性能方面，长轴距能提高直路巡航的稳定性，但转向灵活性下降，回旋半径增大。因此在稳定性和灵活性之间必须作出取舍，取得适当的平衡。

5）轮距

如图 1-8 所示，轮距是左、右车轮中心的距离。轮距直接影响汽车的前后宽度比例。与其他尺寸相比，轮距更受机械布局（尤其是悬挂系统类型）的影响，是造型设计师需要在很早期就确定的参数。一般轿车的前轮距比后轮略大（相差 10～50mm），即车身前半部比后半部略宽，这与气流动力学有关。

6）前悬、后悬

如图 1-8 所示，汽车的前悬是指汽车前端至前轮中心之悬置部分。一般来说，前轮驱动车的前悬会比同级后轮驱动车长，强调运动性的后轮驱动车通常前悬都很短。汽车的后悬是指汽车后端至汽车后轮中心之悬置部分。除了装设大型保险杠或后置发动机的车型以外，一般后悬较长的车型会拥有较大的行李厢空间，在高级豪华房车上经常会出现此情形。由图 1-8 可知，车长＝前悬＋后悬＋轴距。所以轴距越长，前后悬便越短。

7）离地距（最小离地间隙）

如图 1-8 所示，离地距即车体最低点与地面的距离。后驱车的离地最低点一般在后轴中央，前驱车一般在前轴，也有些轿车的离地距最低点在前防撞杆下缘（气流动力学部件）。离地距必须确保汽车在行走崎岖道路、上下坡时的通过性，即保证不刮底。但离地距高也意味着重心高，影响操控性，一般轿车的最低离地距为 130～200mm，符合正常道路状况的使用要求。越野车离地距普遍大于 200mm。赛车由于安装了扰流车身部件，并且要降低重心，离地距可以低至 50mm，当然前提是赛车跑道路面平坦，在普通街道上肯定是不可行的。汽车的企业标准中应规定满载时的离地距为好。但也有的汽车的企业标准中规定空载时的离地距，如别克轿车离地距（空载）为 148mm。

8）接近角

接近角是指汽车满载、静止时，前端突出点向前轮所引切线与地面间夹角 α（见图 1-9）。α 越大，越不易发生汽车前端触及地面，通过性越好。

图 1-9 汽车的主要尺寸参数(二)

9）离去角

离去角是指汽车满载、静止时，后端突出点向后轮所引切线与地面间的夹角 β(见图 1-9)。β 越大，越不易发生汽车后端触及地面，通过性越好。

10）最小转弯半径

将汽车的方向盘转动到极限，让汽车以最低稳定速度转向行驶时，外侧转向轮的中心平面在支承平面上滚过的轨迹圆半径就是汽车最小转弯半径(见图 1-10)。它表征了汽车能够通过狭窄弯曲地面的能力。最小转弯半径越小，汽车的机动性越好。乘用车的最小转弯半径一般为轴距的 2～2.5 倍。

2. 主要质量参数

汽车的质量参数主要包括汽车的装载质量、整备质量、总质量、整备质量系数和轴荷分配等。

1）汽车的装载质量

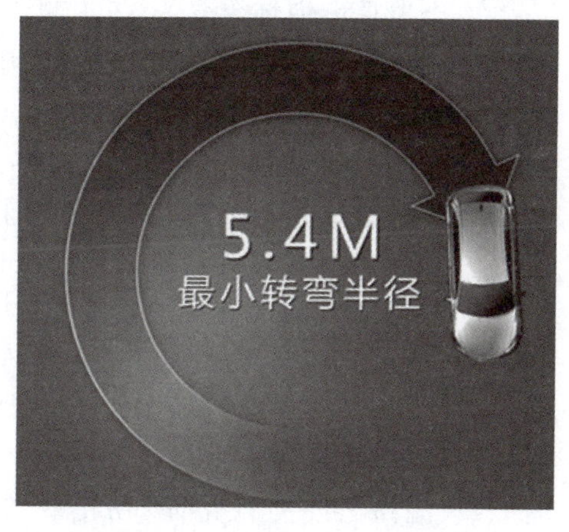

图 1-10 汽车的最小转弯半径

汽车的装载质量是指在硬质良好路面上行驶时所允许的额定装载质量。当汽车在碎石路面上行驶时，装载质量应有所减少(为好路的 75%～80%)。乘用车主要用于载运乘客及其随身行李物品，一般以座位数计算，包括驾驶员座位在内最多不超过 9 个。商用车中的客车是以载客量计，载货汽车则以其在良好的硬路面上行驶时所装载货物质量的最大限额(t)计。城市公共汽车的装载量等于座位数并包括站立乘客数(一般按每人不小于 0.125m^2 面积计)，其他城市客车按每人不小于 0.15m^2 面积计。长途客车和旅游客车的装载质量等于座位数。超载将导致车辆早期损坏，制动距离变长，甚至造成交通事故。

2）汽车的整备质量

汽车的整备质量指汽车在加满燃料、润滑油、工作液(如制动液)及发动机冷却液并装备(随车工具及备胎等)齐全后但未载人、载货时的总质量。整备质量越小的汽车，燃油消耗越少，经济性越好。

3）汽车的总质量

汽车的总质量是指已整备完好、装备齐全并按规定载满客、货时的汽车质量，也称满载质量。即总质量=整备质量+装载质量。

4）整备质量系数

整备质量系数是指载货汽车的装载质量与整车整备质量(整备质量)的比值。它表明单位汽车整备质量所承受的汽车装载质量。此系数越大表明该车型的材料利用率及设计与工艺水平越高。

5）轴荷

轴荷是指汽车满载时各车轴对地面的垂直载荷。

国家标准《道路车辆外廓尺寸、轴荷及质量限值》(GB 1589—2004)，以及国家标准《机动车运行安全技术条件》(GB 7258—2012)均规定：二轴货车的最大允许轴荷不得超过 10t；客车及三轴以上(含三轴)货车的最大允许轴荷不得超过 10t。

6）轴荷分配

轴荷分配是指汽车在空载或满载时的整车质量，分配到各车轴上的百分比。它是汽车的重要质量参数。

对于经常在较差路面上行驶的载货汽车，为了保证其在泥泞路面上的通过能力，常将满载时前轴负荷控制在 26%～27%，以减小前轮滚动阻力并增大后驱动轮的附着力。

3. 主要性能指标参数

汽车的主要性能指标有汽车的动力性、燃料经济性、制动性、通过性、操纵稳定性、行驶平顺性和有害气体排放等。

1）汽车的动力性

汽车的动力性是指汽车的最高车速、最大爬坡能力和汽车的加速能力。汽车的动力性良好，就能使其在设计给定的使用条件下，以较高的速度行驶，能克服较大的行驶阻力，加速时间短，从而提高汽车的运输能力。

汽车的动力性通常以汽车的最高车速(km/h)、加速时间(s)、汽车的最大爬坡度(°)等参数来评价(或称为汽车的动力性指标)。

(1) 汽车的最高车速(km/h)。汽车的最高车速是指汽车满载时，在平直良好的路面上(水泥路面或沥青路面)所能达到的最高行驶速度，它是汽车的一个重要动力指标。目前，乘用车最高车速一般为 150～200km/h。

(2) 汽车的加速时间(s)。汽车的加速时间是指汽车加速到一定车速所需要的时间。常用原地起步加速时间与超车加速时间表示。它是汽车的一个重要动力指标。乘用车常用 0～100km/h 的换挡加速时间来评价，一般为 10～15s。

(3) 汽车的最大爬坡度(°)。汽车的最大爬坡度是指汽车满载时，在良好的路面上以最低前进挡所能爬行的最大坡度。货车要求的最大爬坡度在 16.5°左右；越野车要求的最大爬坡度在 30°左右。

2）汽车的燃料经济性

燃料经济性是指汽车在一定的使用条件下，以最小的燃油消耗量完成单位运输工作的能力。我国与欧洲通常以百公里油耗(L/100km)来衡量，即汽车在良好的水平硬路面上以一定载荷(轿车半载、货车满载)及最高挡等速行驶时的百公里燃料消耗量。它是汽车燃料经济性常用的评价指标。同排量汽车，其数值越大，燃油经济性越差。

3）汽车的制动性

汽车的制动性是指汽车在行驶过程中，强制地减速以致需停车或在下长坡时维持一定行驶速度的能力。通常以汽车的制动距离作为评价汽车的制动性能的一个重要指标。汽车的制动距离是指在良好的试验跑道上在规定的车速下紧急制动（紧急制动时踏板力，乘用车要求不大于500N，其他车要求不大于700N）时，由踩制动踏板起到完全停车时的距离。按我国GB 7258—2012标准规定，乘用车以50km/h车速下的最小制动距离应不大于19m。

4）汽车的通过性

汽车的通过性是指汽车在额定装载质量下能以足够高的车速通过各种坏路及无路地带的能力。它在一定程度上表征了汽车通过高低不平地带和障碍物的能力。通常以汽车的最小离地间隙（离地距）、接近角、离去角、最小转弯半径等尺寸参数作为评价汽车通过性的重要指标。

5）操纵稳定性

汽车的操纵稳定性包含着互相联系的两部分内容，一个是操纵性，一个是稳定性。操纵性是指汽车能够及时而准确地执行驾驶员的转向指令的能力；稳定性是指汽车受到外界扰动（路面扰动或突然阵风扰动）后，能自行尽快地恢复正常行驶状态和方向，而不发生失控，以及抵抗倾覆、侧滑的能力。

6）行驶平顺性

汽车行驶时，对路面不平度的隔振特性，称为汽车的行驶平顺性。路面不平度达到一定程度时，将使乘客感到不舒适和疲劳，或使运载的货物损坏。路面不平度激起的振动引起的附加动载荷将加速有关零件的磨损，缩短汽车的使用寿命。车轮载荷的波动会影响车轮与地面之间的附着性能，关系到汽车的操纵稳定性。

7）有害气体排放

汽车排放污染主要有三个排放源：一是由发动机排气管排出的燃料燃烧后的废气；二是曲轴箱排放物；三是燃料蒸发排放物。汽车有害气体排放主要是由发动机引起的，其排气中含有多种对人体有害的物质，主要有一氧化碳（CO）、碳氢化合物（HC）、氮氧化物（NO）、二氧化硫（SO_2）、醛类和微粒（含碳烟）等，应予以控制。

我国对轻型车、重型车、摩托车等各类车型的污染物排放的控制目标是：2000—2001年达到欧Ⅰ（即我国的第一阶段控制目标）；2004—2005年达到欧Ⅱ（即我国的第二阶段控制目标）；2010年前后争取与国际排放控制水平接轨。

文件名称：汽车行驶的基本原理
文件类型：DOCX
文件大小：74.4KB

课堂小结

（1）汽车是由数百个总成、上万个零部件装配而成的。不同的车型结构千差万别，但都是由发动机、底盘、车身及其附件和电气设备四部分组成，专用汽车还有其他专用设备。

（2）发动机的作用是使燃料燃烧，将热能转变成机械能，驱动汽车行驶，并驱动其他机电设备。目前国内外汽车绝大多数采用往复活塞式内燃机作为动力装置。它一般由机体组、曲柄连杆机构、配气机构、供给系统、冷却系统、润滑系统、点火系统（汽油发动机采用）、启动系统等部分组成。

（3）底盘是汽车的骨架，用来支撑车身和安装所有部件，同时将发动机的动力传递到驱动轮，并按驾驶员要求进行行驶（加速、减速、转向、制动等）。汽车底盘由传动系统、行驶系统、转向系统和制动系统四部分组成。

（4）车身的作用主要用来覆盖、包装和保护汽车零部件，提供装载货物的空间以及为驾驶人和乘员提供舒适的乘坐环境。车身附件是安装于车身之上的附属设备，如座椅、空调、风窗刮水器、玻璃升降器、点烟器、音响和通信设备等。

（5）汽车主要参数包括尺寸参数（车长、车宽、车高、轴距、轮距、前悬、后悬、最小离地间隙（离地距）、接近角、离去角、最小转弯直径等），质量参数（装载质量、整备质量、总质量、整备质量系数和轴荷分配等），性能参数（最高车速、加速时间、最大爬坡度、百公里油耗、汽车的制动距离、汽车有害气体排放等）。

自我诊断与检测

1. 填空题

（1）汽车主要由________、________、________、________几大部分组成。

（2）________是汽车的骨架，用来支撑车身和安装所有部件。

（3）汽车的动力性通常以________、________、________等参数来评价。

2. 判断题

（1）汽车的整备质量是指已整备完好、装备齐全并按规定载满客、货时的汽车质量。（　　）

（2）汽车的最小转弯半径是指将方向盘转动到极限，内侧转向轮的中心平面在支承平面上滚过的轨迹圆半径。（　　）

单元2

汽车发动机

2.1 发动机总论

知识目标：

（1）掌握发动机的基本概念；

（2）掌握汽车用发动机分类与型号编制规则；

（3）掌握发动机的基本组成和常用术语；

（4）理解汽车发动机的工作原理。

能力目标：

能从整体上正确认知发动机及主要部件。

发动机是将某种形式的能量转换为机械能并拖动某些机械进行工作的机器。

汽车的动力来自发动机，发动机是汽车的"心脏"。发动机还广泛应用于火车、工程机械、拖拉机、发电机、船舶、坦克等众多其他机械。

按能源及转换方式不同发动机可分为以下形式，如图2-1所示。

汽车发动机大多是将热能转变为机械能的发动机，简称热力发动机。分为内燃机和外燃机。内燃机是指将液体或气体燃料和空气混合后直接输入机器内部燃烧产生热能，热能再转变为机械能的装置，内燃机包括活塞式内燃机和燃气轮机。而外燃机是指燃料在其外部的锅炉内燃烧，加热锅炉内的水，使之变为高温、高压的水蒸气，再送往机器内部，将热能转变为机械能的装置。外燃机包括蒸汽机、汽轮机和热汽机（也称斯特灵发动

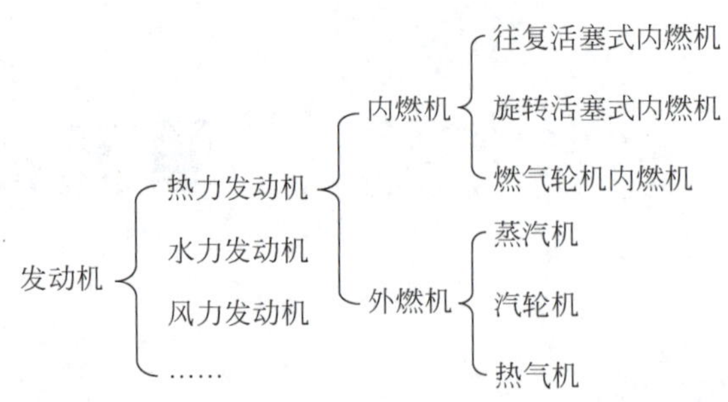

图 2-1 发动机分类

机)等。

内燃机与外燃机相比具有单机功率范围大(0.6～74760kW)、热效率高(汽油机略高于 0.3,柴油机达 0.4 左右)、体积小、质量轻、操作简单,便于移动、启动性能好和维修方便等优点,因而广泛应用于现代汽车上。往复活塞式内燃机在汽车上应用最为广泛。

2.1.1 发动机的分类与型号

1. 汽车用发动机的分类

1）按所用燃料分类

根据所使用的燃料,发动机可分为汽油机、柴油机、气体燃料发动机、液化石油气发动机和多种燃料发动机等。

如图 2-2 所示,汽油机是使用汽油为燃料的发动机;柴油机是使用柴油为燃料的发动机;气体燃料发动机是利用压缩天然气为燃料的发动机;液化石油气发动机是利用液化石油气为燃料的发动机;多种燃料发动机是可同时使用两种以上燃料的发动机,如压缩天然气或汽油发动机、液化石油气或汽油发动机、氢气或汽油发动机等。

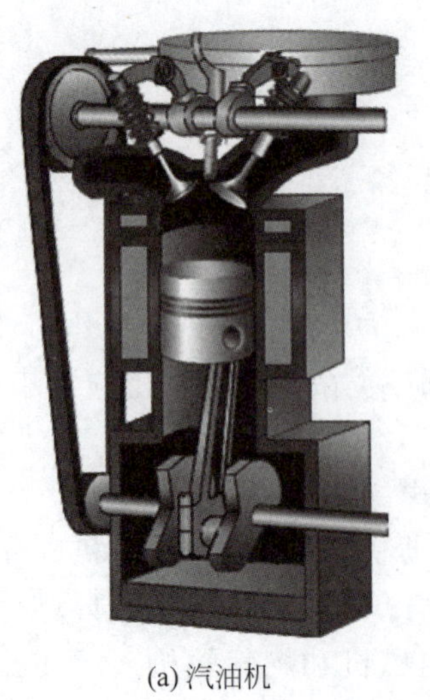

(a) 汽油机

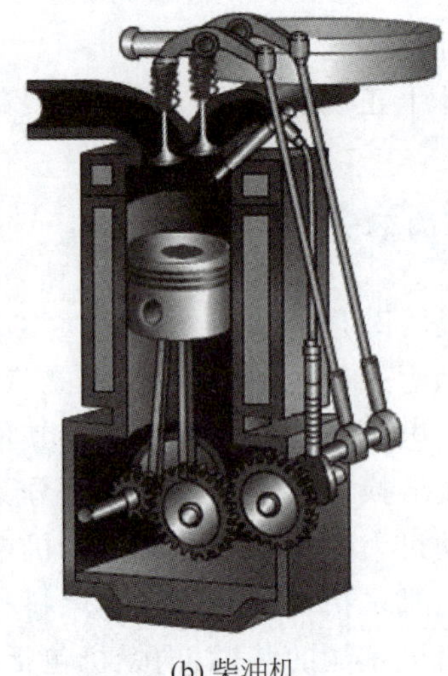

(b) 柴油机

图 2-2 按所用燃料分类

2）按工作循环的冲程数分类

根据每一个工作循环所需活塞冲程数，可将发动机分为四冲程发动机与二冲程发动机，如图 2-3 所示。完成一个循环需要活塞往复四个冲程的称为四冲程发动机；完成一个循环需要活塞往复两个冲程的称为二冲程发动机。

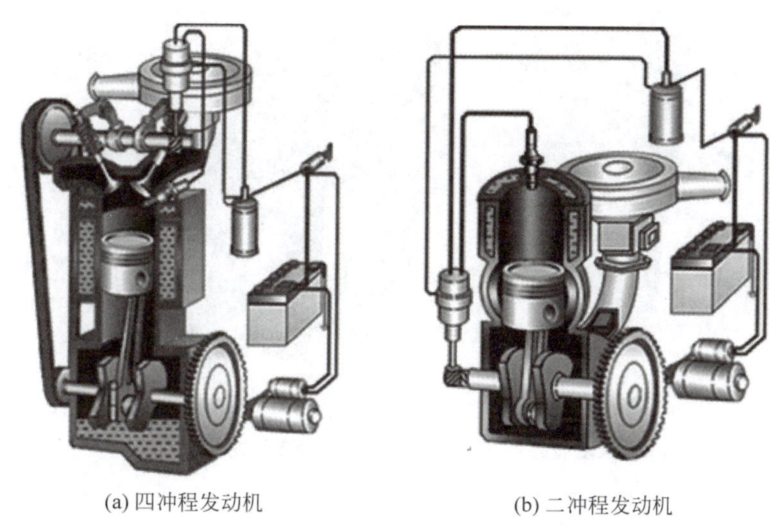

(a) 四冲程发动机　　(b) 二冲程发动机

图 2-3　按工作循环的冲程数分类

3）按冷却方式分类

根据冷却方式不同，发动机可分为水冷式和风冷式，如图 2-4 所示。以水或冷却液为冷却介质的称为水冷式发动机；以空气为冷却介质的称为风冷式发动机。汽车发动机多采用水冷式发动机。

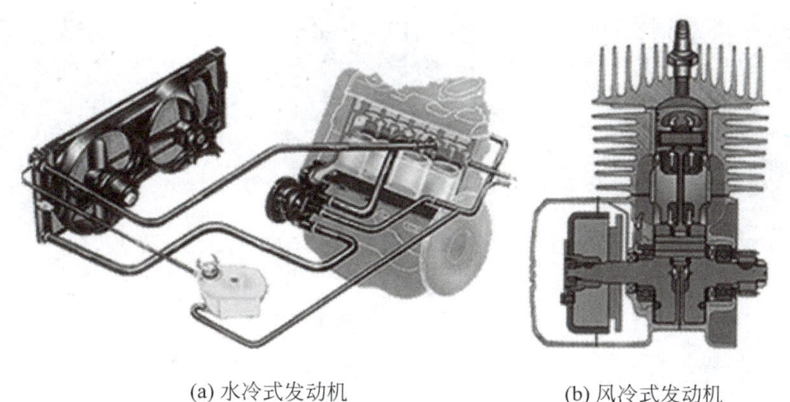

(a) 水冷式发动机　　(b) 风冷式发动机

图 2-4　按冷却方式分类

4）按点火方式分类

根据点火方式，发动机可分为点燃式（汽油机）和压燃式（柴油机）。点燃式发动机是气缸内的可燃混合气，用外源点火燃烧；压燃式发动机是压缩气缸内的空气或可燃混合气，产生高温，引起燃料自燃。

5）按气缸数分类

根据气缸数，发动机可分为单缸和多缸发动机。只有一个气缸的内燃机称为单缸发动机；有两个或两个以上气缸的内燃机称为多缸发动机，如图 2-5 所示。

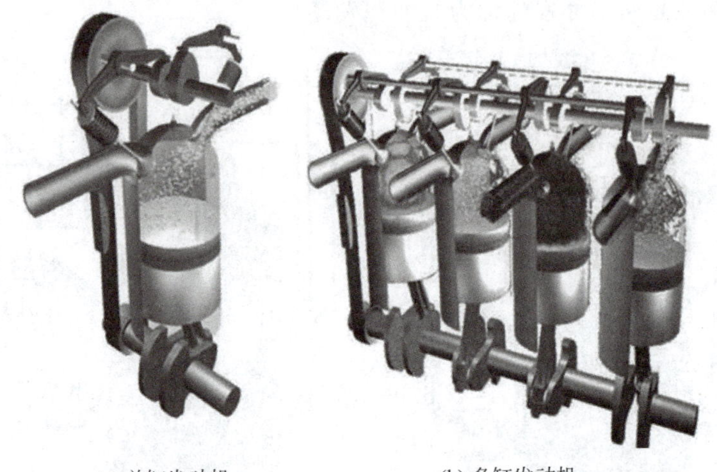

(a) 单缸发动机　(b) 多缸发动机

图 2-5　按气缸数分类

6）按气缸的排列方式分类

多缸发动机根据气缸间的排列方式，可分为直列式、对置式和 V 形等发动机。如图 2-6 所示，具有两个或两个以上直立气缸，并呈一列布置的发动机，称为直列式发动机；两个或两列气缸分别排列在同一曲轴的两边成 180°夹角的发动机，称为对置式发动机；具有两个或两列气缸，其中心线夹角成 V 形，并共用一根曲轴输出功率的发动机，称为 V 形发动机。

(a) 直列式发动机

(b) 对置式发动机

(c) V形发动机

图 2-6　按气缸的排列方式分类

7）按照进气系统是否采用增压方式分类

按照进气系统是否采用增压方式，可分为自然吸气(非增压)式发动机和强制进气(增压)式发动机，如图 2-7 所示。

2. 发动机型号

1）型号编制规则

国家标准《内燃机产品名称和型号编制规则》(GB/T 725—2008)规定，我国的发动机型号由四部分组成，如图 2-8 所示。

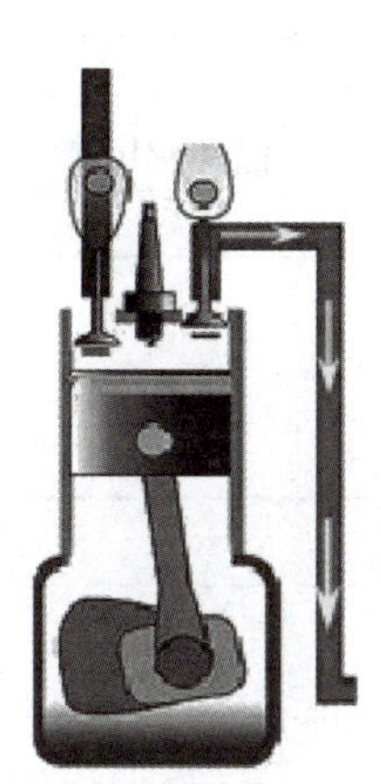

(a) 自然吸气(非增压)式

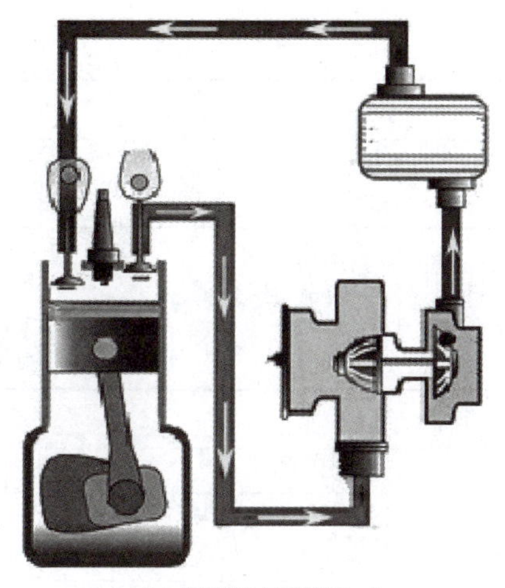
(b) 强制进气(增压)式

图 2-7 按照进气系统是否采用增压方式分类

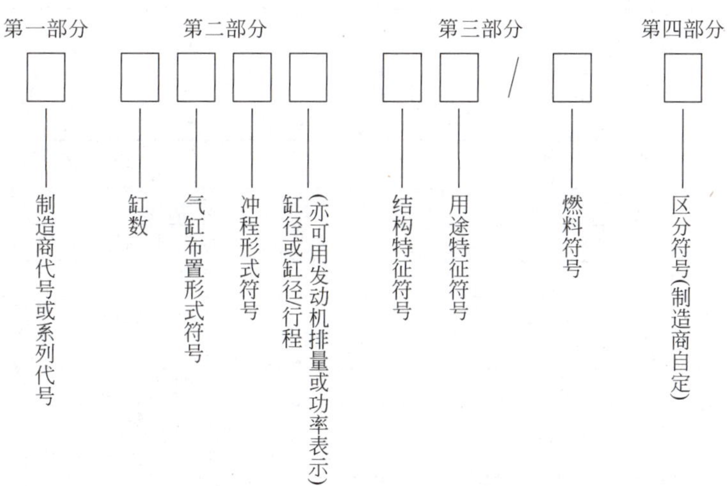

图 2-8 发动机的型号编制规则

(1) 气缸布置形式符号如表 2-1 所示。

表 2-1 气缸布置形式符号

符号	含 义
无符号	多缸直列
V	V 形
P	水平对置
H	H 形
X	X 形

(2) 冲程形式符号如表 2-2 所示。

表 2-2 冲程形式符号

符号	含　义
无符号	四冲程
E	二冲程

(3) 结构特征符号如表 2-3 所示。

表 2-3 结构特征符号

符号	含　义
无符号	水冷
F	风冷
N	凝气冷却
S	十字头式
Z	增压
ZL	增压中冷
DZ	可倒转

(4) 用途特征符号如表 2-4 所示。

表 2-4 用途特征符号

符号	含　义
无符号	通用型
T	拖拉机用
M	摩托车用
G	工程机械用
Q	车用
J	铁路机车用
D	发电机组用
C	船用主机(右机基本型)
CZ	船用主机(左机基本型)
Y	农用三轮车用
L	林业机械

(5) 燃料符号如表 2-5 所示。

表 2-5 燃料符号

符号	燃　料
无符号	柴油
P	汽油
T	天然气
CNG	压缩天然气

续表

符号	燃 料
LNG	液化天然气
LPG	液化石油气
Z	沼气
W	煤矿瓦斯
M	煤气
S	柴油/天然气
SCZ	柴油/沼气
M	甲醇
E	乙醇
DME	二甲醇
TME	生物柴油

2）发动机型号示例

(1) 汽油机型号。492Q/P-A—四缸、直列、四冲程、缸径 92mm、水冷、汽车用（A 为区分符号）。

(2) 柴油机型号。YZ6102Q—六缸、直列、四冲程、缸径 102mm、水冷、汽车用（YZ 为扬州柴油机厂代号）。

(3) 燃气机型号。12V190ZL/T—12 缸、V 形、四冲程、缸径 190mm、增压中冷、燃气为天然气。

(4) 双燃料发动机型号。G12V190ZLS—12 缸、V 形、缸径 190mm、增压中冷、燃料为柴油/天然气双燃料（G 为系列代号）。

2.1.2 发动机的组成

发动机是一部由许多机构和系统组成的将燃料燃烧产生的热能转变为机械能的机器。现代汽车发动机的结构形式很多，常用的有汽油机与柴油机两种。即使同一类发动机，具体结构和组成也有很大的不同。

1. 汽油机的组成

如图 2-9 所示，汽油发动机具有曲柄连杆机构、配气机构，燃油供给系统、润滑系统、冷却系统、启动系统和点火系统，通称“两大机构、五大系统”。

1）曲柄连杆机构

如图 2-10 所示，曲柄连杆机构包括机体组、活塞连杆组、曲轴飞轮组。曲柄连杆机构的功用是将活塞的往复直线运动转变为曲轴的旋转运动并输出动力。

2）配气机构

配气机构主要由气门组和气门传动组组成，包括进气门、排气门、弹簧、摇臂、推杆、挺柱、凸轮轴以及凸轮轴正时齿轮（由曲轴正时齿轮驱动），如图 2-11 所示。其功用是按照发动机每一气缸内所进行的工作循环和发火次序的要求，定时开启和关闭各气缸的进、排气门，使新鲜可燃混合气或空气及时进入气缸，废气及时从气缸内排出。

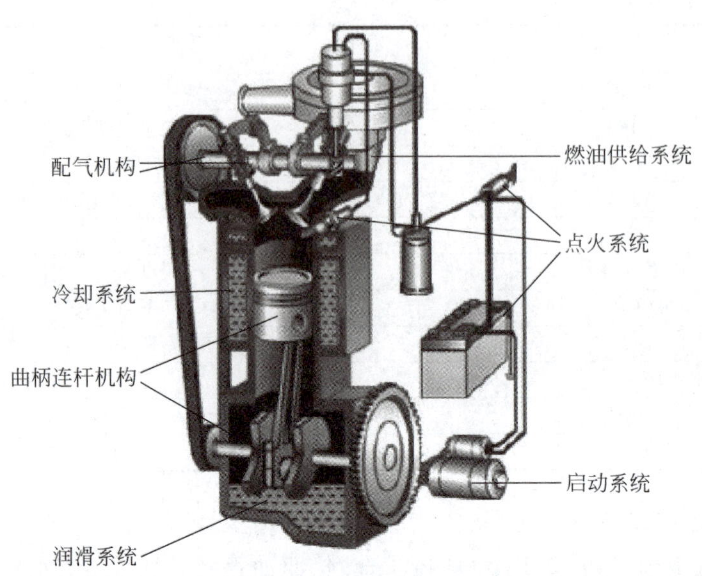

图 2-9 发动机总体构造示意图

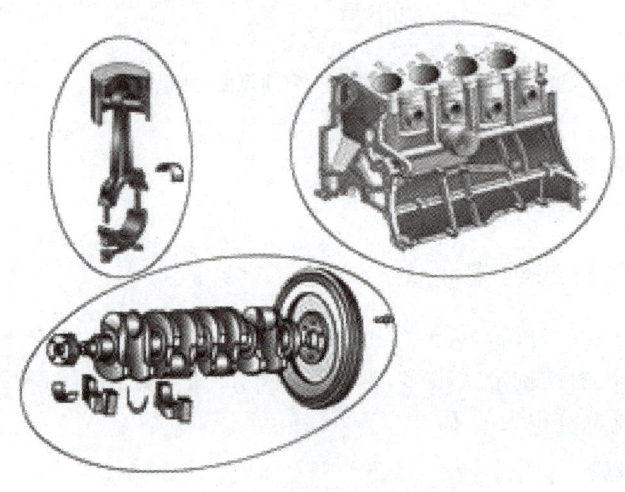

图 2-10 曲柄连杆机构

3）燃油供给系统

燃油供给系统主要包括汽油箱、汽油泵、汽油滤清器、电喷装置(或化油器)、空气滤清器、进气管、排气管、排气消声器等，如图 2-12 所示。其作用是把燃油与空气混合形成一定比例的可燃混合气，并送入气缸以供燃烧，然后将燃烧生成的废气排出发动机。

4）润滑系统

润滑系统一般由机油泵、机油集滤器、限压阀、油道、机油滤清器等组成，如图 2-13 所示。其作用是将润滑油供给做相对运动的零件以减少它们之间的摩擦阻力，减轻机件的磨损，同时起到冷却零件、清洗零件的作用。

图 2-11 配气机构

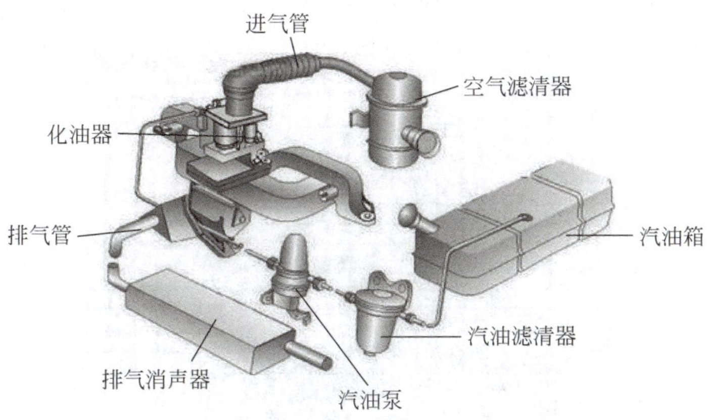

图 2-12 燃油供给系统

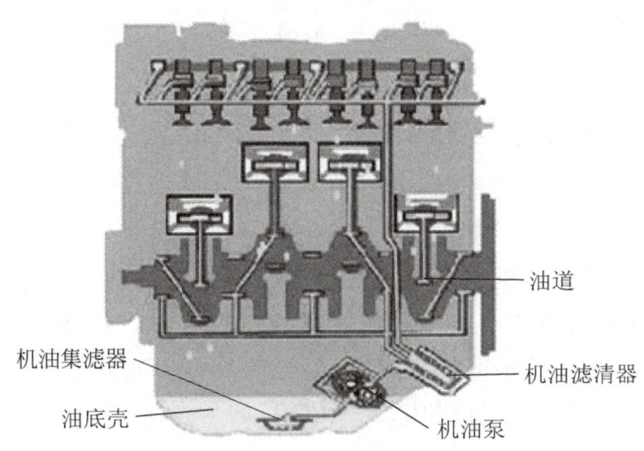

图 2-13 润滑系统

5）冷却系统

冷却系统主要包括水泵、风扇、节温器、冷却液膨胀箱、散热器以及气缸体水套等，如图 2-14 所示。功用是把受热机件的热量散到大气中去，以保证发动机正常的工作温度。

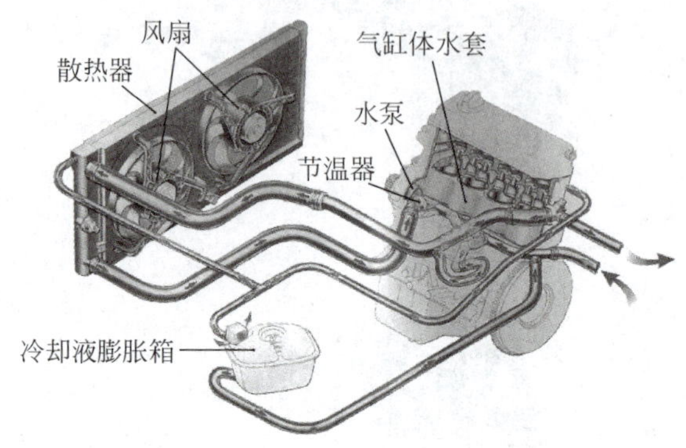

图 2-14 冷却系统

6）启动系统

启动系统包括启动机及其附属装置，如图 2-15 所示。其功用就是使静止的发动机启动并转入自行运转。

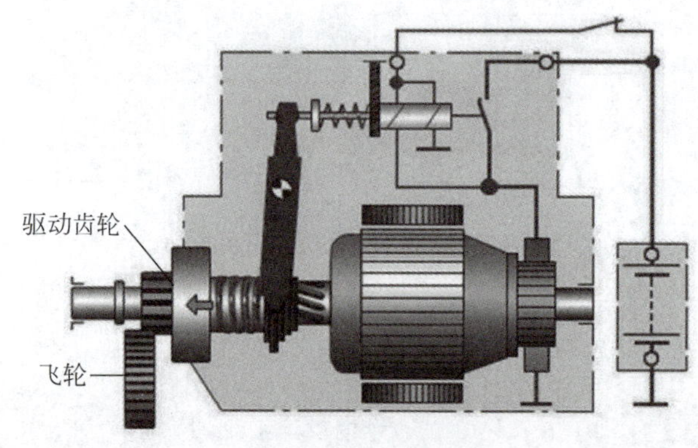

图 2-15 启动系统

7）点火系统

点火系统主要由蓄电池、断电器、分电器、点火线圈、火花塞等组成，如图 2-16 所示。其功用是保证按规定时刻及时点燃气缸中被压缩的可燃混合气。

2. 柴油机的组成

与汽油机不同的是，柴油机是由两大机构和四个系统组成。由于柴油机的燃料采用柴油，燃点较低，所以可以由喷油泵和喷油器直接喷入气缸，与压缩后的高温空气混合并自燃。与汽油机相比，柴油机不需要点火系统，喷油泵和喷油器是柴油机燃料供给系中最为重要的部件，柴油机的曲柄连杆机构、配气机构、润滑系统、冷却系统、启动系统，与汽油机基本相同。

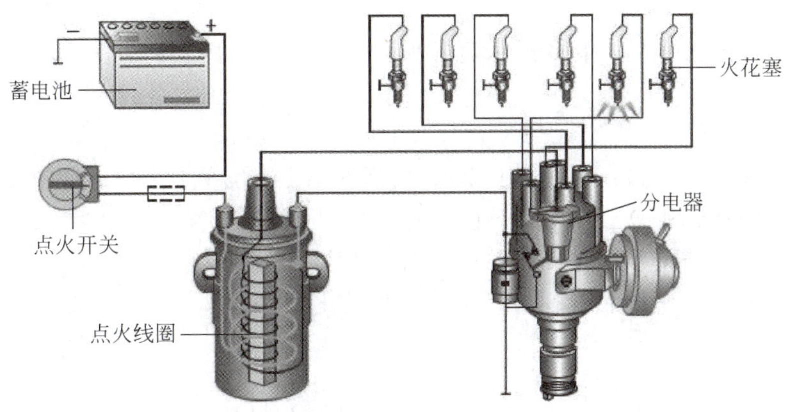

图 2-16　点火系统

2.1.3　发动机的基本术语与工作原理

1. 基本术语

如图 2-17 所示，活塞装在气缸中，活塞可在气缸内做往复直线运动，活塞通过连杆和曲轴相连，曲轴可绕其轴线旋转。

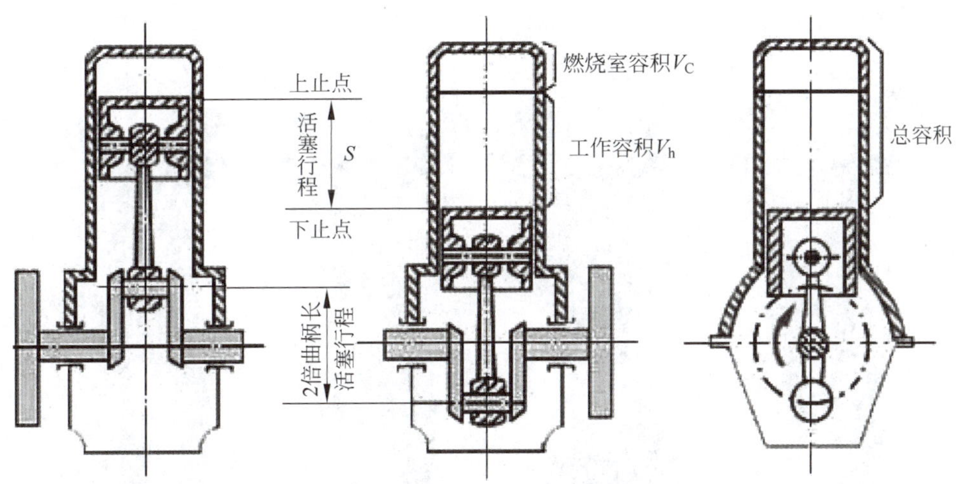

图 2-17　发动机基本术语

(1) 上止点：活塞顶离曲轴回转中心最远处，通常指活塞上行到最高位置。

(2) 下止点：活塞顶离曲轴回转中心最近处，通常指活塞下行到最低位置。

(3) 活塞冲程(S)：上、下两止点间的距离(mm)。

(4) 曲柄半径(R)：与连杆下端(即连杆大头)相连的曲柄轴径中心到曲轴回转中心的距离(mm)。显然，$S=2R$。曲轴每转一周，活塞移动两个冲程。

(5) 气缸工作容积(V_h)：活塞从上止点到下止点所让出的空间容积(L)。

$$V_h = \frac{\pi D^2}{4 \times 10^6} S$$

式中，D——气缸直径(mm)。

(6) 发动机排量(V_L)：指多缸发动机所有气缸工作容积之和(L)。设发动机的气缸数为 i，则

$$V_L = V_h i$$

(7) 燃烧室容积(V_C)：活塞在上止点时，活塞顶上方与气缸盖之间的容积。

(8) 气缸总容积(V_a)：活塞在下止点时，活塞顶上方与气缸盖之间的容积。它等于气缸工作容积与燃烧室容积之和，即 $V_a = V_h + V_C$。

(9) 压缩比(ε)：气缸总容积与燃烧室容积的比值，即

$$\varepsilon = \frac{V_a}{V_C} = \frac{V_h + V_C}{V_C} = 1 + \frac{V_h}{V_C}$$

它表示活塞由下止点运动到上止点时，气缸内气体被压缩的程度。压缩比越大，压缩终了时气缸内的气体压力和温度就越高。一般车用汽油机的压缩比为 6～11，柴油机的压缩比为 15～22。发动机压缩比也不能过高，否则会导致压缩终了温度和压力升高，汽油机产生爆震燃烧，热负荷、机械负荷、噪声和振动加大，启动困难。

2. 工作原理

1) 四冲程汽油机的工作原理

四冲程汽油机由进气、压缩、做功和排气四个冲程完成一个工作循环，其工作过程如图 2-18 所示。

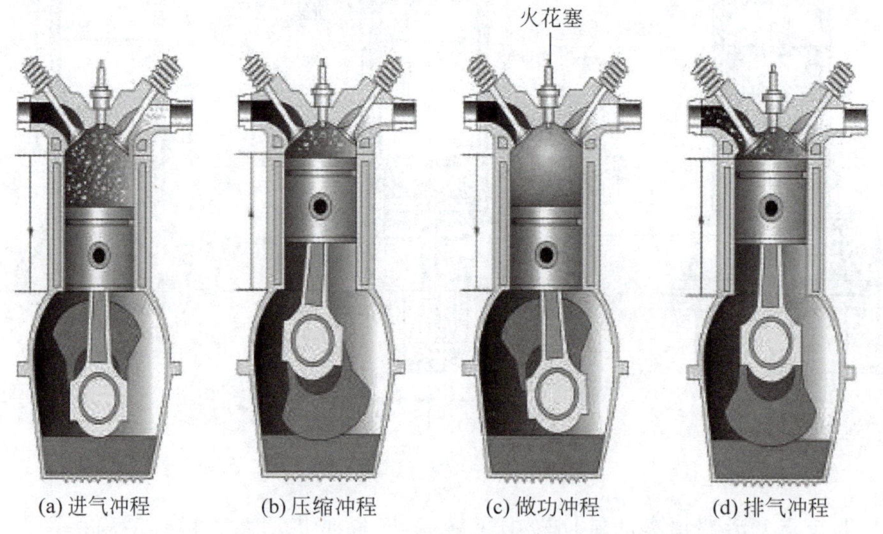

图 2-18 四冲程汽油机工作原理

(1) 进气冲程。曲轴带动活塞由上止点向下止点移动，同时，进气门开启，排气门关闭。进气过程开始时，活塞位于上止点，当活塞由上止点向下止点移动时，活塞上方的容积增大，气缸内的气体压力下降，形成一定的真空度。由于进气门开启，气缸与进气管相通，混合气被吸入气缸，直至活塞向下运行到下止点。在进气终了时，气缸内气体压力低于大气压。

(2) 压缩冲程。活塞由下止点向上止点移动,进排气门均关闭。曲轴在飞轮等惯性力的作用下带动旋转,通过连杆推动活塞向上移动,气缸内容积逐渐减小,气体被压缩,气缸内的混合气压力与温度随之升高。

(3) 做功冲程。进排气门关闭,火花塞点火,混合气剧烈燃烧,气缸内的温度、压力急剧上升,高温、高压气体推动活塞由上止点向下移动,通过连杆带动曲轴旋转。在发动机工作的四个冲程中,只有这个冲程才实现热能转化为机械能,所以,这个冲程称为做功冲程。

(4) 排气冲程。活塞到达下止点,排气门打开,活塞从下止点移动到上止点,废气随着活塞的上行,被排出气缸。由于排气系统有阻力,且燃烧室也占有一定的容积,所以在排气终了时,不可能将废气排净,这部分留下来的废气称为残余废气。残余废气不仅影响进气,对燃烧也有不良影响。

排气冲程结束时,活塞又回到了上止点,完成了一个工作循环。随后,曲轴依靠飞轮转动的惯性作用仍继续旋转,开始下一个工作循环。如此周而复始,发动机就不断地运转起来。

2) 四冲程柴油机的工作原理

四冲程柴油机和四冲程汽油机工作原理一样,每个工作循环也是由进气、压缩、做功和排气四个冲程所组成。但柴油和汽油性质不同,柴油机在可燃混合气的形成、着火方式等方面与汽油机有较大区别。

(1) 进气冲程。它不同于汽油机的是进入气缸的不是混合气,而是纯空气。

由于进气阻力比汽油机小,上一冲程残留的废气温度比较低等原因,进气终了压力和温度与汽油机稍有不同。

(2) 压缩冲程。不同于汽油机的是压缩的是纯空气,且由于柴油机压缩比大,压缩终了的温度和压力都比汽油机高。

(3) 做功冲程。此冲程与汽油机有很大不同,压缩冲程末,喷油泵将高压柴油经喷油器呈雾状喷入气缸内的高温空气中,迅速汽化并与空气形成可燃混合气。因为此时气缸内温度远高于柴油的自燃温度(约 500K),自行着火燃烧,且以后的一段时间内边喷边燃烧,气缸内的温度、压力急剧升高,推动活塞下行做功。

(4) 排气冲程。与汽油机排气冲程基本相同。

3) 四冲程柴油机与汽油机的相同点与不同点

(1) 两发动机工作循环的基本内容相似,其共同特点如下。

① 每个工作循环曲轴转两周(720°),每一冲程曲轴转半周(180°),进气冲程是进气门开启,排气冲程是排气门开启,其余两个冲程进、排气门均关闭。

② 四个冲程中,只有做功冲程产生动力,其他三个冲程是为做功冲程做准备工作的辅助冲程,虽然做功冲程是主要冲程,但其他三个冲程也不可缺少。

③ 发动机运转的第一个循环,必须有外力使曲轴旋转完成进气、压缩冲程,当着火后完成做功冲程,便可依靠曲轴和飞轮储存的能量自行完成以后的冲程,以后的工作循环发动机无须外力就可自行完成。

(2) 两种发动机工作循环的主要不同之处如下。

① 混合气形成方式不同：汽油机的汽油和空气在气缸外混合，进气冲程进入气缸的是可燃混合气。而柴油机进气冲程进入气缸的是纯空气，柴油是在压缩冲程末开始喷入气缸，在气缸内与空气混合。

② 点火方式不同：汽油机用电火花点燃混合气，而柴油机是用高压将柴油喷入气缸内，靠高温气体加热自行点火燃烧。所以汽油机有点火系统，而柴油机则无点火系统。

课堂小结

(1) 发动机是将某种形式的能量转换为机械能并拖动某些机械进行工作的机器。

(2) 根据使用的燃料不同，发动机可分为汽油机、柴油机、气体燃料发动机、液化石油气发动机和多种燃料发动机等。

(3) 根据每一个工作循环所需活塞冲程数，可将发动机分为四冲程与二冲程发动机。

(4) 根据冷却方式，发动机可分为水冷式和风冷式。

(5) 根据点火方式，发动机可分为点燃式(汽油机)和压燃式(柴油机)。

(6) 根据气缸排列方式，发动机可分为直列式、对置式和V形。

(7) 四冲程发动机是活塞在气缸内上、下止点间往复移动四个冲程，完成进气、压缩、做功、排气一个工作循环的发动机。

(8) 汽车发动机主要由曲柄连杆机构、配气机构、燃油供给系统、润滑系统、冷却系统、点火系统(汽油机)和启动系统组成。

(9) 活塞冲程是指上、下两止点间的距离。

(10) 气缸工作容积是指活塞从上止点到下止点所让出的空间容积。

(11) 发动机排量是指多缸发动机所有气缸工作容积之和。

(12) 燃烧室容积是指活塞在上止点时，活塞顶上方空间的容积。

(13) 气缸总容积是指活塞在下止点时，活塞顶上方的容积，它等于气缸工作容积与燃烧室容积之和。

(14) 压缩比是指气缸总容积与燃烧室容积的比值，它表示活塞由下止点运动到上止点时，气缸内气体被压缩的程度。压缩比越大，压缩终了时气缸内的气体压力和温度就越高。

(15) 四冲程汽油机和四冲程柴油机工作原理一样，每个工作循环都是由进气、压缩、做功和排气四个冲程组成。但由于柴油和汽油性质不同，柴油机在可燃混合气的形成、着火方式等方面与汽油机有较大区别。

自我诊断与检测

1. 填空题

(1) 汽油发动机一般由两大机构和五大系统组成。即________、________、________、________、________、________、________。

(2) 柴油机没有________系统。

(3) 发动机每一次热能转变为机械能，都必须经过________、________、________、________四个连续的过程。

(4) 发动机按冷却方式不同分为________、________；按完成一个工作循环活塞往复的次数不同，分为________和________。

(5) 若某四缸发动机单缸总容积为 P，压缩比为 ε，则该发动机排量为________。

2. 选择题

(1) 二行程发动机每个循环曲轴的转角是(　　)。

A. 180°　　B. 360°　　C. 540°　　D. 720°

(2) 四行程柴油发动机可燃混合气形成在(　　)。

A. 缸内　　B. 进气歧管

C. 喷油泵　　D. 滤清器

(3) 四行程发动机每一个工作循环中，气缸内气体最高压力和最高温度出现在(　　)。

A. 进气行程　　B. 压缩行程

C. 做功行程　　D. 排气行程

(4) 四行程汽油发动机火花塞产生电火花点燃混合气是在(　　)行程。

A. 进气　　B. 压缩　　C. 做功　　D. 排气

(5) 六缸四行程发动机的做功间隔角、每行程曲轴转角、配气凸轮轴两同名凸轮间的夹角分别为(　　)。

A. 60°、180°、90°　　B. 90°、120°、60°

C. 120°、180°、60°　　D. 60°、120°、180°

2.2　曲柄连杆机构

知识目标：

(1) 掌握曲柄连杆机构的功用、组成及主要零部件结构特点；

(2) 理解多缸发动机的工作循环过程。

能力目标：

会根据发动机的曲柄连杆机构判断发动机的整体结构形式。

曲柄连杆机构是发动机将热能转化为机械能的主要机构。

2.2.1 概述

1. 功用

曲柄连杆机构的主要作用是把燃气作用在活塞顶上的力转变为曲轴的转矩，以向工作机械输出机械能。在发动机的做功冲程中，燃烧气体的压力直接作用在活塞顶上，推动活塞在气缸内做往复直线运动，通过活塞销、连杆转变为曲轴的旋转运动，并从曲轴对外输出动力。在进气、压缩和排气冲程中，通过飞轮释放的能量将曲轴的旋转运动转变为活塞的往复直线运动，完成做功准备工作。

2. 组成

曲柄连杆机构由机体组、活塞连杆组和曲轴飞轮组组成。

3. 工作条件及受力

发动机工作时，曲柄连杆机构直接与高温高压气体接触，曲轴的旋转速度又很高，活塞往复运动的线速度相当大，同时与可燃混合气和燃烧废气接触，曲柄连杆机构还受到化学腐蚀作用，并且润滑困难。可见，曲柄连杆机构的工作条件相当恶劣，它要承受高温、高压、高速和化学腐蚀作用。

曲柄连杆机构是在高温、高压、高速以及有化学腐蚀的条件下工作的，并且在工作中受气体作用力、往复惯性力、离心力、摩擦力以及外界阻力。

2.2.2 机体组

机体组是发动机的骨架，是发动机各机构和系统的装配基体，通过它还可以实现运动机件的润滑和受热部件的冷却。它主要由气缸体、气缸盖、气缸垫以及油底壳等不动件组成，如图 2-19 所示。

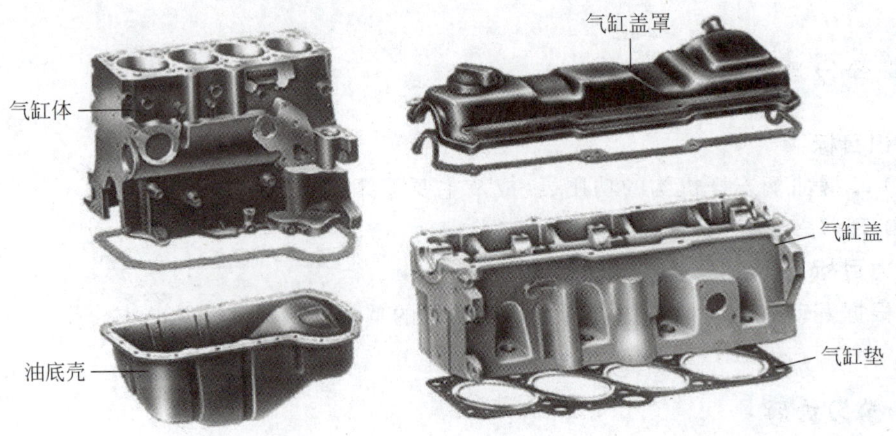

图 2-19　机体组组成

1. 气缸体

气缸体是以气缸组成的机体，常是气缸体与曲轴箱的连铸体，称为气缸体—曲轴箱，由高强度灰铸铁或铝合金铸成。气缸体由气缸、曲轴支承孔、曲轴箱、加强筋、冷却水套、润滑油道等部分组成。其上部有气缸，是气缸体内引导活塞往复运动的空间，下部有曲轴支承孔。曲轴运动的空间称为曲轴箱。在机体内部铸有许多加强筋、冷却水套和润滑油道等。气缸的外表面制有水套或散热片，以便散热。为了节省贵金属材料，降低成本，方便维修，现代汽车广泛采用在缸体内镶入气缸套的结构。如图 2-20 所示为汽车发动机的气缸体部分。

图 2-20 气缸体

按照不同的划分方式，气缸体可以分为以下类型。

(1) 按气缸套是否与冷却水接触分为干式气缸套和湿式气缸套两种，如图 2-21 所示。

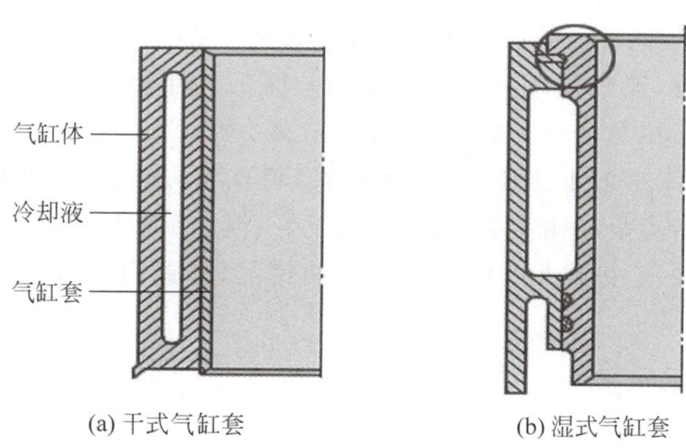

图 2-21 气缸套

① 干式气缸套：其外壁不直接与冷却水接触，而和气缸体的壁面直接接触，壁厚较薄，一般为 1～3mm。

特点：具有整体式气缸体的优点，强度和刚度都较好，但加工比较复杂，内、外表面都需要进行精加工，拆装不方便，散热不良。

② 湿式气缸套：其外壁直接与冷却水接触，气缸套仅在上、下各有一圆环地带和气缸体接触，壁厚一般为 5～9mm。

特点：散热良好，冷却均匀，加工容易，通常只需要精加工内表面，而与水接触的外表面不需要加工，拆装方便，但其强度、刚度不如干式气缸套好，而且容易产生漏水现象，所以常加橡胶密封圈等防止漏水，使用和维修时应密切注意，否则将产生冷却液漏入油底壳的严重后果。

(2) 根据机体与油底壳安装位置的不同，气缸体的结构形式有一般式气缸体、龙门式气缸体和隧道式气缸体 3 种，如图 2-22 所示。

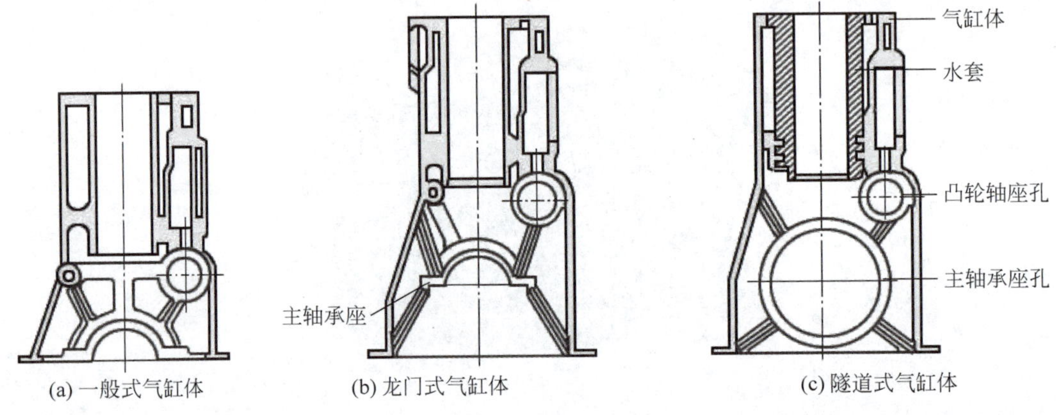

图 2-22 气缸体结构形式示意图

① 气缸体安装油底壳的加工面和曲轴旋转中心线位于同一平面的气缸体为一般式气缸体。其特点是机体高度小，重量轻，结构紧凑，便于加工，曲轴拆装方便，但刚度和强度较差，多用于中小型发动机，如夏利、富康发动机，BJ492Q。

② 若气缸体安装油底壳的加工面低于曲轴旋转中心线，则称为龙门式气缸体。其特点是强度和刚度都好，能承受较大的机械负荷；但工艺性较差，结构笨重，加工较困难。多用于中型及重型车用发动机。如捷达、高尔夫发动机，CA6102。

③ 隧道式气缸体的曲轴主轴承孔为整体式，装有滚动轴承，主轴承孔较大，曲轴从气缸体后部装入。其特点是结构紧凑、刚度和强度好，但加工精度要求高，工艺性较差，曲轴拆装不方便。它主要应用于机械负荷大的柴油机上，如黄河 JN1181C13 型汽车装用的 6135Q 型发动机。

2. 气缸盖与燃烧室

1) 气缸盖

气缸盖的功用是密封气缸的上部，并与活塞顶、气缸壁共同构成燃烧室。

气缸盖(见图 2-23)是燃烧室的组成部分，经常与高温高压燃气接触，因此需承受很大的热负荷和机械负荷。水冷发动机的缸盖内部铸有冷却水套，缸盖下端面的冷却水孔和缸体上端面的冷却水孔相通，其中循环流动的冷却水对燃烧室等高温部件进行冷却。

气缸盖上还装有进、排气门座和气门导管孔，用于安装进、排气门，还有进、排气道等。

图 2-23 气缸盖

顶置凸轮轴式发动机，缸盖上还加工有凸轮轴轴承孔。汽油机的缸盖上加工有安装火花塞的孔，柴油机的缸盖上还加工有安装喷油器的孔。

气缸盖一般由灰铸铁或合金铸铁铸成，由于铝合金的导热性好，能够实现较大的压缩比，越来越多的气缸盖采用铝合金材质。

2）燃烧室

汽油机的燃烧室由活塞顶部及气缸盖上相应凹部空间组成。如图 2-24 所示，汽油机燃烧室常见的形状有以下几种。

（1）盆形燃烧室：这种燃烧室的横剖面呈倒盆形。盆形燃烧室结构简单，制造成本低。但不够紧凑，散热面积大，热损失大，火焰传播距离长，爆燃倾向大。

（2）楔形燃烧室：这种燃烧室的横剖面呈楔形。楔形燃烧室结构简单、紧凑，散热面积小，热损失小；能保证混合气在压缩冲程中形成良好的涡流运动，有利于提高混合气的混合质量；进气阻力小，提高了充气效率。但火花塞置于楔形燃烧室高处，火焰传播距离长，爆燃倾向变大；而且存在较大激冷面，容易形成有害 HC 的排放。

（3）半球形燃烧室：是横剖面呈半球形的燃烧室。其结构紧凑、复杂，火花塞布置在燃烧室中央，火焰冲程短，燃烧速率高，散热少，热效率高。可采用 4 气门结构，充气效率高，排气净化好，在轿车发动机上广泛应用。

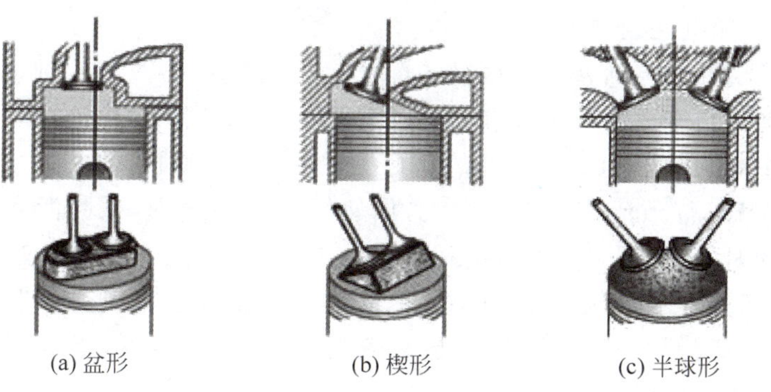

(a) 盆形　(b) 楔形　(c) 半球形

图 2-24 汽油机燃烧室形状

3）气缸垫

气缸垫的功用是保持气缸密封不漏气，保持由机体流向气缸盖的冷却液和机油不泄漏。气缸衬垫要有足够的强度；要耐压、耐热、耐腐蚀；要有弹性，补偿机体顶面和缸盖底面的粗糙度和不平度。其按所用材料不同，可分为金属-石棉衬垫、金属-复合材料衬垫、全金属衬垫三种，目前应用较多的是多层金属片气缸垫和金属-石棉气缸垫，其结构如图 2-25 所示。

4）油底壳

油底壳的功用是用来封闭机体的下部和储存润滑油。油底壳通常用薄钢片冲压而成，或者用铝合金铸造而成，为了加强散热，通常铸有散热片，曲轴箱中部和后部通常做得深一些，内部有稳油挡板，防止大量泡沫的产生，下部有放油螺塞，如图 2-26 所示。

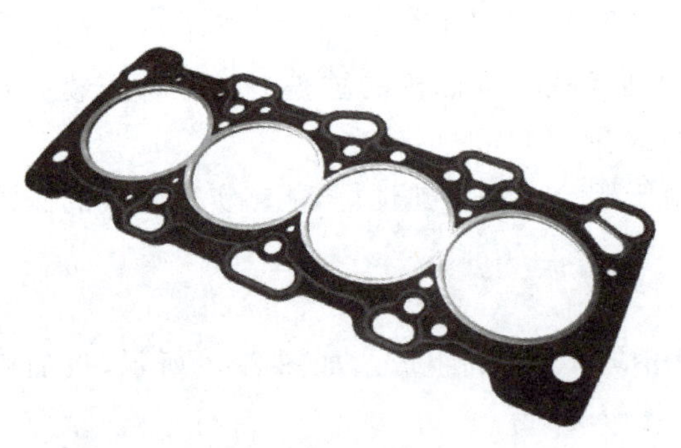

图 2-25　气缸垫

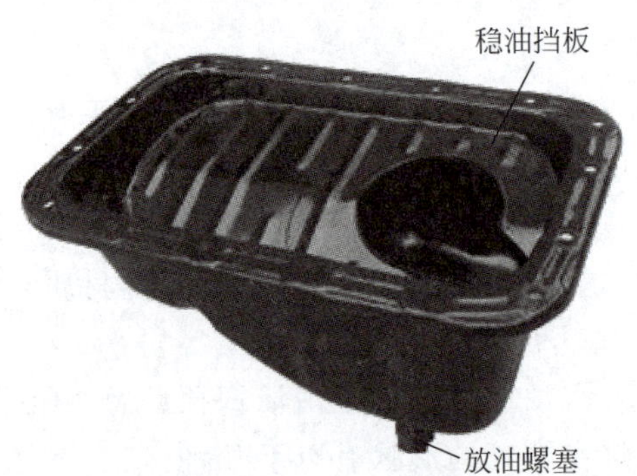

图 2-26　油底壳

2.2.3　活塞连杆组

活塞连杆组的功用是将活塞的往复运动转变为曲轴的旋转运动，同时将作用于活塞上的力转变为曲轴对外输出的转矩，以驱动汽车车轮转动。它由活塞、活塞环、活塞销、连杆、连杆轴瓦等部件组成。如图 2-27 所示为轿车发动机的活塞连杆组。

1. 活塞

活塞的功用是承受燃气压力，并将此力通过活塞销传递给连杆，以推动曲轴旋转；同时与气缸盖、气缸壁共同组成燃烧室。

在发动机做功冲程与活塞顶部接触的燃气温度达 2273～2773K 时，活塞顶部的温度可达 473～673K。由于材料的强度和硬度随着温度升高而降低，温度不均匀易产生热应力。做功冲程中受到燃气的带冲击性的高压力的作用，柴油机瞬时最高压力 6～9MPa，汽油机为 3～5MPa，导致活塞侧压力增大，加速活塞表面磨损，引起活塞变形。同时，活塞在做往复运动时，还承受自身产生的往复惯性力、侧压力。受周期性变化的燃气压力和惯性力的作用，活塞各部分承受交变的拉伸，压缩和弯曲应力，易变形。因此，活塞常用铝合金制造，铝合金质量小，导热性好，但是热膨胀系数大，高温下，强度和硬度下降很快。有的柴油机采用高级铸铁或耐热钢制造。

活塞由顶部、头部、裙部三部分组成，其结构如图 2-28 所示。

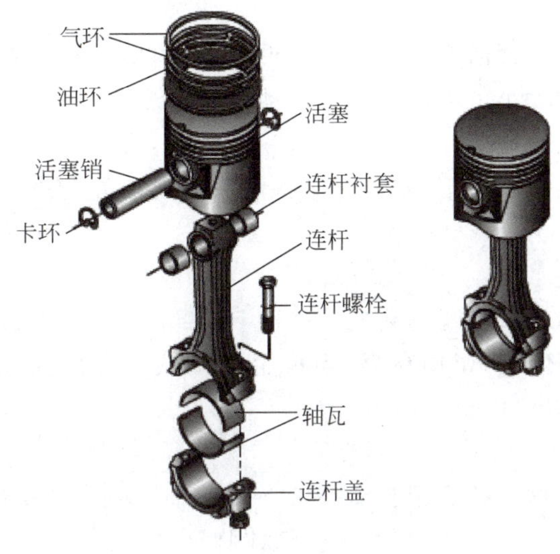

图 2-27 活塞连杆组

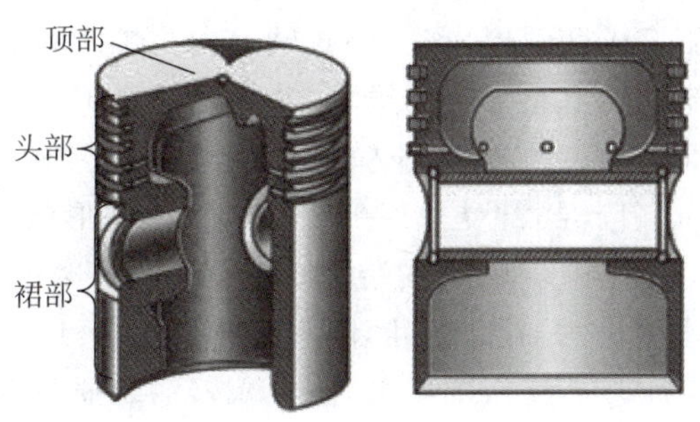

图 2-28 活塞结构

1）活塞顶部

如图 2-29 所示，活塞顶部有平顶、凸顶和凹顶三种。

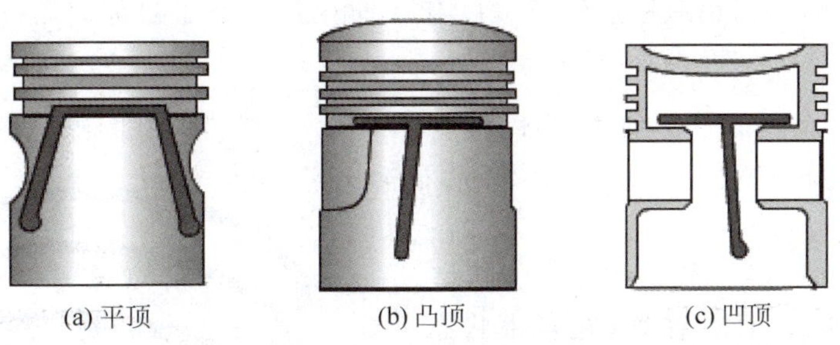

图 2-29 活塞顶部形状

如图 2-29(a)所示，平顶活塞顶部是一个平面，结构简单，制造容易，受热面积小，顶部应力分布较为均匀，一般用在汽油机上，柴油机很少采用。

如图 2-29(b)所示，凸顶活塞的顶部凸起，起导向作用，有利于改善换气过程。二冲程汽油机常采用。

如图 2-29(c)所示,凹顶活塞顶部呈凹陷形,凹坑的形状和位置须有利于可燃混合气的形成和燃烧。凹顶的大小可以用来调节发动机的压缩比。柴油机活塞顶部一般采用特殊形状的凹顶。

有些活塞顶部打有箭头标记,安装时应将箭头指向前方,有的活塞顶部还刻有缸号,以便于安装。

2)活塞头部

活塞头部指第一道活塞环槽到活塞销孔以上的部分,如图 2-28 所示。其上加工有数道环槽,用以安装活塞环。为了提高第一道环槽的耐热和耐磨性,有的活塞在第一道环槽部位铸入耐热合金钢护圈。

3)活塞裙部

活塞裙部指从油环槽下端面起至活塞最下端的部分,如图 2-28 所示。活塞裙部对活塞在气缸内的往复运动起导向作用,并承受气体侧压力。

为了使活塞在正常工作温度下与气缸壁保持比较均匀的间隙,以免在气缸内卡死或加大局部磨损,必须在冷态下预先把活塞裙部加工成不同的形状。

(1)先将活塞裙部加工成椭圆形,椭圆的长轴方向与销座垂直。

(2)预先将活塞裙部做成上小下大的锥形、阶梯形或桶形。

(3)预先在活塞裙部开槽。在裙部开横向的隔热槽,可以减少活塞裙部的受热量;在裙部开纵向膨胀槽,可以补偿裙部受热后的变形量。槽的形状有“T”形或“Π”形。裙部开竖槽后,会使其开槽的一侧刚度变小,在装配时应使其位于做功冲程中承受侧压力较小的一侧。通常柴油机活塞受力大,裙部一般不开槽。

(4)拖板式活塞。在许多高速汽油机上,为了减轻活塞质量,把裙部不受侧压力的两边切去一部分或开孔,以减小惯性力,减小销座附近的热变形量,称拖板式活塞。该结构裙部弹性好,质量小,活塞与气缸的配合间隙较小。

(5)裙部铸恒范钢片。为了减小铝合金活塞裙部的热膨胀量,有些汽油机活塞在活塞裙部或销座内铸入热膨胀系数低的恒范钢片。恒范钢为低碳铁镍合金,其热膨胀系数仅为铝合金的 1/10,而销座通过恒范钢片与裙部相连,牵制了裙部的热膨胀变形量。

2. 活塞环

活塞环是一种具有弹性的开口环,按其功能可分为气环和油环,如图 2-30 所示。气环的作用是密封、传热。油环的作用是布油、刮油。

1)气环

气环开有切口,具有弹性,在自由状态下外径大于气缸直径,它与活塞一起装入气缸后,外表面紧贴在气缸壁上,形成第一密封面;被封闭的气体不能通过环周与气缸之间,便进入了环与环槽的空隙,一方面把环压到环槽端面形成第二密封面,另一方面,作用在环背的气体压力

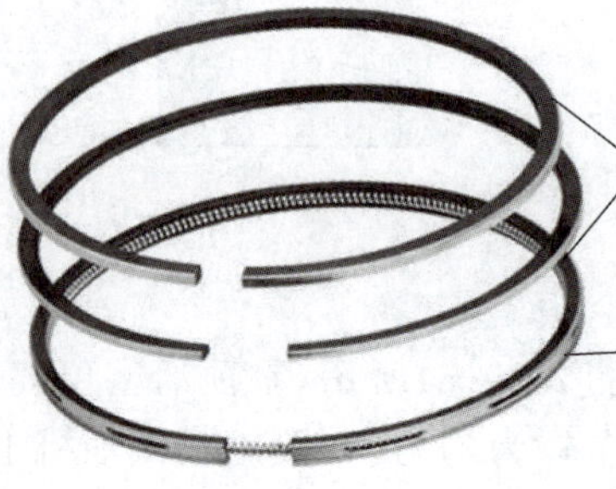

图 2-30 活塞环

又大大加强了第一密封面的密封作用。这就是气环的密封原理。有此两个密封面的密封，通常只有开口处是唯一的漏气通道。汽油机一般采用2道气环，柴油机一般采用3道气环。

气环的断面形状很多，常见的有矩形环、锥面环、扭曲环（包括内切环和外切环）、梯形环和桶面环，如图2-31所示。

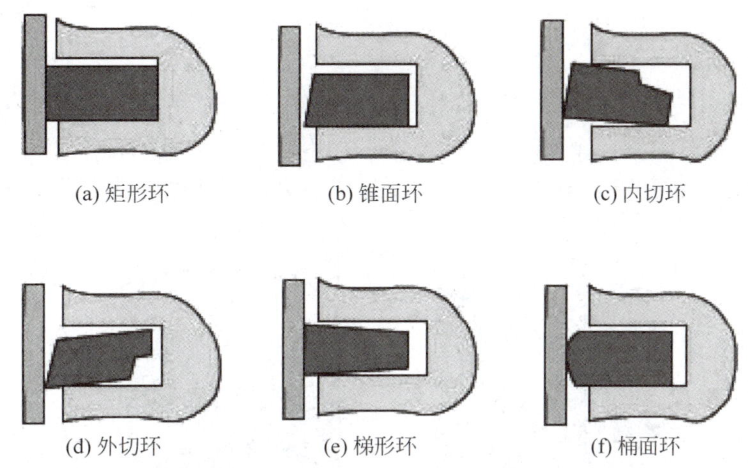

图2-31 气环的断面形状

（1）矩形环：其断面为矩形，结构简单，制造方便，易于生产，应用最广。但矩形环随活塞往复运动时，会把气缸壁面上的机油不断地送入气缸中，这种现象称为“气环的泵油作用”。

（2）锥面环：其断面呈锥形，外圆工作面上加工一个很小的锥面（0.5°～1.5°），减小了环与气缸壁的接触面，提高了表面接触压力，有利于磨合和密封。活塞下行时，便于刮油；活塞上行时，由于锥面的油楔作用，能在油膜上漂浮过去，减小磨损，安装时，不能装反，否则会引起机油上窜。

（3）扭曲环：扭曲环是在矩形环的内圆上边缘或外圆下边缘切去一部分，使断面呈不对称形状，在环的内圆部分切槽或倒角的称内切环，在环的外圆部分切槽或倒角的称外切环。由于扭曲环在活塞上行时，可以减小摩擦和磨损，活塞下行时，则有刮油效果，避免机油上窜。同时，还可以减轻“泵油”的副作用。目前被广泛应用于第2道活塞环槽上，安装时必须注意断面形状和方向，内切口朝上，外切口朝下，不能装反。

（4）梯形环：其断面呈梯形，工作时，梯形环在压缩冲程和做功冲程随着活塞受侧压力的方向不同而不断地改变位置，这样会把沉积在环槽中的积炭挤出去，避免了环被粘在环槽中而折断，可以延长环的使用寿命。缺点是加工困难，精度要求高。

（5）桶面环：桶面环的外圆为凸圆弧形。当桶面环上下运动时，均能与气缸壁形成楔形空间，使机油容易进入摩擦面，减小磨损。由于它与气缸呈圆弧接触，故对气缸表面的适应性和对活塞偏摆的适应性均较好，有利于密封，但凸圆弧表面加工较困难。

2）油环

油环有普通油环和组合油环两种。

(1) 普通油环：一般用耐磨合金铸铁制造。外圆面的中间车有一道凹槽，凹槽底部加工出很多排油小孔或狭缝，使刮下的机油能顺畅下泄，避免油压升高。

(2) 组合式油环：它由上下数片刮油钢片与中间的扩张器组成。扩张器使刮油钢片紧紧压向气缸壁和活塞环槽。刮油钢片表面镀铬，很薄，与缸壁的接触面积很小，刮油效果好，质量小。近年来汽车发动机上越来越多地采用了组合式油环。缺点主要是制造成本高。

3. 活塞销

活塞销的作用是连接活塞与连杆，并传递两者之间的作用力。活塞销两端支承在销座孔中，为了防止销的轴向窜动，常在销座两端用卡环嵌入环槽限位。

连接配合方式：活塞销与活塞销座孔及连杆小头衬套孔的连接配合有全浮式和半浮式两种方式，如图 2-32 所示。

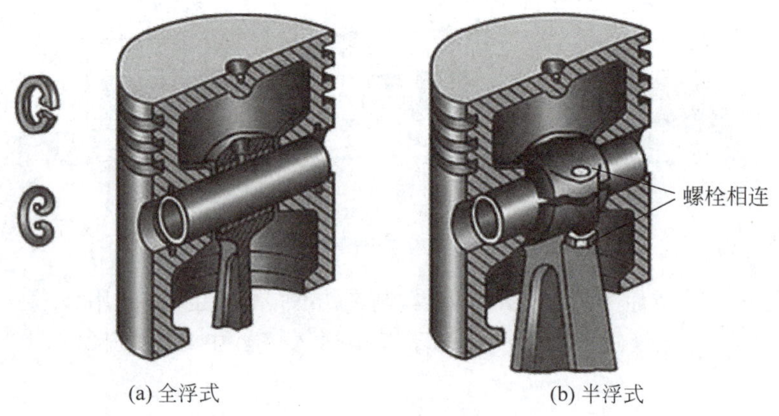

图 2-32 活塞销

(1) 全浮式：指当发动机工作时，活塞销、连杆小头和活塞销座都有相对运动，使磨损均匀。活塞销两端装有卡环，进行轴向定位。由于铝活塞热膨胀量比钢大，为了保证高温工作时活塞销与活塞销座孔有正常间隙(0.01～0.02mm)，在冷态时为过渡配合，装配时，应先把铝活塞加热到一定程度，再把活塞销装入。

(2) 半浮式：活塞销与连杆小头采用紧固螺栓连接，两者没有相对运动，但能在两端销座内做自由摆动。活塞销不会做轴向窜动，不需要卡环，小轿车上应用较多。

4. 连杆

连杆的作用是连接活塞与曲轴，将活塞的往复运动转变成曲轴的旋转运动。如图 2-33 所示，它由连杆小头、杆身、连杆大头三部分组成。连杆小头和活塞销连接，小头孔内压有减摩青铜衬套。连杆大头与曲轴的连杆轴颈相连，连杆轴承盖用螺栓与大头

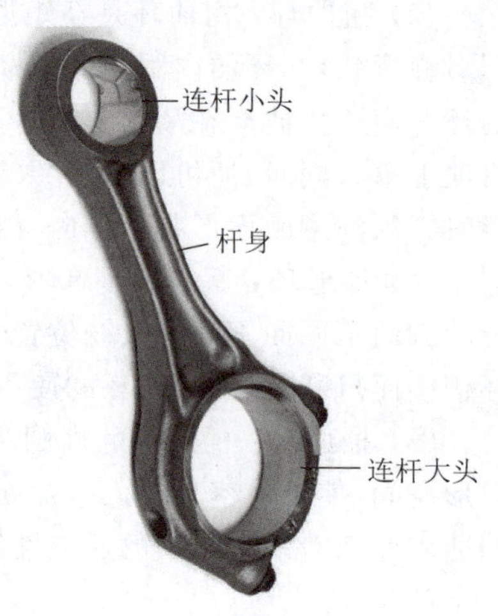

图 2-33 连杆组件

的上半部分连接。为了减小摩擦，延长连杆的使用寿命，连杆大头孔中装有两个半圆形的薄壁连杆轴瓦。

2.2.4 曲轴飞轮组

曲轴飞轮组件主要由曲轴、轴瓦、飞轮、曲轴扭转减振器、皮带轮及正时齿轮等组成，如图 2-34 所示。

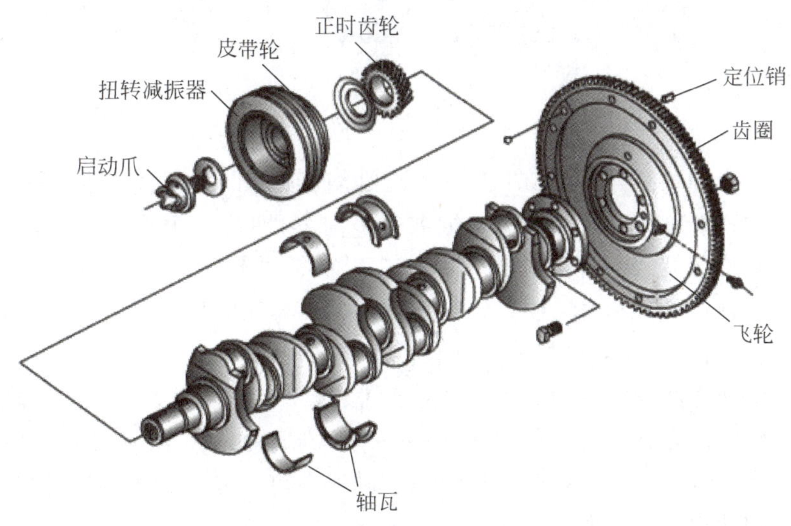

图 2-34 曲轴飞轮组

1. 曲轴

曲轴的功用是承受连杆传来的力，并将连杆的往复运动转变为曲轴的旋转运动，同时驱动汽车、发动机的配气机构及其他辅助装置(发电机、水泵、风扇等)。发动机工作时，曲轴在周期性变化的气体力、惯性力及其力矩的共同作用下，承受弯曲和扭转交变载荷，因此，曲轴应有足够的强度和刚度，轴颈应有足够大的承压能力和表面耐磨性，曲轴的质量应尽量小而且润滑良好。一般由 45、40Cr、35Mn2 等中碳钢和中碳合金钢模锻而成，轴颈表面经高频淬火或氮化处理，最后进行精加工。有的柴油机采用球墨铸铁曲轴，价格便宜，耐磨性好，轴颈不需硬化处理。但为提高曲轴的疲劳强度，消除应力集中，轴颈表面应进行喷丸处理，圆角处要经滚压处理。

如图 2-35 所示，曲轴由曲轴主轴颈、连杆轴颈、曲柄、平衡重等组成。连杆轴颈与连杆大头相配合，曲柄臂连接主轴颈和连杆轴颈，平衡重块的作用是使曲轴旋转时保持平衡状态。曲轴的前端装有正时齿轮，称为自由端；曲轴的后端用来安装飞轮，称为输出端。

一个连杆轴颈和它两端的曲柄以及主轴颈构成一个曲拐，曲轴的曲拐数取决于气缸的数目及其排列方式。直列式发动机曲轴的曲拐数等于气缸数；V 形发动机曲轴的曲拐数等于气缸数的一半。

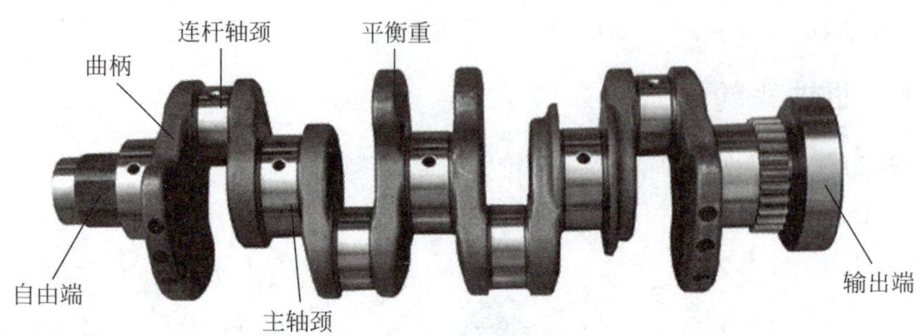

图 2-35 曲轴

按照曲轴的主轴颈数，可以把曲轴分为全支承曲轴和非全支承曲轴两种。

全支承曲轴：曲轴的主轴颈数比气缸数目多一个，即每一个连杆轴颈两边都有一个主轴颈。优点是抗弯能力强，但主轴颈多，加工表面多，曲轴长。

非全支承曲轴：曲轴的主轴颈数比气缸数目少或与气缸数目相等，主轴承载荷较大，但缩短了曲轴的总长度，使发动机的总体长度有所减小。

曲轴的形状和各曲拐的相对位置，取决于气缸数、气缸排列方式（直列或 V 形等）和发动机的点火顺序。多缸发动机的点火顺序应均匀分布在 720°曲轴转角内，并且使连续做功的两缸相距尽可能远，以减轻主轴承的载荷，避免可能发生的进气重叠现象。

直列四缸四冲程发动机曲柄布置及工作顺序：点火间隔角为 720°/4=180°，4 个曲柄布置在同一平面内，如图 2-36 所示。1、4 缸与 2、3 缸互相错开 180°，其发火顺序的排列有两种可能，即 1—3—4—2 或 1—2—4—3，其工作循环分别见表 2-6 和表 2-7。

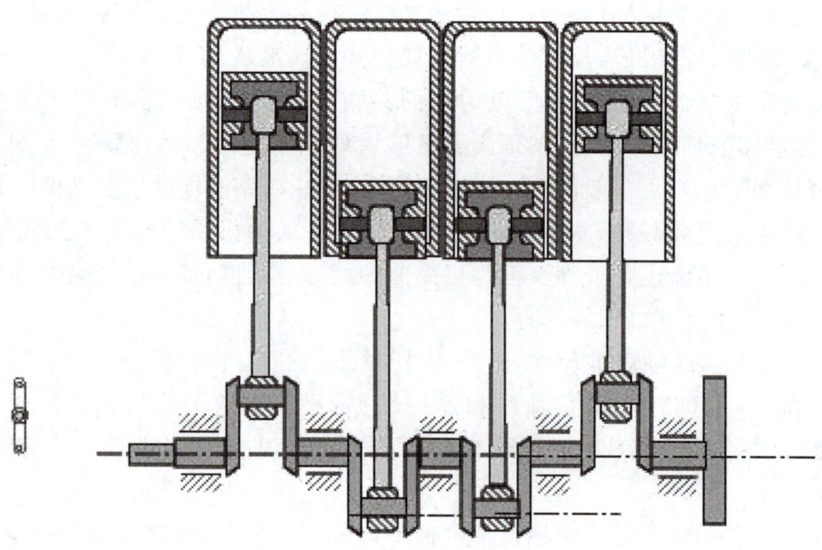

图 2-36 直列四缸发动机曲轴曲拐布置

表 2-6　直列四缸四冲程发动机工作循环表(点火顺序 1—3—4—2)

曲柄转角/(°)	第 1 缸	第 2 缸	第 3 缸	第 4 缸
0～180	做功	排气	压缩	进气
180～360	排气	进气	做功	压缩
360～540	进气	压缩	排气	做功
540～720	压缩	做功	进气	排气

表 2-7　直列四缸四冲程发动机工作循环表(点火顺序 1—2—4—3)

曲柄转角/(°)	第 1 缸	第 2 缸	第 3 缸	第 4 缸
0～180	做功	压缩	排气	进气
180～360	排气	做功	进气	压缩
360～540	进气	排气	压缩	做功
540～720	压缩	进气	做功	排气

直列六缸四冲程发动机曲柄布置及工作顺序：点火间隔角为 720°/6=120°,6 个曲柄分别布置在三个平面内,如图 2-37 所示。有两种点火顺序,即 1—5—3—6—2—4 和 1—4—2—6—3—5,国产汽车都采用前一种,其工作循环见表 2-8。

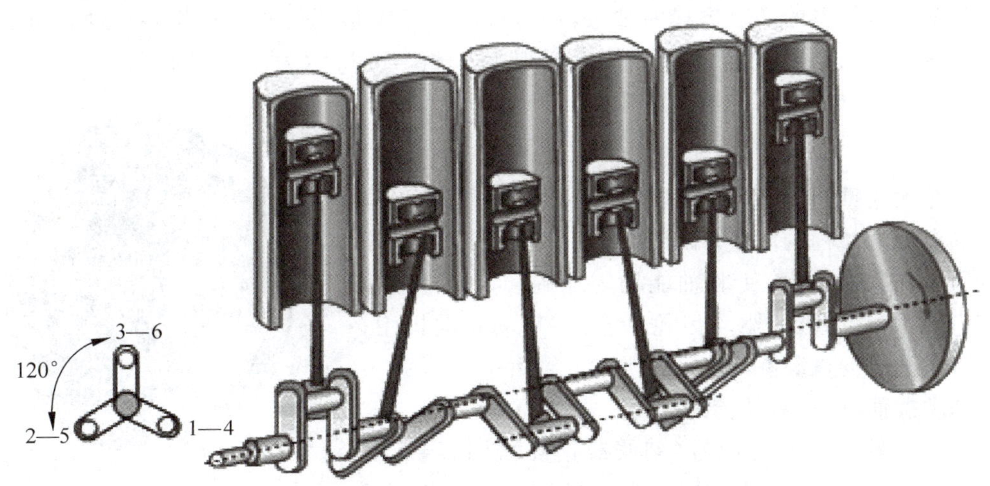

图 2-37　直列六缸发动机曲轴曲拐布置

2. 曲轴扭转减振器

曲轴是一种扭转弹性系统,各曲柄的旋转速度忽快忽慢呈周期性变化。安装在曲

表 2-8 直列六缸四冲程发动机工作循环表(点火顺序 1—5—3—6—2—4)

<table>
<tr><th colspan="2">曲柄转角/(°)</th><th>第 1 缸</th><th>第 2 缸</th><th>第 3 缸</th><th>第 4 缸</th><th>第 5 缸</th><th>第 6 缸</th></tr>
<tr><td rowspan="3">0～180</td><td>60</td><td rowspan="3">做功</td><td rowspan="2">排气</td><td>进气</td><td>做功</td><td rowspan="2">压缩</td><td rowspan="3">进气</td></tr>
<tr><td>120</td><td rowspan="3">压缩</td><td rowspan="3">排气</td></tr>
<tr><td>180</td><td rowspan="3">进气</td><td rowspan="3">做功</td></tr>
<tr><td rowspan="3">180～360</td><td>240</td><td rowspan="3">排气</td><td rowspan="3">压缩</td></tr>
<tr><td>300</td><td rowspan="3">做功</td><td rowspan="3">进气</td></tr>
<tr><td>360</td><td rowspan="3">压缩</td><td rowspan="3">排气</td></tr>
<tr><td rowspan="3">360～540</td><td>420</td><td rowspan="3">进气</td><td rowspan="3">做功</td></tr>
<tr><td>480</td><td rowspan="3">排气</td><td rowspan="3">压缩</td></tr>
<tr><td>540</td><td rowspan="3">做功</td><td rowspan="3">进气</td></tr>
<tr><td rowspan="3">540～720</td><td>600</td><td rowspan="3">压缩</td><td rowspan="3">排气</td></tr>
<tr><td>660</td><td rowspan="2">进气</td><td rowspan="2">做功</td></tr>
<tr><td>720</td><td>排气</td><td>压缩</td></tr>
</table>

轴后端的飞轮转动惯量最大，可以认为是匀速旋转，由此造成曲轴的转动比飞轮时快时慢，这种现象称为曲轴的扭转振动。当振动强烈时甚至会扭断曲轴。曲轴扭转减振器的作用是吸收曲轴扭转振动的能量，消减扭转振动，避免发生强烈的共振及其引起的严重恶果。

目前用得较多的是摩擦式曲轴扭转减振器，其工作原理是使曲轴扭转振动能量逐渐消耗于减振器内的摩擦，从而使振幅逐渐减小。图 2-38 所示为一汽奥迪 1.8L 四缸发动机采用的橡胶摩擦式曲轴扭转减振器。

3. 飞轮

飞轮大而重，具有很大的转动惯量。其主要功用是用来储存做功冲程的能量，用于克服进气、压缩和排气冲程的阻力和其他阻力，使曲轴能均匀地旋转；飞轮外缘压有齿圈，与启动机的驱动齿轮啮合，供启动发动机用；另外汽车离合器也装在飞轮上，利用飞轮后端面作为驱动件的摩擦面，用来对外传递动力。

图 2-38 摩擦式曲轴扭转减振器

在飞轮轮缘上作有记号(刻线或销孔)供找压缩上止点用。当飞轮上的记号与外壳上的记号对正时，正好是压缩上止点。有的还有进排气相位记号、供油(柴油机)或点火(汽油机)记号供安装和修理用。图 2-39 所示为几种发动机的点火正时记号。

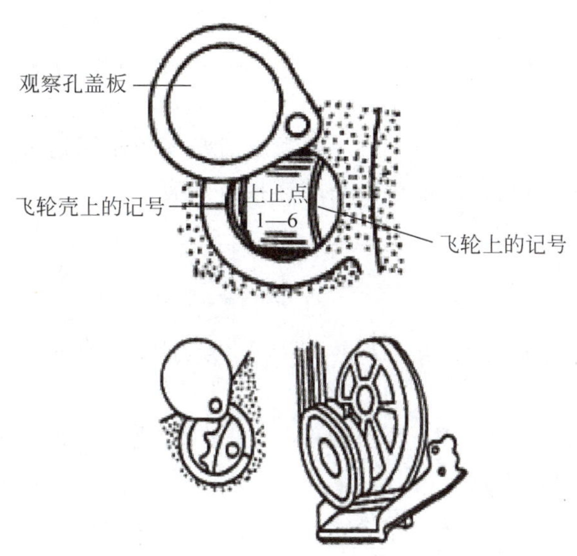

图 2-39 发动机点火正时记号示例

课堂小结

(1) 曲柄连杆机构的功用是把燃气作用在活塞顶上的力转变为曲轴的转矩,以向工作机械输出机械能。

(2) 曲柄连杆机构包括机体组(气缸体、气缸套、气缸盖、气缸垫等)、活塞连杆组件(活塞、活塞环、活塞销、连杆、连杆轴瓦等)及曲轴飞轮组件(曲轴、飞轮等)。

(3) 气缸体分一般式、龙门式、隧道式三种;气缸套有干式、湿式两种;汽油机燃烧室常见有半球形燃烧室、楔形燃烧室、盆形燃烧室。不同结构特点,具有不同功能。

(4) 活塞连杆组的功用是将活塞的往复运动转变为曲轴的旋转运动,同时将作用于活塞上的力转变为曲轴对外输出的转矩,以驱动汽车车轮转动。

(5) 活塞环有气环和油环两类。气环起密封、散热作用;油环起布油、刮油作用。活塞环安装时应注意安装位置和方向。

(6) 曲轴的曲柄布置应该使各缸点火顺序均匀分布在720°曲轴转角内。4缸机的点火顺序有1—2—4—3和1—3—4—2两种。直列六缸四冲程发动机的点火顺序有1—5—3—6—2—4和1—4—2—6—3—5两种。根据曲轴的曲柄布置和发火顺序,可分析多缸发动机各缸的工作状况。

自我诊断与检测

1. 填空题

(1) 曲柄连杆机构在工作中受力情况很复杂,有________、________、________及________等。

(2) 机体组由________、________、________和________组成。

(3) 发动机的气缸有________和________两种，气缸套分为________和________两种。

(4) 活塞环分为________和________两类。活塞环的作用是________和________。

(5) 活塞销与活塞销座孔及连杆小头的连接方式有________、________两种形式。

(6) 曲轴飞轮组主要由________、________、________、________、________带轮及其他一些零件和附件组成。

2. 选择题

(1) 四缸四行程发火次序为1—3—4—2的发动机1缸处于做功行程时，3缸处于(　　)。

A. 做功行程　　B. 压缩行程　　C. 进气行程　　D. 排气行程

(2) 气缸垫的主要作用是(　　)。

A. 密封　　B. 隔热　　C. 导热　　D. 增加强度

(3) 活塞环中密封好、易磨合的是(　　)。

A. 矩形环　　B. 扭曲环　　C. 锥面环　　D. 桶面环

(4) 飞轮与曲轴装配后要进行(　　)。

A. 动平衡试验　　B. 静平衡试验

C. 不必作平衡试验　　D. 动平衡和静平衡试验

(5) 扭曲环安装时应注意方向，即(　　)。

A. 凡内圆切槽，安装时环槽口应向上　　B. 凡内圆切槽，安装时环槽口应向下

C. 凡外圆切槽，安装时环槽口应向下　　D. 凡外圆切槽，可随意安装

(6) 六缸四冲程发动机的做功间隔角为(　　)。

A. 90°　　B. 120°　　C. 180°　　D. 360°

2.3 配气机构

知识目标：

(1) 掌握配气机构的功用、组成及各主要零部件的结构特点；

(2) 理解配气相位的概念。

能力目标：

能合理利用配气相位，以提高发动机的工作效率。

2.3.1 概述

1. 功用

配气机构按照发动机工作循环和发火次序的要求，定时开启和关闭各气缸的进、排

气门，使新鲜可燃混合气（汽油机）或空气（柴油机）及时进入气缸，废气及时从气缸内排出。

2. 组成

如图 2-40 所示，配气机构主要由气门组和气门传动组组成。

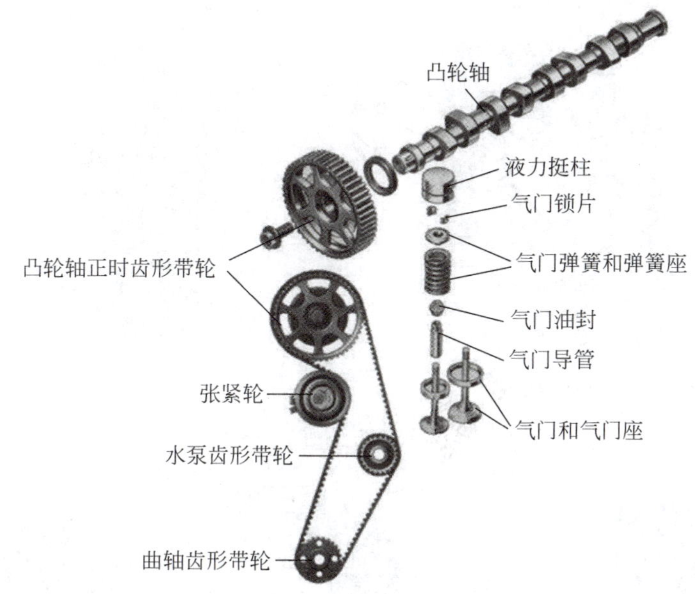

图 2-40 顶置凸轮轴式配气机构组成

气门组由气门、气门座、气门导管和气门弹簧等组成，其作用是保证对气缸的密封，并按要求定时开启和关闭气门。

气门传动组主要由凸轮轴、凸轮轴正时齿形带轮和液力挺柱等组成，其作用是使进、排气门按规定的时刻开闭，并保证气门有足够的升程及要求的运动规律。

3. 类型

现代汽车发动机采用气门式配气机构，其结构形式很多。

（1）按气门布置形式的不同，可分为侧置气门式和顶置气门式，如图 2-41 所示。

（2）按照凸轮轴布置形式的不同，可分为下置式、中置式和顶置式，如图 2-42 所示。

（3）按照各气缸气门数量的不同，可分为二气门、三气门、四气门、五气门配气机构，如图 2-43 所示。每缸超过二气门的发动机称为多气门发动机。

目前轿车发动机上多采用顶置凸轮轴式配气机构，顶置凸轮轴与曲轴相距较远，必须采用链传动或齿形皮带传动的方式来取代正时齿轮传动。

4. 工作过程

发动机工作时，曲轴正时齿轮带动凸轮轴正时齿轮，使凸轮轴转动，凸轮凸起部分推动液压挺柱组件压缩气门弹簧，气门向下逐渐开启。当凸轮尖顶转过后，液压挺柱组件中的柱塞回落，气门弹簧伸张，气门逐渐关闭。

(a) 侧置气门式

(b) 顶置气门式

图 2-41 按气门布置形式的不同分类

(a) 凸轮轴下置式

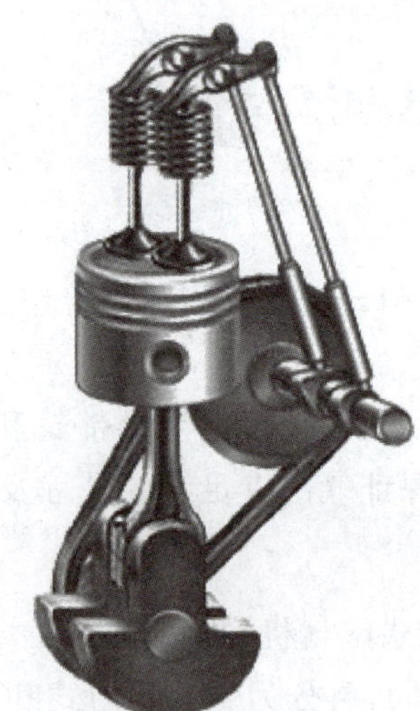

(b) 凸轮轴中置式

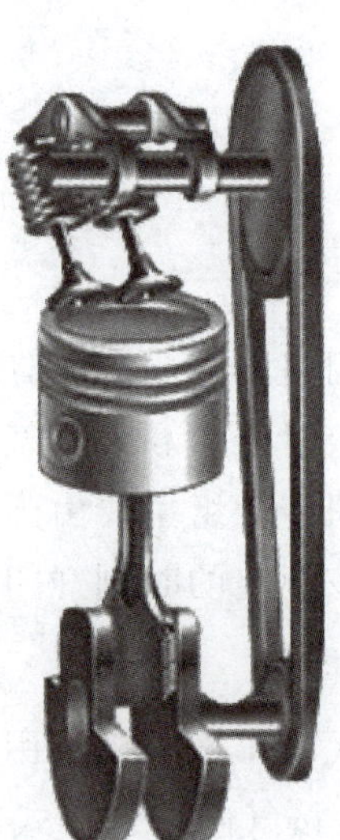

(c) 凸轮轴顶置式

图 2-42 按照凸轮轴布置形式的不同分类

2.3.2 主要零部件

1. 气门组

如图 2-44 所示，气门组由气门、气门座、气门导管、气门弹簧、气门锁片等零件组成，它的主要组件是气门。为了改善气门和气门座密封面的工作条件，有的进气门还设有气门旋转机构。

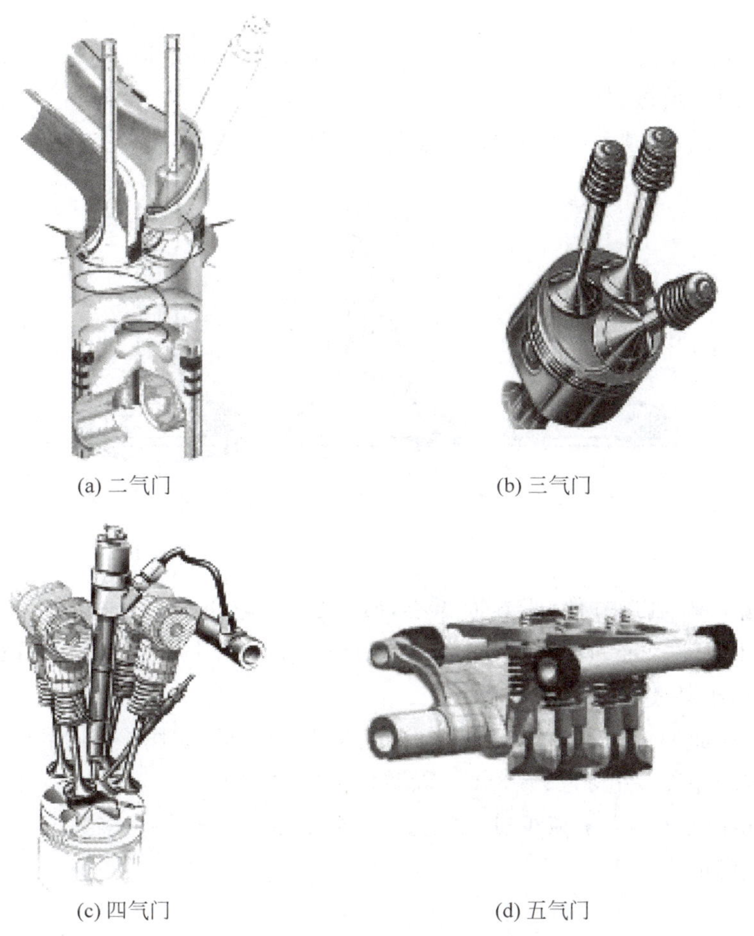

(a) 二气门　(b) 三气门

(c) 四气门　(d) 五气门

图 2-43　按照各气缸气门数量的不同分类

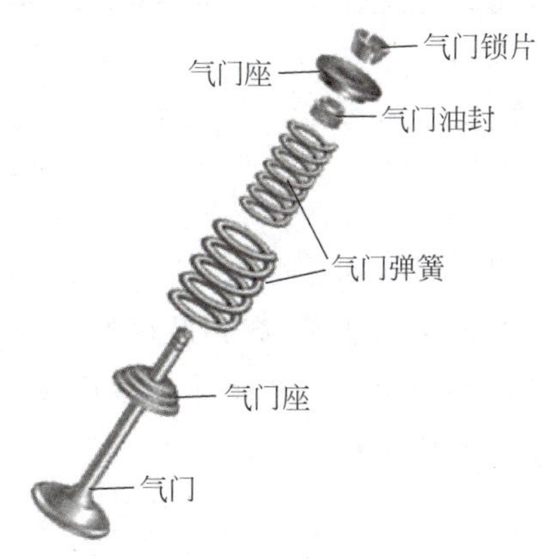

图 2-44　气门组组成

1）气门

气门的作用是密封进、排气道。气门由头部和杆身两部分构成，头部用于封闭气道，杆身用来在气门开闭过程中起导向作用。

气门顶有平顶、凹顶和凸顶等形状，如图 2-45 所示。

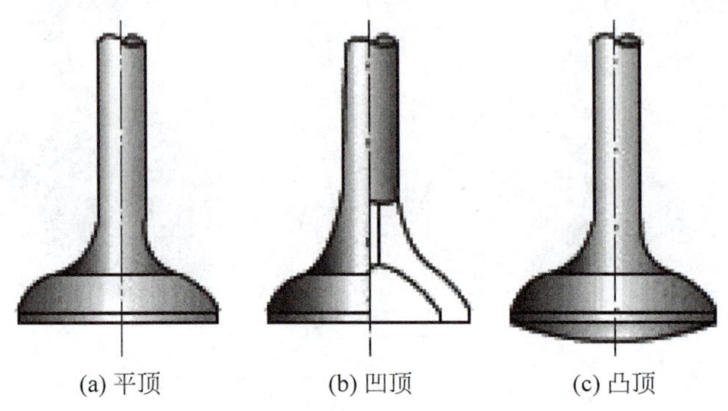

图 2-45 气门顶形状

平顶结构简单，制造方便，吸热面积小，质量也小，应用最多；凹顶气门质量小，惯性小，与杆部的过渡有一定的流线型，可以减小进气阻力，常用作进气门；凸顶的刚度大，受热面积也大，用于某些特殊要求的排气门。

气门密封锥面的锥角称为气门锥面，一般为 30°～45°，如图 2-46 所示。气门头的边缘应保持一定的厚度，一般为 1～3mm，以防止工作中由于气门与气门座之间的冲击而损坏或被高温气体烧蚀。为了减少进气阻力，提高气缸的充气系数，多数发动机进气门的头部直径比排气门的大。

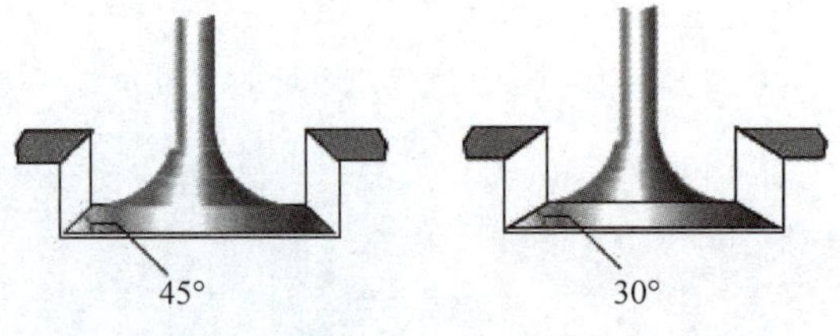

图 2-46 气门锥角

2）气门座

气缸盖的进、排气道与气门密封锥面相贴合的部位称为气门座。与气门头部一起对气缸起密封作用，同时接受头部传来的热量，起到散热的作用。如图 2-47 所示，气门座可在气缸盖上直接镗出，但大多数是用耐热合金钢单独制成座圈（称气门座圈），压入气缸盖（体）中，以提高使用寿命和便于维修更换。

3）气门导管

气门导管的结构如图 2-48 所示，其作用是在气门做往复直线运动时进行导向，以保证气门与气门座之间的正确贴合。当凸轮直接作用于气门杆端时，承受侧向作用力并起传热作用。

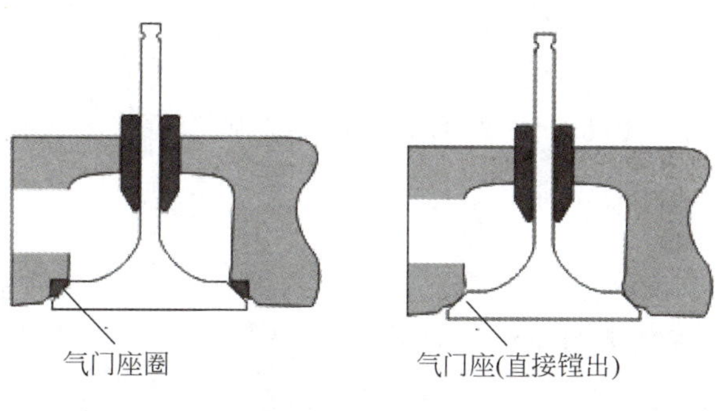

图 2-47 气门座

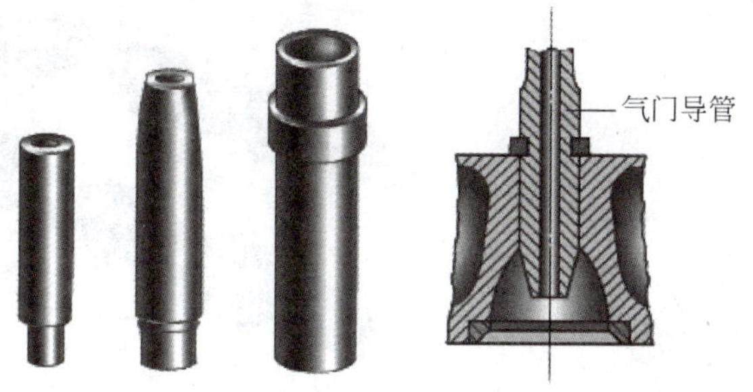

图 2-48 气门导管

气门与气门导管间留有 0.05～0.12mm 的微量间隙。该间隙过小，会导致气门杆受热膨胀与气门导管卡死；间隙过大，会使机油进入燃烧室燃烧。为了防止过多的润滑油进入燃烧室，有的在气门导管上安装有气门油封。

4）气门弹簧

气门弹簧的作用是保证气门复位。气门弹簧多为圆柱形螺旋弹簧，如图 2-49 所示。发动机装一根气门弹簧时，采用不等距弹簧，以防止共振。装两根弹簧时，弹簧内、外直径不同，旋向不同，它们同心安装在气门导管的外面，不仅可以提高弹簧的工作可靠性，防止共振的产生，还可以降低发动机的高度。

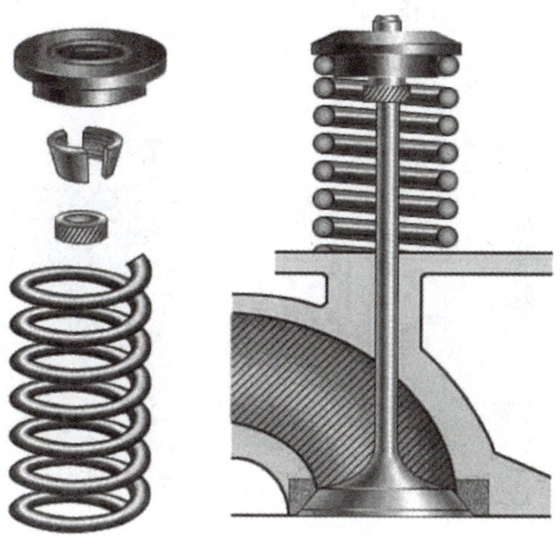

图 2-49 气门弹簧

2. 气门传动组

如图 2-50 所示，气门传动组主要由凸轮轴、凸轮轴正时齿形带轮和液压挺柱等组成，主要组件是凸轮轴。

1）凸轮轴

凸轮轴的作用是按规定时刻开启和关闭进、排气门。一些汽油机的凸轮轴还有驱动机油泵、分电器和汽油泵等附件的作用，如图 2-51 所示。

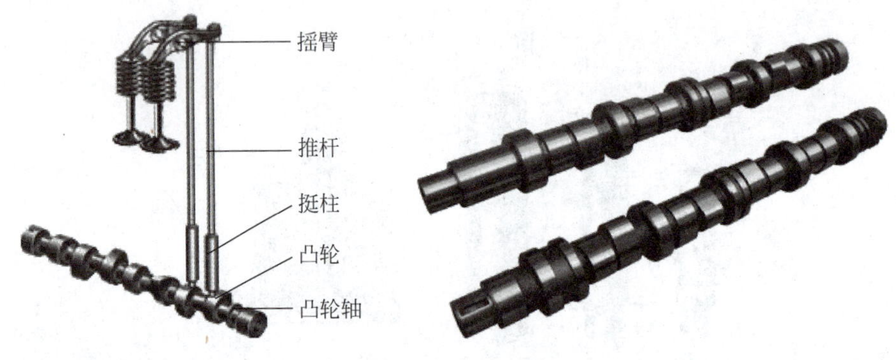

图 2-50 气门传动组　　图 2-51 凸轮轴

凸轮轴一般用优质钢模锻而成，也可采用合金铸铁或球墨铸铁铸造。各轴颈的工作面一般经热处理后精磨，以提高其耐磨性。为了便于安装，凸轮轴的各轴颈直径一般做成从前向后依次减小的形状。

凸轮轴通常由曲轴通过一对正时齿轮驱动，小齿轮和大齿轮分别用键装在曲轴与凸轮轴的前端，其传动比为 2∶1。在装配曲轴与凸轮轴时，必须将正时齿轮的记号对准，以保证正确的配气定时和发火时刻。

2）液压挺柱

发动机工作过程中热膨胀造成的气门关闭不严问题用预留气门间隙的方法来解决，但由于气门间隙的存在，配气机构在工作时将产生冲击而发出响声，为了解决这一矛盾，现代发动机常采用液压挺柱，如图 2-52 所示。液压挺柱长度可以变化，因而无须调整气门间隙。

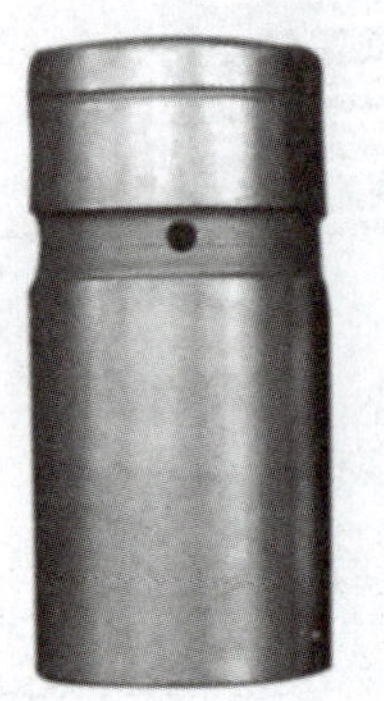
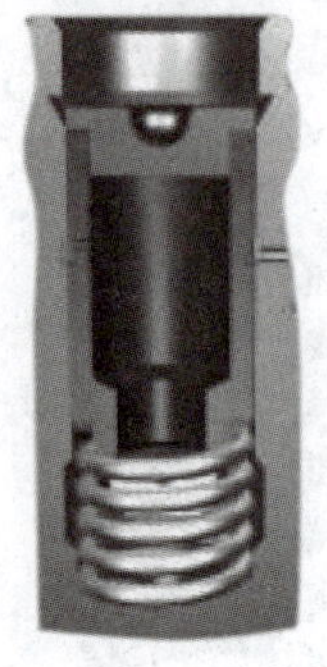

图 2-52 液压挺柱

2.3.3 配气定时

为了使发动机在换气过程中做到进气充分，排气彻底，以提高发动机充气效率，增加发动机功率，实际上进、排气门都是早开迟闭的。以曲轴转角表示的进、排气门实际开启和关闭的时刻以及开启的持续时间即为配气定时，也称配气相位。用环形图表示配气相位称为配气相位图，如图 2-53 所示。

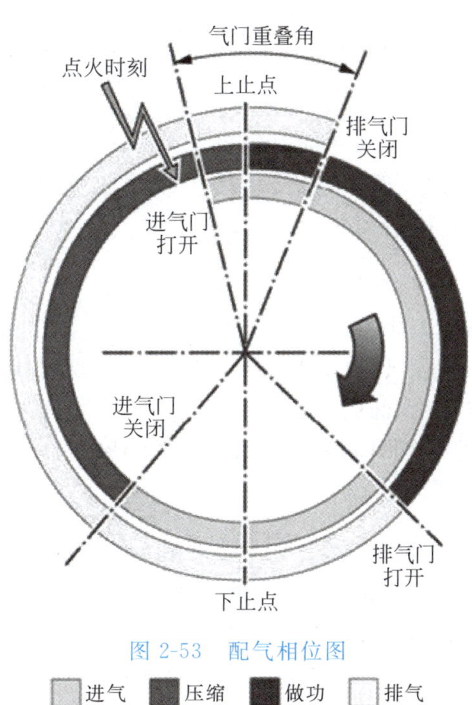

图 2-53 配气相位图

进气 压缩 做功 排气

桑塔纳轿车的配气相位见表 2-9。

表 2-9 配气相位

气 门 正 时	JV 型	AFE 型	AJR 型
进气门开，上止点前	1°	2°	1.2°
进气门关，下止点后	37°	34°	37.45°
排气门开，下止点前	42°	44°	40.8°
排气门关，上止点后	2°	8°	4.55°

注：AJR 型发动机的配气正时参数，是在凸轮升程 1mm 时测得的数据。

1. 进气提前角

进气提前角是指发动机从进气门打开时刻到活塞行至上止点所转过的曲轴转角，用 α 表示。其目的是保证进气开始时，进气门已开启较大，增加进入气缸的新鲜气体或可燃混合气。非增压发动机进气提前角一般为 0°～40°。该角度过小，进气充量增加少；该角度过大，又会导致废气流入进气管。

2. 进气滞后角

进气滞后角是指活塞从下止点行至进气门完全关闭的曲轴转角，用 β 表示。其目的是利用进气气流惯性和压力差继续进气。非增压发动机进气滞后角一般为 40°～70°。该角度过小，进气气流惯性未能得到充分利用，降低了进气充量；而该角度过大，进气气流惯性已用完，会导致已经进入气缸的新鲜充量又被排出。

因此，整个进气冲程的持续时间相当于曲轴转角 $180°+\alpha+\beta$。

3. 排气提前角

排气提前角指从排气门打开到活塞行至下止点所转过的曲轴转角，用 γ 表示。其目的是利用废气压力，使气缸内废气排得更干净。但排气提前角也不宜过大，否则将造成做功能力损失。非增压发动机一般为 45°～55°。

4. 排气滞后角

排气滞后角是指活塞从上止点到排气门完全关闭所转过的曲轴转角，用 δ 表示。其目的是利用排气气流惯性使废气排除更干净。非增压发动机该角度一般为 10°～35°，过大会造成排出的废气又被吸入气缸。

因此，整个排气冲程的持续时间相当于曲轴转角 $180°+\gamma+\delta$。

5. 气门重叠角

由于进、排气门的早开和迟闭，就会有一段时间内进、排气门同时开启的现象，这种现象称为气门重叠，重叠的曲轴转角称为气门重叠角。气门重叠角的大小为 $\alpha+\delta$。适宜的气门重叠角，可以利用气流压差和惯性清除残余废气，增加新鲜充量，称此为燃烧室扫气。非增压发动机气门重叠角一般为 20°～80°，增压发动机一般为 80°～160°，所以增压发动机可以有效提高充气量。

发动机的结构不同，转速不同，配气相位也就不同，最佳的配气相位角是根据发动机性能要求，通过反复试验确定的。

6. 可变配气定时机构

现在，一些电控发动机设有可变配气定时机构，其配气定时可随发动机转速变化而自动调整。

就其功用而言，可归纳为两类：一类是既可以改变配气定时，也可同时改变气门升程的；另一类是只改变配气定时的。

课堂小结

（1）配气机构的作用是根据发动机需要，适时地开启和关闭各缸的进、排气门，进行进气和排气。

（2）配气机构主要由气门组和气门传动组组成。现代轿车发动机较多采用顶置多气门、上置凸轮轴式、齿带传动式结构。

(3) 气门组的主要组件是气门，为了进气充分，进气门的直径一般比排气门大。

(4) 气门传动组的主要组件是凸轮轴。四冲程发动机每完成一个工作循环，各缸的进、排气门需要开闭一次，即需要凸轮轴转过一圈，曲轴转过两圈，曲轴转速与凸轮轴转速之比(传动比)为2∶1。

(5) 为了保证配气机构的气门关闭严密，开闭及时，开度足够，四冲程发动机在换气过程中，进、排气门均应早开和迟闭。进、排气门实际开闭时刻用曲轴转角表示，称为配气相位。整个进气冲程的持续时间相当于曲轴转角 $180°+\alpha+\beta$；整个排气冲程的持续时间相当于曲轴转角 $180°+\gamma+\delta$；气门重叠角的大小为 $\alpha+\delta$。

自我诊断与检测

1. 填空题

(1) 四冲程发动机每完成一个工作循环，曲轴旋转________，进排气门各开闭________，凸轮轴旋转________，因此传动比为________。

(2) 一般来讲，汽车发动机的进气提前角为________，进气滞后角为________，排气提前角为________，排气滞后角为________。

(3) 配气机构由________和________组成。

(4) 气门组主要包括________、________、________、________等。

(5) 气门传动组主要由________、________、________、________、________及________、________等组成。

(6) 采用________挺柱，取消了气门间隙。

2. 选择题

(1) 为了使发动机进气充分，排气干净，采取的措施是(　　)。

A. 进气门早开，排气门早开　　B. 进气门早开，排气门晚关

C. 进气门早开、晚关，排气门早开、晚关　　D. 进气门早开晚关，排气门晚关

(2) 气门重叠角的大小等于(　　)。

A. $\alpha+\beta$　　B. $\beta+\gamma$　　C. $\beta+\delta$　　D. $\alpha+\delta$

(3) 在配气相位的四个角度中，(　　)的大小对发动机充气性能影响最大。

A. 进气提前角　　B. 进气滞后角

C. 排气提前角　　D. 排气滞后角

(4) 为了增大气流的流通面积，使进气充分，有些进气门锥角做成(　　)。

A. 15°　　B. 30°　　C. 45°　　D. 60°

(5) 曲轴与凸轮轴的传动比是(　　)。

A. 1∶2　　B. 2∶1　　C. 1∶1　　D. 任意

(6) 四缸发动机配气凸轮轴上各同名凸轮的夹角为(　　)。

A. 30°　　B. 60°　　C. 90°　　D. 180°

2.4 汽油机燃料供给系统

知识目标：

(1) 掌握汽油机燃料供给系统的功用、组成及各主要零部件的作用；

(2) 掌握电控燃油喷射系统的组成和特点。

能力目标：

能够识别汽油机电控燃油喷射系统的各个部件。

2.4.1 概述

1. 功用

汽油机以汽油为燃料。燃料要能在发动机内迅速、完全燃烧，必须使汽油在进入气缸前喷成雾状并蒸发，与适量的空气均匀混合。按一定比例将汽油与空气均匀混合成的混合物称为可燃混合气。可燃混合气中汽油的含量称为可燃混合气浓度。

汽油机燃料供给系统的功用是根据发动机各种不同工作状况的要求，配制出一定数量和浓度的可燃混合气，供入气缸，使之在压缩冲程接近终了时点火燃烧而做功，最后将燃烧后生成的废气排到大气中去。

2. 类型

现代汽油机燃料供给系统有化油器式燃料供给系统和电控燃油喷射式燃料供给系统两种。

2.4.2 化油器式燃料供给系统

1. 组成

化油器式燃油供给系统由汽油供给装置、空气供给装置、可燃混合气形成装置以及可燃混合气供给和废气排出装置四部分组成，具体结构组成如图 2-54 所示。

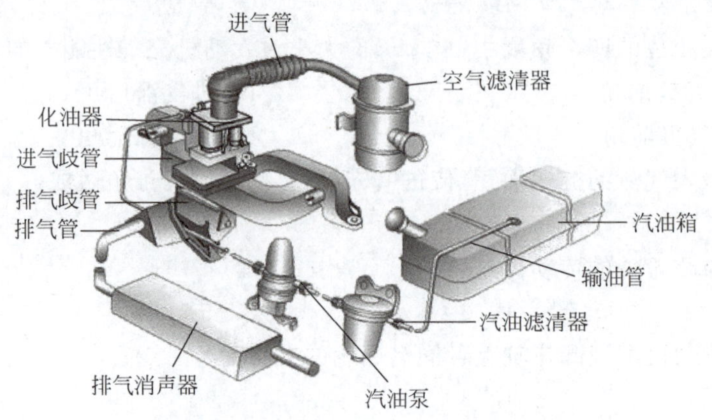

图 2-54　化油器式燃料供给系统组成

1）汽油供给装置

包括汽油箱、汽油滤清器、汽油泵和输油管，用以完成汽油的储存、输送和滤清任务。为检查汽油箱中的汽油储存量，设置了油面指示表。

2）空气供给装置

包括进气管及空气滤清器。可以清除空气中的尘土和沙粒，向化油器提供清洁的空气以延长发动机的使用寿命。有的轿车还设置有消声器，以减小进气噪声。

3）可燃混合气形成装置

指化油器。用以根据发动机各工况的要求，配制出一定浓度和数量的可燃混合气，供入气缸，使之燃烧。

4）可燃混合气供给和废气排出装置

由进气歧管、排气歧管和排气消声器组成。进气歧管的功用是将化油器供给的可燃混合气分别送给各个气缸；排气歧管是汇集发动机各缸的废气，安全地排到大气中；消声器的作用是减少排气噪声和消除废气中的火焰及火星，使废气安全地排入大气。

2. 工作过程

汽油自油箱流经汽油滤清器，滤去杂质后，被吸入汽油泵，汽油泵将汽油送入化油器中。空气则经空气滤清器滤去所含灰尘后，流入化油器。汽油在化油器中实现雾化和蒸发，并与空气混合形成可燃混合气，经过进气歧管分配到各个气缸，混合气燃烧生成的废气再经排气管与排气消声器等被排到大气中。

2.4.3 电控燃油喷射式燃料供给系统

早期的化油器式发动机存在着燃油分配不均匀，难以实施反馈控制等缺点，这对发动机的动力性和经济性的提高和排放性的改善有着不利影响。为了适应汽车排放法规日益严格的要求，轿车与轻型车发动机上普遍采用了电控燃油喷射系统。电控燃油喷射系统用计算机精确控制空燃比和点火提前角，使发动机几乎在任何工况下都能获得最佳空燃比的混合气并以最佳的点火提前角点火燃烧。

电控燃油喷射系统是利用各种传感器感应采集的信号送入一个电控单元（ECU）中，根据发动机各种工况的实际要求来控制喷油量。一般由燃油供给系统、空气供给系统和电路控制系统三部分组成，具体组成如图 2-55 所示。

1. 燃油供给系统

1）组成、功用及工作原理

燃油供给系统由燃油箱、燃油泵、燃油滤清器、进油管、回油管、油轨调压器和喷油器组成，如图 2-56 所示。其功用是向气缸内供给燃烧所需要的汽油。

燃油泵将汽油从燃油箱抽出并加压，经燃油滤清器过滤后送至燃油分配管，再由燃油压力调节器调压，使油压与进气歧管内气压差始终保持恒定，经油轨配送给各缸的喷油器，喷油器根据电控单元发出的指令，将适量的燃油喷入各进气歧管，多余的燃油经回油管流回油箱。

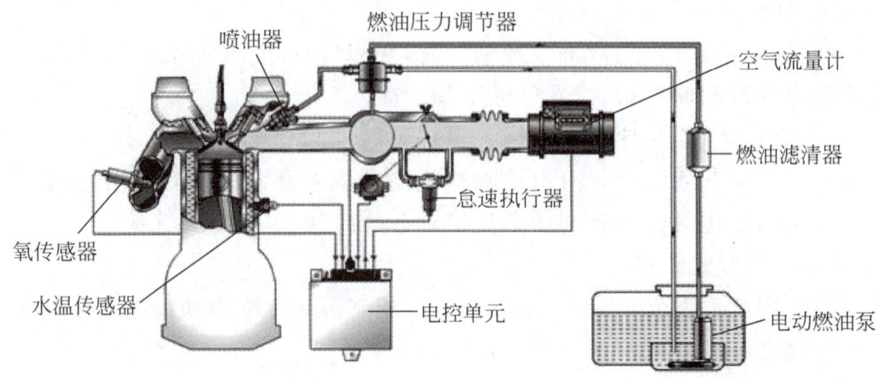

图 2-55 电控燃油喷射系统

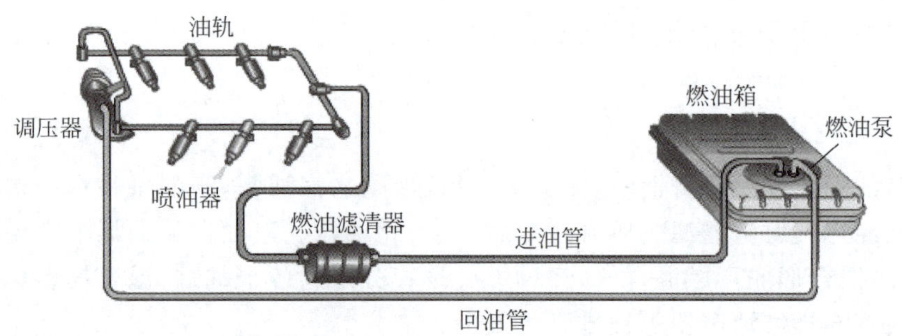

图 2-56 燃油供给系统

2）主要零部件的作用

(1) 电动燃油泵。电动燃油泵装在燃油箱内，可消除喷油时油压产生的微小波动，其功用是供给各喷油器及冷启动阀所需要的燃油。在电控燃油喷射系统中最常用的是滚柱式电动燃油泵，其结构如图 2-57 所示。

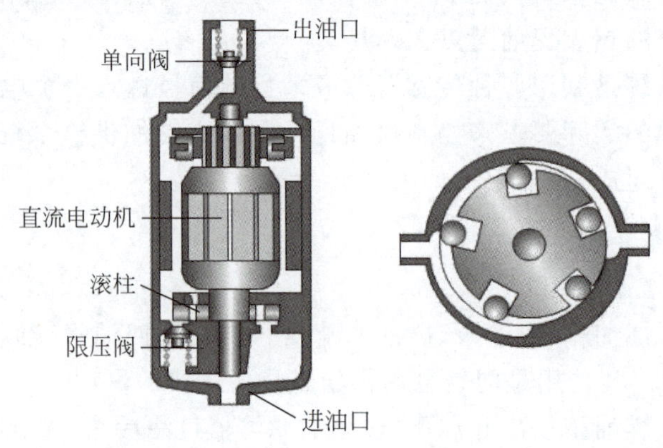

图 2-57 电动燃油泵

(2) 喷油器。喷油器如图 2-58 所示，其安装在各缸进气歧管上，当进气门打开时，喷油器喷射的雾化燃油即被吸入气缸。多点燃油喷射系统的每个气缸上各装有一个喷油器。它的功用是接受电控单元送来的喷油指令，将计量精确的燃油喷入进气歧管中。喷油量由喷油时间(通电时间)决定，喷油时间(通电时间)长，喷油量多，反之则少。

图 2-58 喷油器

(3) 燃油分配管。燃油分配管的结构如图 2-59 所示，其功用是将燃油均匀、等压地分配给各个喷油器，另外还有储油蓄压的作用。

(4) 燃油压力调节器。燃油压力调节器的结构如图 2-60 所示，其作用是使系统油压(供油总管内油压)与进气歧管压力之差保持基本不变，一般为 250kPa。以实现对于同一型号的喷油器，喷油量可以由计算机用喷油时间的长短来控制。

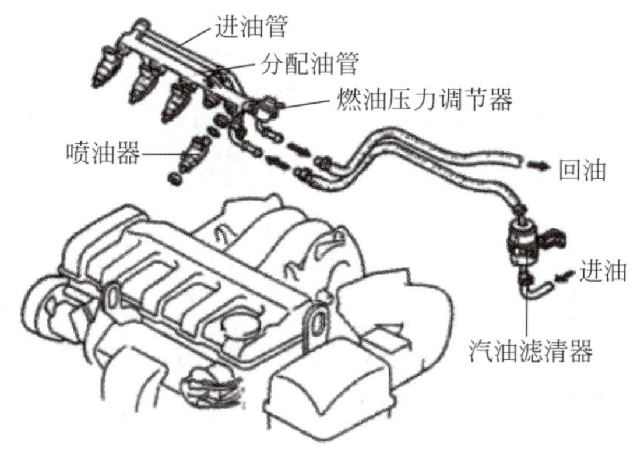

图 2-59 燃油分配管

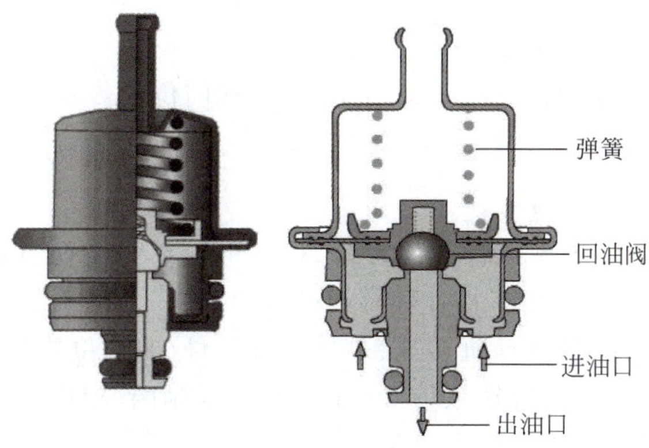

图 2-60 燃油压力调节器

2. 空气供给系统

1）组成、功用及工作原理

如图 2-61 所示，空气供给系统由空气滤清器、节气门体、进气总管、怠速控制阀和进气歧管等组成。其功用是测量和控制汽油燃烧时所需的进气量。

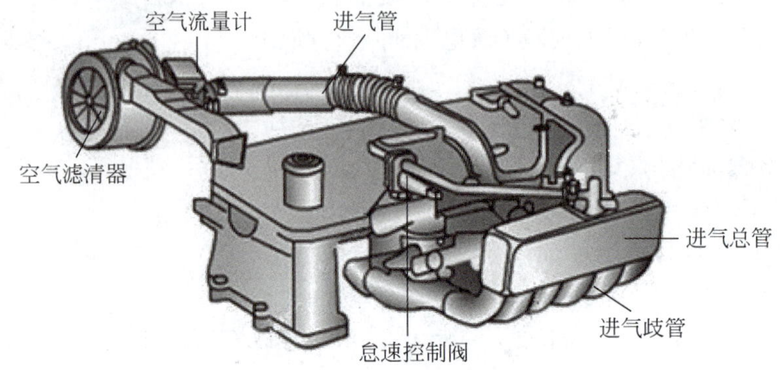

图 2-61 空气供给系统

空气经空气滤清器过滤后，用空气流量计测量，通过进气管经节气门体进入进气总管，再分配到各进气歧管，与喷油器喷出的汽油混合后被吸入气缸内燃烧。汽车行驶时，空气流量是由驾驶员通过加速踏板操纵节气门控制的。

2）分类

根据对吸入空气量的检测方式不同，空气供给系统可以分为 L 型汽油喷射系统和 D 型汽油喷射系统。

L 型汽油喷射系统是由空气流量计直接测量进入进气歧管的空气量，并将该物理量转变成电信号输送到计算机，由计算机计算出与空气量相适应的喷油量，以控制混合气空燃比在最佳值，属于直接式喷射系统，测量精度高。

D 型汽油喷射系统是将进气歧管的绝对压力和发动机转速信号输送到计算机，由计算机根据该信号计算出进气量，控制喷油量，属于间接式喷射系统。进气歧管内的空气压力波动会影响进气量的测量精度。

节气门体包括控制发动机进气量的节气门、节气门位置传感器和怠速控制器。

3. 电路控制系统

1）组成、功用及工作原理

如图 2-62 所示，电路控制系统由各种传感器、电控单元和执行器组成。其功用是根据各个传感器送来的信号控制燃油喷射和点火时刻。

电控单元通过电路接受发动机转速、进气空气流量、曲轴位置、凸轮轴位置、节气门位置、冷却液温度以及进气温度等输入信号，并进行综合判断与计算，确定喷油器的开启时间以及所需要的喷油量，控制喷油器喷油。

2）主要元件的功用

（1）传感器。传感器用于检测发动机的实际运行状况，为电控单元提供运行状况的信息。主要有空气流量计、进气歧管压力传感器、节气门位置传感器、水温传感器、进气温

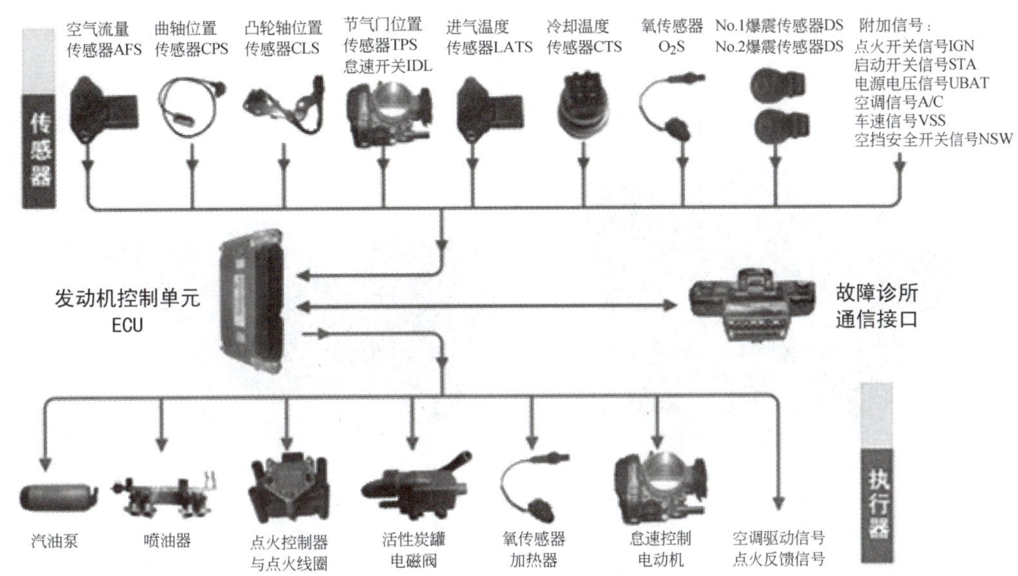

图 2-62　发动机电子控制系统的组成

度传感器、氧传感器以及转速传感器等。

① 空气流量计。如图 2-63 所示为空气流量计，它用于 L 型汽油喷射系统中，安装在空气滤清器后方的进气管上。它可以精确测量空气进气量并将其转换为电信号输入 ECU，作为燃油喷射和点火控制的主控信号，从而控制空燃比。常见的空气流量计有热膜式与热线式两种。

② 进气歧管压力传感器。如图 2-64 所示为进气歧管压力传感器，它用于 D 型汽油喷射系统中，一般安装于节气门体后方，通过真空管与进气总管连接；也有的安装在进气总管上，通过真空孔与进气道连接。它用于测量发动机进气歧管内的绝对压力，转换成电压信号，使 ECU 可以根据此信号并结合发动机转速信号来确定基本喷油量。

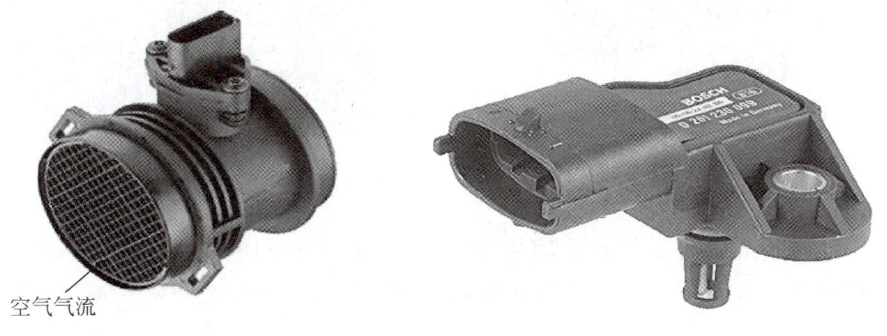

图 2-63　空气流量计　　图 2-64　进气歧管压力传感器

③ 节气门位置传感器。如图 2-65 所示为节气门位置传感器，它安装在节气门体上，用来检测节气门的开度状态，并将节气门打开的角度转换为负荷信号并传给电控单元。

④ 温度传感器。如图 2-66 所示为水温传感器，它用于检测发动机冷却液的温度、进气温度和排气温度，判定发动机的热状态，根据温度变化信息修正喷油量及点火时刻。

图 2-65 节气门体与节气门位置传感器

图 2-66 温度传感器

⑤ 氧传感器。氧传感器用于对排气中氧的含量进行监测，并向计算机输入空燃比的反馈信号，进行喷油量的闭环控制，使空燃比控制在理论值范围内。目前大部分汽车上使用的是一种加热型的氧化锆氧传感器，如图 2-67 所示。

⑥ 转速传感器。如图 2-68 所示为转速传感器，又称为曲轴位置传感器，它除了可提供相对于活塞上止点位置的曲轴转角信号外，还能精确地测出发动机的转速。通常安装在飞轮处、分电器内以及曲轴或凸轮轴前端，因机型而异。它可以将发动机工作时曲轴转角的转速信息传给电控单元，作为控制系统进行各项控制参数运算的主要依据。

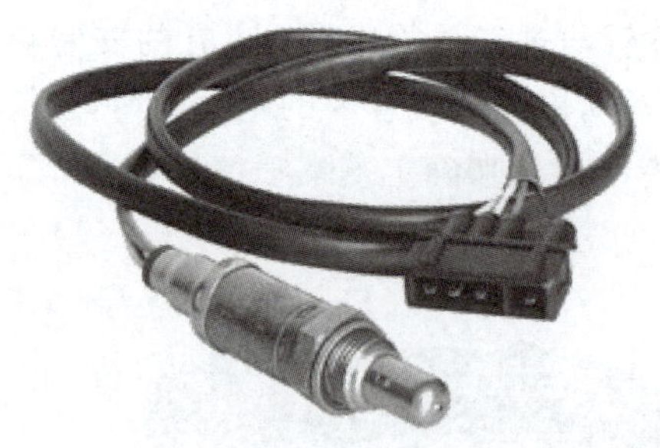

图 2-67 氧化锆传感器

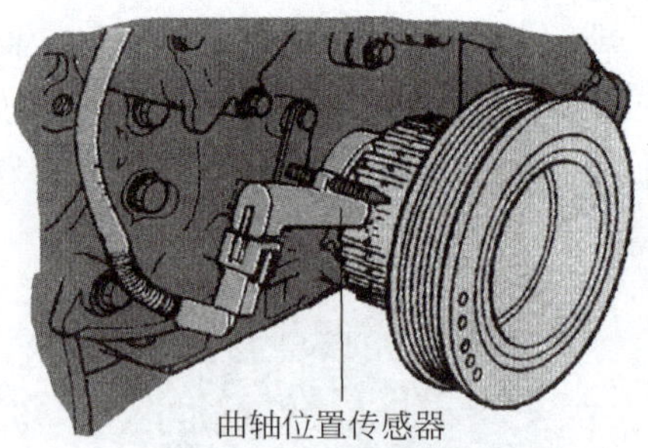

图 2-68 电磁感应式曲轴位置传感器

发动机上各传感器将采集到的信号，由输入装置传输到电控单元 ECU，随后由模拟数字转换器将这些模拟信号转换成计算机能识别的数字信号，这些信号被暂时存储于随机存储器内。

当发动机启动后，这些信号通过计算机转换成控制指令，指令通过数字模拟转换器变成模拟量，再由输出装置传送到执行器——喷油器、分电器等，以控制喷油器的喷油时刻及喷油持续时间，控制点火正时及点火能量，从而保证发动机在最佳状态下工作。

(2) 电控单元。电控单元是电控发动机的计算和控制中心。它通过存储在其内的程序来处理从传感器输入的信号，通过运算、处理、判断，确定满足发动机运转状态的燃油喷射量，并由此控制喷油器的喷油量。

课堂小结

(1) 汽油机燃料供给系统的功用是根据发动机各种不同工作状况的要求，配制出一定数量和浓度的可燃混合气，供入气缸，使之在压缩冲程接近终了时点火燃烧而做功，最后将燃烧后生成的废气排到大气中去。

(2) 现代汽油机燃料供给系统有化油器式燃料供给系统和电控燃油喷射式燃料供给系统两种。

(3) 化油器式燃油供给系统由汽油供给装置、空气供给装置、可燃混合气形成装置以及可燃混合气供给和废气排出装置四部分组成。

(4) 电控燃油喷射系统一般由燃油供给系统、空气供给系统和电路控制系统三部分组成。

(5) 燃油供给系统包括燃油箱、燃油泵、燃油滤清器、燃油分配管、燃油压力调节器和喷油器，其功用是向气缸内供给燃烧所需要的汽油。

(6) 空气供给系统包括空气滤清器、节气门体、进气总管、怠速控制阀和进气歧管等，其功用是测量和控制汽油燃烧时所需的进气量。

(7) 电路控制系统包括各种传感器、电控单元和执行器，其功用是根据各个传感器送来的信号控制燃油喷射和点火时刻。传感器将发动机的工作状态信息转变为电信号，输送给电控单元，ECU 对传感器信号进行分析、处理、运算和判断后，向执行器发出控制指令，实现对发动机运行的最佳控制。

(8) 发动机常用的传感器主要有空气流量计、进气歧管压力传感器、节气门位置传感器、水温传感器、进气温度传感器、氧传感器以及转速传感器等。

自我诊断与检测

1. 填空题

(1) 汽油供给装置由________、________、________及________组成。

(2) 汽油泵的作用是将汽油从________吸出，经________和________，然后泵入________。

(3) 电喷汽油机用计算机精确控制________和________。

(4) 燃油系统由________、________、________、________、________等组成。

(5) 传感器的种类很多，主要有________、________、________、________、________和________等。

(6) 电路控制系统包括________、________和________，其功用是根据________送来的信号控制________和________。

(7) 发动机常用的传感器主要有________、________、________、________、

________、________以及________等。

2. 选择题

(1) 燃油压力调节器的作用是(　　)。

A. 保持供油总管油压恒定

B. 保持喷油器喷油压力恒定

C. 保持供油总管内的油压与进气歧管内的气压差基本不变

D. 保持供油量不变

(2) 电喷汽油发动机的喷油器的喷油量是由(　　)控制的。

A. 喷油时间长短　　B. 改变喷油器针阀升程

C. 发动机转速　　D. 氧传感器

(3) L型汽油喷射系统对吸入空气量的检测方式是(　　)。

A. 进气歧管压力计量式　　B. 空气流量计直接测量式

C. 氧传感器控制式　　D. 节气门位置传感器控制

(4) 曲轴位置传感器主要用于检测(　　)。

A. 曲轴位置

B. 发动机转速

C. 活塞上止点位置

D. 曲轴转角、转速和活塞上止点位置

(5) 电喷汽油机进气量检测装置是(　　)。

A. 氧传感器

B. 进气温度传感器

C. 曲轴位置传感器

D. 空气流量计或进气歧管压力传感器

(6) 氧传感器安装在(　　)内。

A. 进气总管　　B. 进气歧管

C. 排气管　　D. 消声器

2.5 冷却系统

知识目标：

(1) 掌握冷却系统的功用及组成；

(2) 掌握冷却系统各主要零部件的作用及组成。

能力目标：

能准确识别冷却系统各个组成部件。

2.5.1 概述

1. 功用

冷却系统的作用是使工作中的发动机得到适度的冷却，从而使发动机在最适宜的温度范围内工作。

发动机冷却系统分为水冷和风冷两大类，目前汽车发动机广泛采用强制循环水冷却系统。强制循环水冷却系统是利用水泵强制地使冷却液(或水)在冷却系统中进行循环流动，不断带走零件表面热量。采用水冷却时，气缸盖内冷却液的温度应为80～90℃。

2. 组成

如图2-69所示为典型的水冷却系统的组成示意图，主要包括水泵、散热器、节温器、风扇、水套、补偿水箱(或称膨胀水箱)等部件。车型不同，发动机冷却系统组成、冷却水循环路线也有所不同。

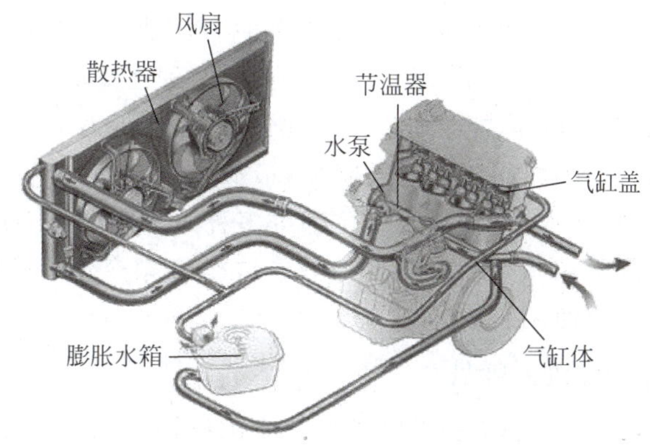

图2-69 水冷却系统的组成

为了保证发动机在不同负荷、转速和气候条件下保持正常的工作温度，冷却液的循环路线是不同的。冷却液轴向进入水泵后，经水泵叶轮径向直接流进发动机机体水套，吸收机体热量。此后，冷却液分两路循环，一路为大循环，一路为小循环。当冷却液温度高时，冷却液进行大循环，如图2-70(a)所示，即冷却液流经散热器冷却后，进入装在机体水泵进口处的节温器，此时节温器主阀门打开，副阀门关闭，冷却液流向水泵进水口，以求迅速降低冷却液温度，增强冷却效果；当冷却液温度较低时，冷却液进行小循环，如图2-70(b)所示，此时节温器主阀门关闭，副阀门打开，冷却液直接进入节温器后的水泵进水口，不经散热器冷却，以使发动机冷却液温度迅速升高到正常工作温度。桑塔纳2000 GSi轿车AJR发动机冷却液温度低于85℃时，进行小循环；当冷却液温度高于85℃时，部分冷却液进行大循环；当冷却液温度达到105℃时，全部冷却液将沿出水管进入散热器进行大循环，水箱的散热能力得到最大限度的发挥。

2.5.2 冷却液

冷却液是发动机冷却系统中最重要的工作介质，汽车常用的冷却液有水及加有防冻

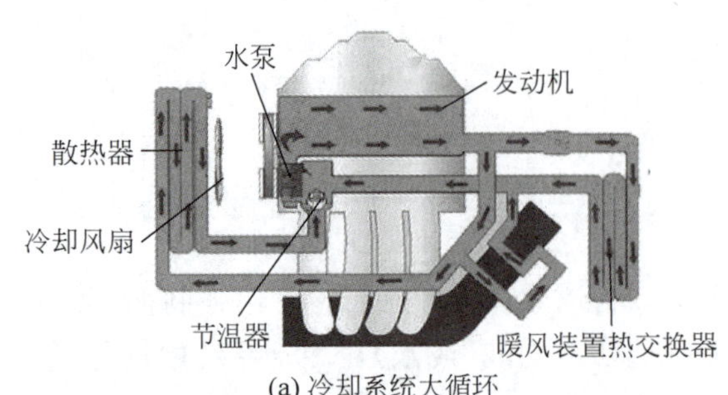

(a) 冷却系统大循环

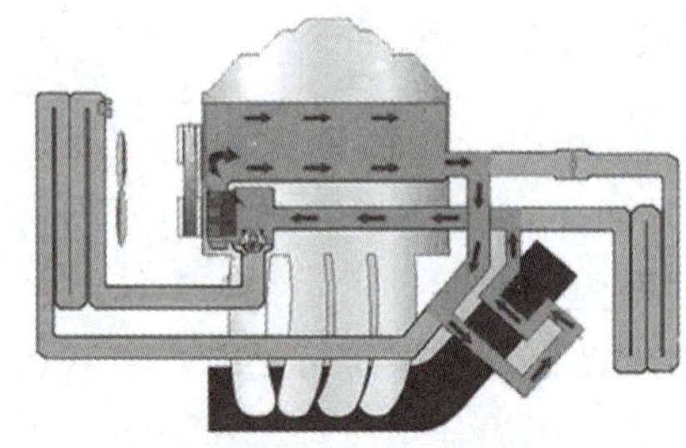
(b) 冷却系统小循环

图 2-70 冷却系统循环

剂的防冻冷却液。防冻冷却液中含有特殊添加剂，能起到冷却、防冻、防锈和防积水垢等作用，被现代轿车发动机普遍采用。

1. 防冻冷却液的种类

防冻冷却液主要是由冷冻剂与水按一定比例混合而成。按冷冻剂的种类不同，防冻冷却液分为酒精型、甘油型和乙二醇型三种，目前，前两种已淘汰。

乙二醇是一种无色黏稠液体，能与水以一定比例混合，沸点为 197.4℃，冰点为－11.5℃，与水混合后还可使防冻冷却液的冰点显著降低(最低可达－68℃)。乙二醇型防冻冷却液是用乙二醇作为冷冻剂，与水、防腐剂和染色剂等多种添加剂配制而成。用不同比例的乙二醇和水混合可配制成不同冰点的防冻冷却液。这类防冻冷却液的优点是沸点高、冰点低、冷却效率高，已被广泛使用。

2. 乙二醇型防冻冷却液的牌号

乙二醇型防冻冷却液分为防冻冷却液和防冻浓缩液两大类。防冻冷却液按其冰点不同分为－25、－30、－35、－40、－45、－50 共 6 个牌号，可直接加入车中使用。防冻浓缩液是为了便于储运，使用时应根据产品说明书规定的比例，用蒸馏水或去离子水稀释，如防冻浓缩液与蒸馏水各以 50％的比例混合，制成的防冻冷却液冰点不高于－37℃。

目前，我国进口量比较多的是日产 TCL 防冻液和美国壳牌防冻液，它们都随冷却液浓度的增加而冰点下降，使用时必须严格按照包装上各自的浓度配比使用。

3. 乙二醇型防冻冷却液的选用

乙二醇型防冻冷却液的牌号是按冰点来划分的，选用时应根据车辆使用地区冬季的最低气温来选择合适的牌号。一般选用的防冻冷却液的冰点应比最低气温低 10℃左右。

桑塔纳系列轿车使用大众公司推荐的含 G11 添加剂的防冻冷却液，它是由含防腐剂的乙二醇添加剂与水混合而成的。

2.5.3 主要零部件的作用及组成

1. 水泵

水泵的作用是对冷却液加压，加速冷却液的循环流动，保证冷却可靠。车用发动机上多采用离心式水泵，其结构如图 2-71 所示。

2. 散热器

散热器(亦称水箱)的作用是储存冷却液并将冷却液在机体内吸收的热量传给外界空气，使冷却液散热降温，用于再次循环。其结构如图 2-72 所示。

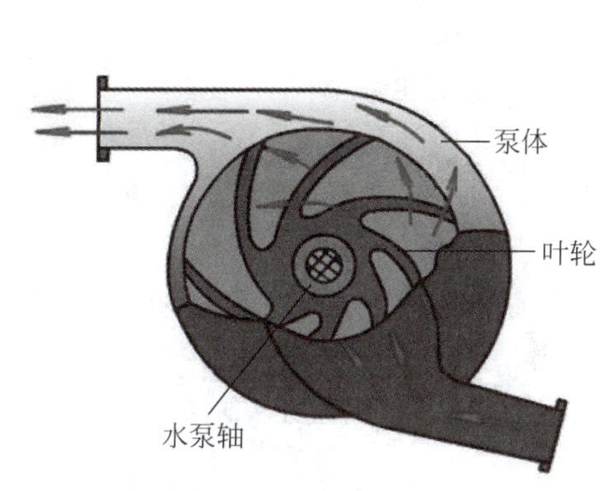

图 2-71 离心式水泵

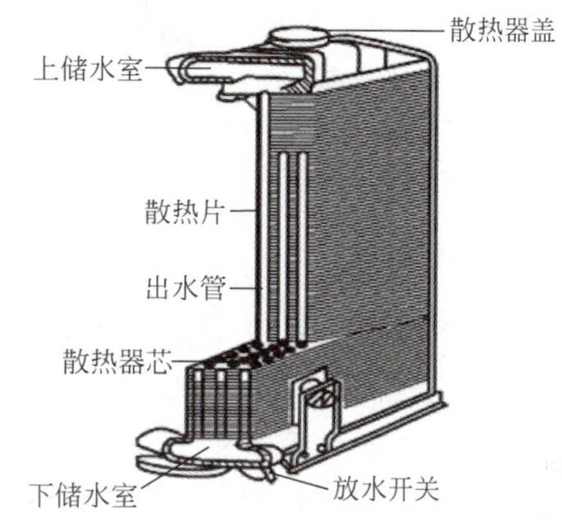

图 2-72 散热器

3. 补偿水箱

补偿水箱用一根软管与散热器溢流管相连，作用是给冷却液提供一个膨胀空间，如图 2-73 所示。当冷却液受热膨胀时，部分冷却液流入补偿水箱；当冷却液降温时，补偿水箱储存的冷却液又被吸入散热器中，这样可以使散热器内经常充满冷却液，提高冷却效果，同时可补充由于冷却液的溢失所造成冷却液的消耗。

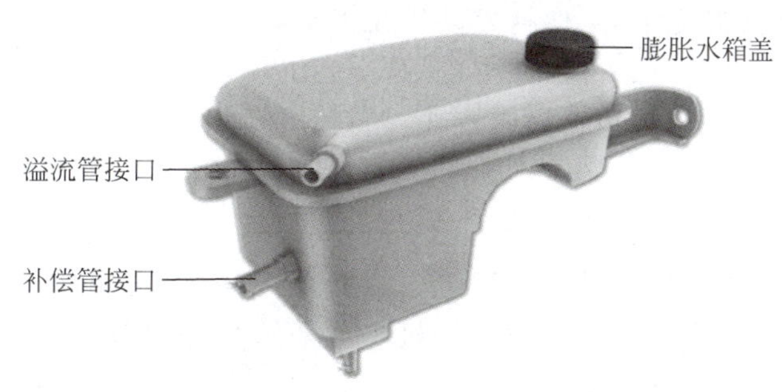

图 2-73 补偿水箱装置

4. 风扇

冷却风扇的作用是对空气产生吸力，使之沿轴向流动。车用发动机冷却风扇的类型很多，按其驱动的动力来分，可分为机械风扇和电动风扇。如图 2-74(a)所示，机械风扇由曲轴通过皮带盘驱动，通常用液力耦合器控制冷却风扇与驱动皮带盘的结合与分离。如图 2-74(b)所示，电动风扇直接由直流电动机驱动，其工作状态由冷却液水温决定，由散热器上温控开关控制，只有冷却液温度达到一定值时风扇才开始转动。

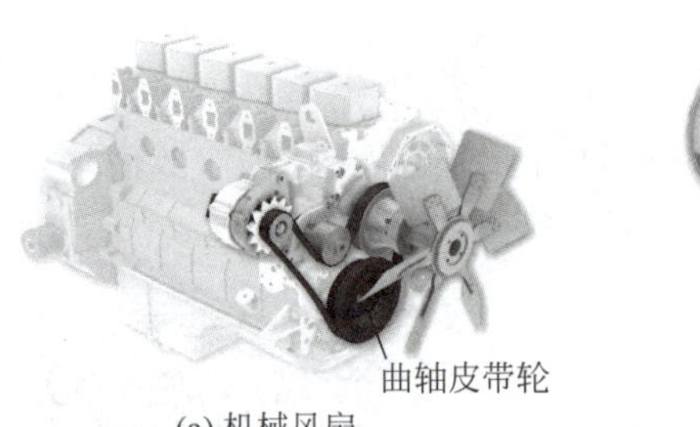

(a) 机械风扇

冷却风扇
导风扇
电动机

(b) 电动风扇

图 2-74　风扇

5. 节温器

节温器的作用是根据冷却液的温度，自动地控制通过散热器的冷却水流量，使发动机在正常的温度范围内工作。现在通常采用蜡式节温器，如图 2-75 所示。节温器安装在水泵的进水口处，根据冷却液温度自动调节水的流向。当冷却液温度过低时，节温器关闭了由散热器经水泵进入发动机气缸体水套的水管，冷却液不经过散热器，只在水套与水泵间进行小循环，从而防止发动机过冷，并使发动机迅速而均匀地热起；当发动机冷却液的温度上升到规定温度（一般高于 80℃）时，节温器打开，冷却液流经散热器，当冷却液温度升高到 105℃ 时，节温器阀门完全打开，冷却水液全部经过散热器进行大循环，使冷却液温度下降，保持发动机在正常的温度下工作。

图 2-75　蜡式节温器

课堂小结

（1）发动机冷却系统的功用是使工作中的发动机得到适度的冷却，从而使发动机在最适宜的温度范围内工作。目前汽车发动机广泛采用水冷却系统。采用水冷却时，气缸盖内冷却液的温度为 80～90℃。

（2）典型的水冷却系统由水泵、散热器、节温器、风扇、风扇控制机构、百叶窗、水套、补偿水箱（或称膨胀水箱）、水温表及水温警报装置等部件组成。

（3）水泵的作用是对冷却水加压，加速冷却水的循环流动，保证冷却可靠。

（4）散热器（亦称水箱）的作用是储存冷却液并将冷却液在机体内吸收的热量传给外界空气，使冷却液散热降温，再次循环。

（5）节温器的作用是根据冷却液的温度，自动地控制通过散热器的冷却水流量，使发动机在正常的温度范围内工作。

（6）冷却系统的工作原理：当发动机工作温度较低时，节温器主阀门关闭，副阀门打开，冷却液经节温器返回发动机机体水套，进行小循环；当发动机工作温度高于一定值时，节温器主阀门开启，副阀门关闭，冷却液经节温器及散热器进水软管流入散热器，在散热器中，冷却液向流过散热器周围的空气散热而降温，最后冷却液经散热器出水软管返回水泵，进行大循环；当发动机冷却液温度处于大小循环的温度范围内，节温器主阀门和副阀门都部分开启，冷却液大小循环都同时存在，以调节发动机温度基本稳定在最适宜的工作范围。

(7) 现代轿车发动机普遍采用乙二醇型防冻冷却液。乙二醇型防冻冷却液分为防冻冷却液和防冻浓缩液两大类。防冻冷却液按其冰点不同分为－25、－30、－35、－40、－45、－50 共 6 个牌号，可直接加入车中使用。

自我诊断与检测

1. 填空题

(1) 发动机正常工作温度是________ ℃。

(2) 冷却系统可以使冷却水有________、________和________三种循环。

(3) 水泵主要由________、________以及________等组成。

(4) 现代轿车发动机普遍采用________冷却液。

(5) 防冻冷却液按其冰点不同分为________、________、________、________、________、________共 6 个牌号。

(6) 发动机冷却系统分为________和________两大类，目前汽车发动机广泛采用________水冷却系统。

2. 选择题

(1) 水冷却系统的主要作用是(　　)。

A. 降低水温　　B. 保持适宜水温

C. 提高水温　　D. 无限冷却

(2) 造成冷却水温度过高的原因可能是(　　)。

A. 水泵轴松旷　　B. 百叶窗全开

C. 节温器故障　　D. 水泵皮带打滑

(3) 水冷发动机上的蜡式节温器石蜡泄漏，会造成发动机工作时的冷却水(　　)。

A. 只有大循环　　B. 只有小循环

C. 同时存在大、小循环　　D. 将不循环

(4) 蜡式节温器一般安装在(　　)。

A. 气缸盖出水口　　B. 散热器出水口

C. 机体出水口　　D. 机体进水口

(5) 改变通过散热器的空气流量实现冷却强度调节的是(　　)。

A. 水泵　　B. 风扇　　C. 节温器　　D. 风扇离合器

(6) (　　)的作用是将冷却水套中吸收的热量散发到空气中，使水温降低，并为冷却系统储存一定的冷却水。

A. 散热器　　B. 水泵　　C. 节温器　　D. 补偿水桶

(7) 汽车发动机最佳工作温度是(　　)。

A. 90℃　　B. 70～80℃

C. 80～90℃　　D. 80～100℃

2.6 润滑系统

知识目标：

(1) 掌握润滑系统的功用及组成；

(2) 掌握润滑系统各主要零部件的作用及组成；

(3) 了解润滑油的循环路线；

(4) 掌握润滑油的分类及选用。

能力目标：

具有判断润滑油使用性能好坏的能力。

1. 功用

发动机各零部件的润滑是由润滑系统来完成的。它的功用是将清洁的、定量的润滑油不断地供给各运动零件的摩擦表面，起到润滑、清洁、冷却、密封、防锈和缓冲的作用。

2. 润滑方式

根据发动机不同运动表面的工作特点，一般采用以下三种润滑方式。

1) 压力润滑

压力润滑是将润滑油以一定压力输送到摩擦表面间隙中形成油膜的润滑方式。压力润滑主要用于负荷大、相对运动速度高的摩擦面，如主轴承、连杆轴承、凸轮轴轴承、配气机构摇臂轴等处的润滑。

2) 飞溅润滑

飞溅润滑是利用发动机工作时曲轴等运动零件飞溅起来的油滴或油雾来润滑外露表面以及负荷较小的摩擦表面，如气缸壁、活塞销、凸轮、挺柱、偏心轮、连杆小头等的润滑。

3) 润滑脂润滑

润滑脂润滑是通过定期加注润滑脂来润滑零件工作表面的方式，如水泵及发电机轴承等的润滑。

现代汽车发动机润滑多采用压力润滑与飞溅润滑相结合的综合润滑方式。

3. 组成

如图 2-76 所示为典型轿车发动机润滑系统的组成示意图，主要包括油底壳、集滤器、机油泵、油道、机油滤清器等部件。不同的发动机，由于组成和结构形式不同，润滑系统的布置形式和装置也略有不同。

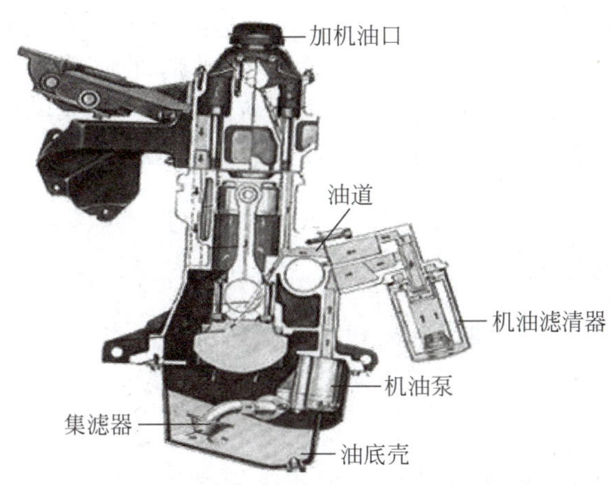

图 2-76 润滑系统组成

2.6.1 润滑系统油路

现代汽车发动机的润滑油路大致相同。如图 2-77 所示为汽油发动机的润滑系统油路,它采用综合润滑方式。发动机工作时,润滑油由油底壳经集滤器初步过滤后进入机油泵,提高压力后进入机油滤清器,从机油滤清器出来的润滑油最后进入主油道,再由主油道经曲轴箱上的五条并联横向油道引入曲轴主轴承中,润滑主轴颈,然后经曲轴内部的斜向油道流入四个连杆轴承,润滑连杆轴颈。主油道中的部分润滑油经分油道送入中间轴的后轴承,主油道的另一条油道直通凸轮轴轴承润滑油道,分别向五个凸轮轴轴承供油。

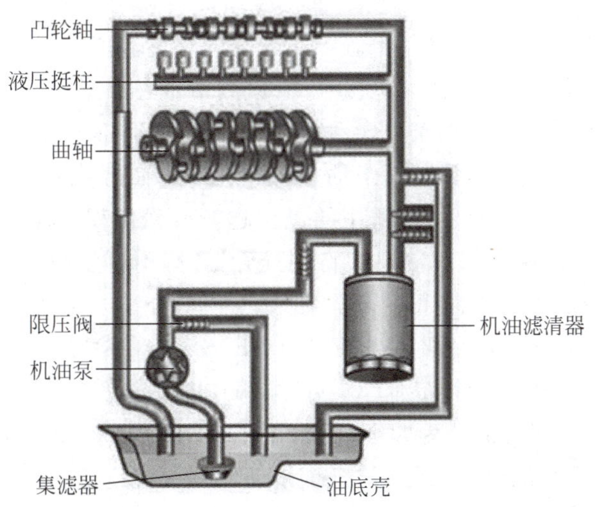

图 2-77 润滑系统油路

在气缸盖和气缸体右侧(从前向后看)布置有回油孔,使气缸盖上的机油流回曲轴箱。润滑系统的报警系统装有两个油压开关,均位于机油滤清器支架上。当打开点火开关，位于仪表板中的机油压力警告灯开始闪烁，启动发动机。当机油压力大于0.03MPa时，低压油压开关断开，警告灯自动熄灭。发动机低速运转时，如果机油压力低于0.03MPa，则低压油压开关触点闭合，机油压力警告灯闪烁。当发动机转速超过2150r/min时，如果机油压力达不到0.18MPa时，高压油压开关的触点断开，机油压力警告灯闪烁，警报蜂鸣器同时报警。

2.6.2 润滑剂

汽车发动机润滑剂有润滑油(机油)和润滑脂(黄油)两类。

1. 润滑油

1）功用

(1) 润滑。润滑油在运动零件的所有摩擦表面之间形成连续的油膜，以减小零件之间的摩擦。

(2) 冷却。润滑油在循环过程中流过零件工作表面，降低零件的温度。

(3) 清洗。润滑油可以带走摩擦表面产生的金属碎末，还可以冲洗掉沉积在气缸、活塞、活塞环及其他零件上的积炭。

(4) 密封。附着在气缸壁、活塞及活塞环上的油膜，可起到密封防漏的作用。

(5) 防锈。防止零件发生锈蚀。

2）分类

国际上广泛采用美国SAE黏度分类法和API使用分类法，而且它们已被国际标准化组织(ISO)确认。美国工程师学会(SAE)按照机油的黏度等级，把润滑油分为冬季用润滑油和非冬季用润滑油。冬季用润滑油有6种牌号：SAE0W、SAE5W、SAE10W、SAE15W、SAE20W和SAE25W。非冬季润滑油有4种牌号：SAE20、SAE30、SAE40和SAE50。号数较大的润滑油黏度较大，适于在较高的环境温度下使用。

API使用分类法是美国石油学会(API)根据润滑油的性能及其最适合的使用场合，把润滑油分为S系列和C系列两类。S系列为汽油机润滑油，目前有8个级别：SA、SB、SC、SD、SE、SF、SG和SH。C系列为柴油机润滑油，目前有5个级别：CA、CB、CC、CD和CE。级号越靠后，使用性能越好，适用的机型越新或强化程度越高。其中，SA、SB、SC和CA等级别的润滑油，除非汽车制造厂特别推荐，否则不再使用。

我国的润滑油分类参照采用ISO分类方法，分为以下3类(GB/T 7631.3—1995)。

(1) 汽油机润滑油分为六个级别：SC、SD、SE、SF、SG、SH；

(2) 柴油机润滑油分为五个级别：CC、CD、CD-Ⅱ、CE、CF-4；

(3) 二冲程汽油机润滑油分为四个级别：ERA、ERB、ERC、ERD。

级号越靠后，使用性能越好，适用于机型越新或强化程度越高的发动机。

每一种使用级别又有若干种单一黏度等级和多黏度等级的润滑油牌号。例如：CC级润滑油有3个单一黏度等级(30、40和50号)和6个多黏度等级(5W-30、5W-40、10W-30、10W-40、15W-40和20W-40)的润滑油牌号。

单一黏度等级的润滑油黏温性较差，只适应某一温度范围使用。多黏度等级的润滑油黏温性好,适应温度范围宽。

我国润滑油分类与 API 分类的对应关系见表 2-10。

表 2-10 我国润滑油分类与 API 分类的对应关系

我国的分类		API 分类
SC	≠	SC
SD	≠	SD
SE	=	SE
SF	=	SF
CC	=	CC
CD	=	CD

3) 润滑油的选用原则

(1) 汽油机选择汽油机润滑油,柴油机选择柴油机润滑油,二冲程汽油机选择相应润滑油。这是因为不同发动机的工作原理、工作条件不同。

(2) 根据发动机的强化程度选用合适的润滑油使用等级。

例如:柴油机的强化程度用系数 K 表示,当 $K\leqslant50$ 时,选用 CC 级润滑油;$K>50$ 时,应选用 CD 级润滑油。

(3) 根据气温选用适当黏度等级的润滑油,可参见图 2-78 选择。

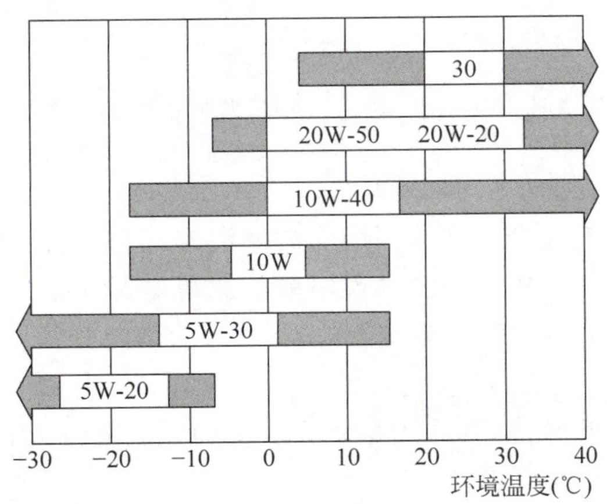

图 2-78 发动机润滑油选用

2. 润滑脂

润滑脂具有良好的粘附性,在常温下可附着于垂直表面而不流淌,可以在敞开或密封不良及受压较大的摩擦部位工作,并有防水、防尘、密封作用。

汽车发动机主要在水泵轴承及发电机轴承中使用润滑脂。目前普遍推荐使用的是通用锂基润滑脂,它具有良好的高低温适应性,可在−30～120℃的温度范围内使用,具有良好的抗水、防锈、安定和润滑性能,在高速运转的水泵及发电机轴承使用,不变质,不流失,保证润滑效果。

2.6.3 主要零部件的功用及组成

1. 油底壳

油底壳的作用是储存机油，在其上加密封垫后固定在气缸体底面上，其结构如图 2-79 所示。

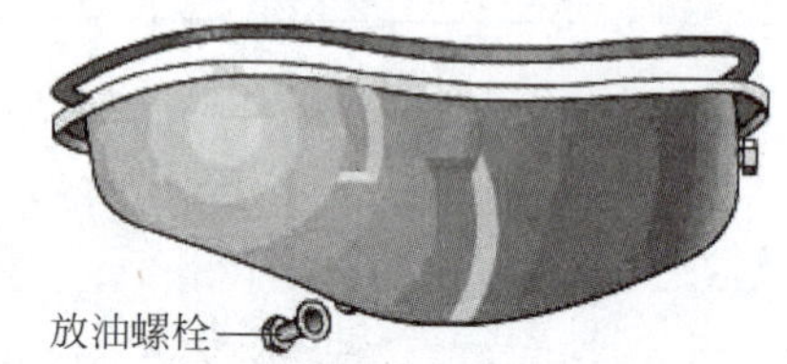

图 2-79 油底壳

2. 机油泵

机油泵是进行压力润滑和保证机油循环而建立足够油压的装置。其作用是将一定数量的机油建立起压力并输送到摩擦表面。常见的机油泵有齿轮式和转子式两种。其结构分别如图 2-80 和图 2-81 所示。

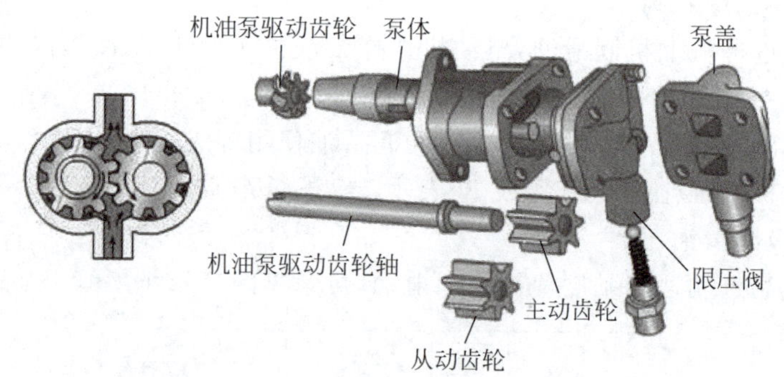

图 2-80 齿轮式机油泵

3. 机油滤清器

一般润滑系统中装有几个不同滤清能力的滤清器，包括集滤器、粗滤器和细滤器，它们分别串联或并联在主油道中。与主油道串联的滤清器称为全流式滤清器，一般为粗滤器；与主油道并联的滤清器称为分流式滤清器，一般为细滤器，过油量为 10%～30%。

1）机油集滤器

安装在机油泵吸油管端部，其作用是防止较大颗粒杂质进入机油泵内。它一般是金属网式的，其结构如图 2-82 所示。

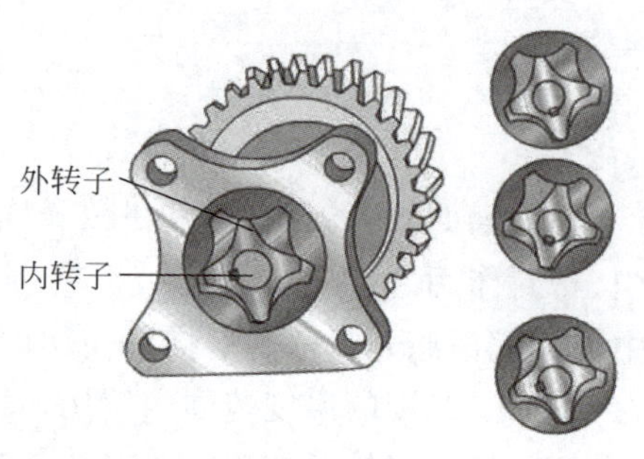

图 2-81 转子式机油泵

图 2-82 机油集滤器

2）机油粗滤器

用于滤去机油中粒度较大(直径在 0.05～0.1mm)的杂质。它对机油流动阻力较小，一般串联于机油泵与主油道之间，属于全流式滤清器。目前，国产汽车发动机一般采用纸质滤清器，其结构如图 2-83 所示，机油流动方向如图中箭头所示。在上盖设有旁通阀，当滤芯堵塞时，旁通阀被机油压力顶开，润滑油不经滤芯而直接流入主油道，保证供油不会中断。

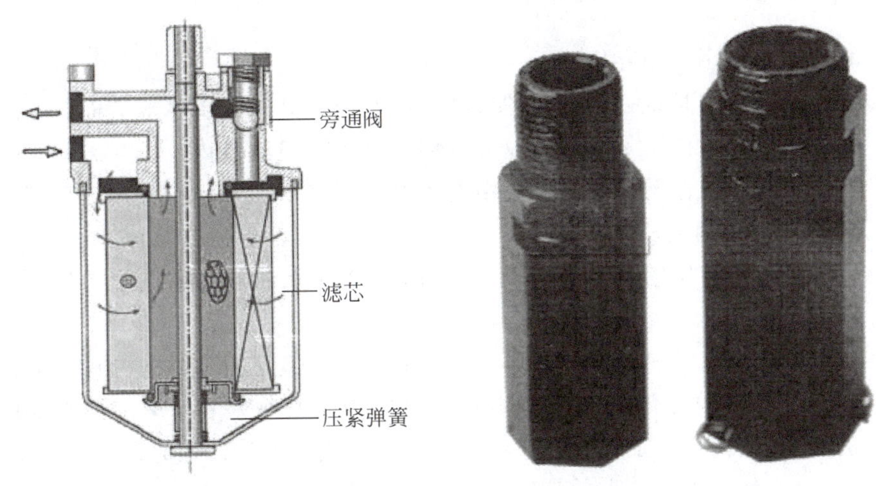

图 2-83　纸质滤清器

图 2-84　限压阀

4. 限压阀及旁通阀

限压阀(装在机油泵盖上)如图 2-84 所示，其作用是限制最高油压；旁通阀如图 2-85 所示，其作用是避免因粗滤器堵塞而使主油道供油中断。

5. 机油散热器

机油散热器是在有些热负荷较高的发动机上设置的。其作用是加强润滑油冷却，保持润滑油油温在正常工作范围(343～363K)内，一般发动机是靠汽车行驶中的迎面空气流吹拂油底壳来使润滑油冷却的。

图 2-85　旁通阀

另外，机油压力表、温度表、机油压力传感器和机油标尺是便于驾驶员随时掌握润滑系统工作状况的装置。

此外，发动机润滑系统还包括由部分油管和在发动机机体上加工出的油道等组成的机油引导、输送、分配装置。

课堂小结

(1) 发动机润滑系统的功用是将清洁的、定量的润滑油不断地供给各运动零件的摩擦表面，起到润滑、清洗、冷却、密封、防锈和缓冲的作用。

(2) 现代汽车发动机润滑多采用压力润滑与飞溅润滑相结合的综合润滑方式。曲轴主轴颈、连杆轴颈及凸轮轴颈等负荷较大的摩擦表面采用压力润滑；负荷较轻的气缸壁面和配气机构的凸轮、挺柱、气门杆、摇臂等采用飞溅润滑；水泵及发电机轴承采用润滑脂润滑。

(3) 发动机润滑系统主要由集滤器、机油泵、限压阀、油道和油管、机油滤清器、旁通阀、止回阀、机油散热器、机油压力传感器、机油压力表(指示灯)、机油标尺等部件组成。

(4) 油底壳的作用是储存机油。

(5) 机油泵的作用是将一定数量的机油建立起压力并输送到摩擦表面。

(6) 机油集滤器的作用是可防止较大颗粒杂质进入机油泵内。

(7) 机油滤清器的作用是防止机油中混入的金属磨屑和其他机械杂质以及润滑油本身生成的胶质进入主油道。

(8) 机油散热器的作用是加强润滑油冷却，保持润滑油油温在正常工作范围(343～363K)内。

(9) 汽车发动机润滑剂有润滑油和润滑脂两类。我国润滑油分汽油机润滑油、柴油机润滑油和二冲程汽油机润滑油三大类，每类又分为若干级别和牌号。润滑油的选用应根据发动机类型、强化程度及气温等条件确定。润滑脂主要用于水泵轴承及发电机轴承，目前普遍推荐使用的是通用锂基润滑脂。

自我诊断与检测

1. 填空题

(1) 发动机润滑系统具有________、________、________、________和________五大作用。

(2) 发动机各运动部件的润滑方式有________、________、________三种。

(3) 机油泵按结构分________和________。

(4) 润滑系统主要由________、________、________、________、________和油道等组成。

(5) 现代汽车发动机润滑多采用________与________相结合的综合润滑方式。

(6) 曲轴主轴颈、连杆轴颈及凸轮轴颈等负荷较大的摩擦表面采用________；负荷较轻的气缸壁面和配气机构的凸轮、挺柱、气门杆、摇臂等采用________；水泵及发电机轴承采用________。

(7) 一般润滑系统中装有几个不同滤清能力的滤清器，包括________、________和________。

2. 选择题

(1) 压力润滑用于载荷及相对运动速度很大的摩擦表面，如(　　)。

A. 活塞环与缸壁　　B. 主轴承与连杆轴承、凸轮轴轴承

C. 凸轮与气门挺柱　　D. 摇臂头与气门导管

(2) 齿轮式机油泵进油腔的特点是(　　)。

A. 压力高、油腔大　　B. 压力低、油腔小

C. 压力低、油腔大　　D. 压力高、油腔小

(3) 如果机油进入发动机的燃烧室,则发动机排放出气体的颜色将呈(　　)。

A. 黄色　　B. 白色　　C. 灰色　　D. 蓝色

(4) 机油滤清器的作用是滤除机油中的(　　)。

A. 各种杂质和胶质　　B. 水和杂质

C. 胶质和汽油　　D. 柴油和杂质

(5) 配气机构的凸轮和挺柱等采用的润滑方式是(　　)。

A. 压力润滑　　B. 飞溅润滑　　C. 定期润滑　　D. 综合润滑

文件名称：新型汽车发动机
文件类型：DOCX
文件大小：200KB

单元3

汽车底盘

3.1 汽车传动系统

知识目标：

(1) 掌握汽车底盘的总体构造；

(2) 掌握传动系统各组成部分的功用、组成、类型及工作情况；

(3) 了解自动变速器的组成及工作特点。

能力目标：

能根据传动系统的动力传递情况，分析出车辆的整体布置形式以及基本性能。

学习内容

汽车底盘由汽车传动系统、行驶系统、转向系统和制动系统四部分组成，如图 3-1 所示。功用是接受发动机的动力，使汽车运动并按照驾驶员的操纵正常行驶。

3.1.1 概述

1. 传动系统的作用

传动系统的作用是将发动机发出的动力传给驱动车轮，并改变扭矩的大小，保证汽车在不同使用条件下能正常行驶，且具有良好的动力性和燃油经济性。为此，传动系统应具备如下作用。

(1) 改变车速。

(2) 实现汽车倒驶。

(3) 必要时中断动力传递。

(4) 差速。

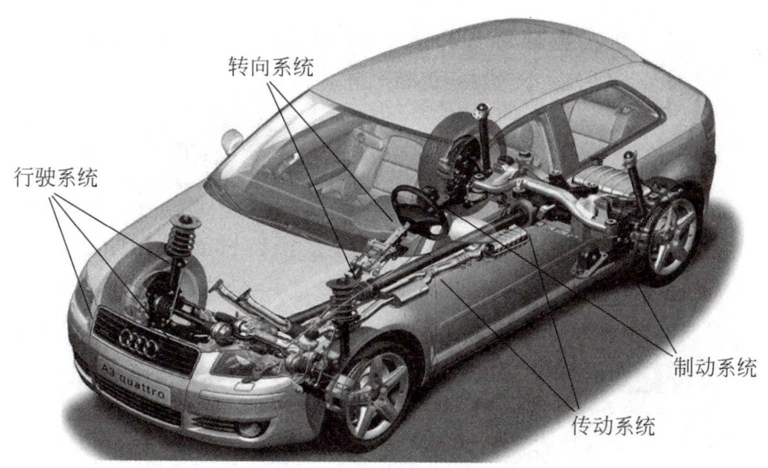

图 3-1 汽车底盘的组成

2. 传动系统的分类

(1) 按结构和传动介质，传动系统分为机械式、液力机械式、静液式和电力式。

① 机械式主要由离合器、变速器、万向节、传动轴、主减速器、差速器和半轴等组成，如图 3-2 所示。

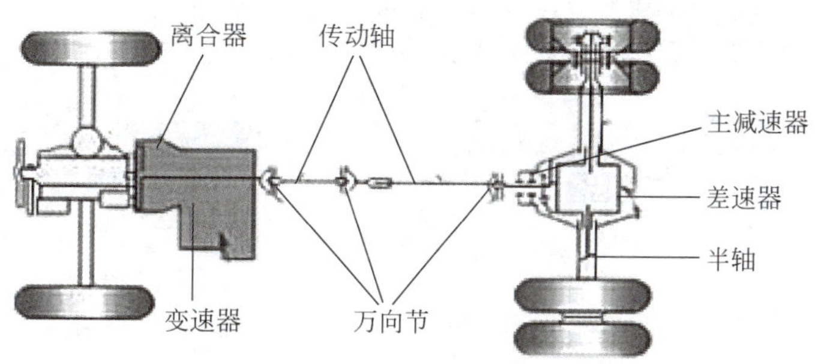

图 3-2 机械式传动系统示意图

② 液力机械式是组合运用液力传动和机械传动，以液力机械变速器取代机械传动系统的摩擦式离合器和普通齿轮式变速器，其他组成部件及布置形式均与机械式传动系统相同，如图 3-3 所示。

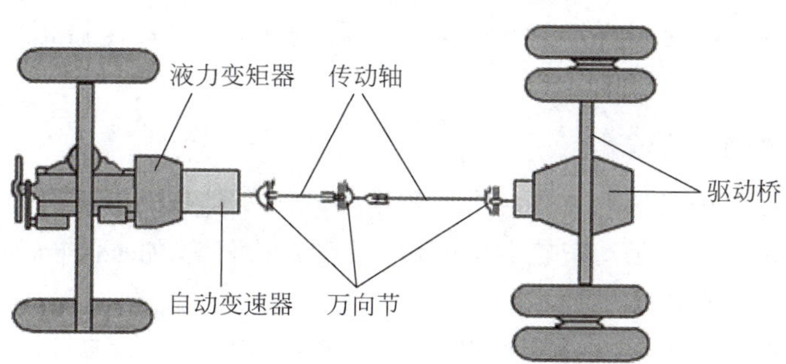

图 3-3 典型液力机械式传动示意图

③ 静液式通过发动机驱动高压油泵，使受压液体通过控制阀、管路进入液压电动机，从而驱动车轮，如图 3-4 所示。

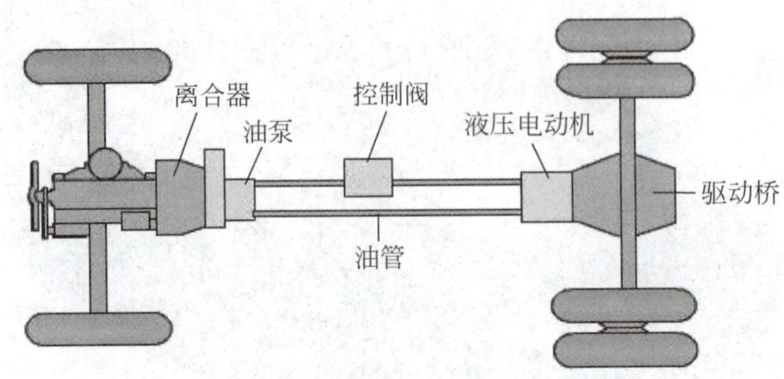

图 3-4 静液式传动系统示意图

④ 电力式是由发动机驱动发电机发电，再由电动机对驱动桥进行驱动，或由电动机直接对带有减速器的驱动轮进行驱动，如图 3-5 所示。

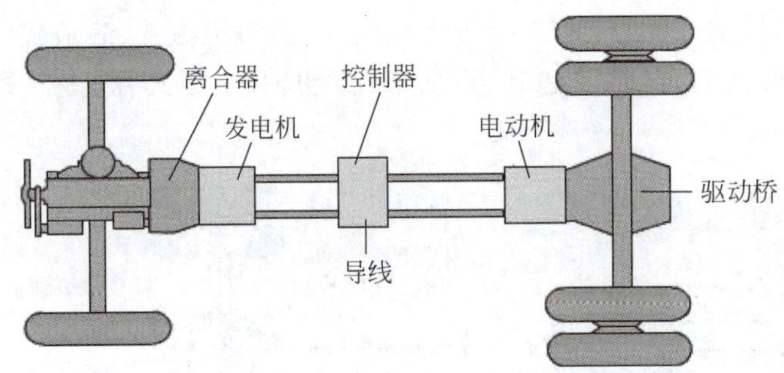

图 3-5 电力式传动系统示意图

(2) 按传动比变化，传动系统分为有级传动系统和无级传动系统。

① 有级传动系统是指仅有若干个一定数值传动比的传动系统。

② 无级传动系统是指传动比能在一定范围内按无限多级进行变化的传动系统，如液压式传动系和电力式传动系统。

(3) 按传动比的变换方式，传动系统分为强制操纵式、自动操纵式和半自动操纵式。

3. 传动系统的组成

机械传动系统一般由离合器、变速器、万向传动装置、主减速器、差速器和半轴等组成，如图 3-6 所示。

4. 传动系统的布置形式

汽车传动系统的布置形式主要与汽车驱动形式和发动机的安装有关。汽车的驱动形式通常用汽车车轮总数×驱动车轮数来表示，根据驱动车轮数的不同，汽车驱动可以分为 4×4、4×2 两种驱动形式。

常见汽车传动系统主要有发动机前置前轮驱动(FF 型)、发动机前置后轮驱动(FR 型)、发动机后置后轮驱动(RR 型)、四轮驱动(4WD)以及发动机中置后轮驱动(MR 型)

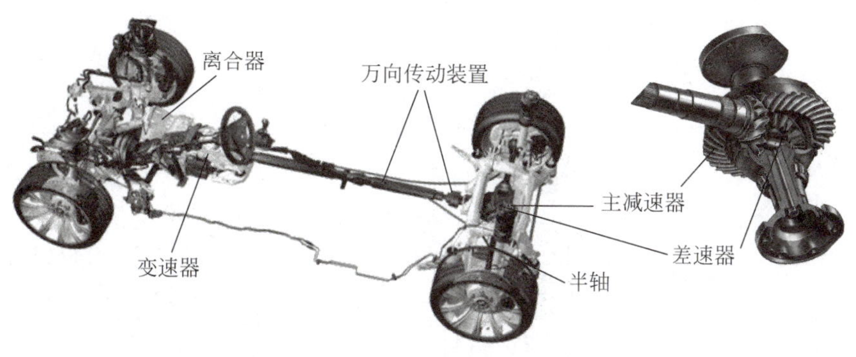

图 3-6 传动系统的组成

等几种布置形式，本书已在第一部分内容中介绍，此处不再赘述。

3.1.2 离合器

离合器位于发动机与变速器之间的飞轮壳内，通过螺栓固定在飞轮后平面上，用来分离或接合前后两者之间的动力联系，如图 3-7 所示。

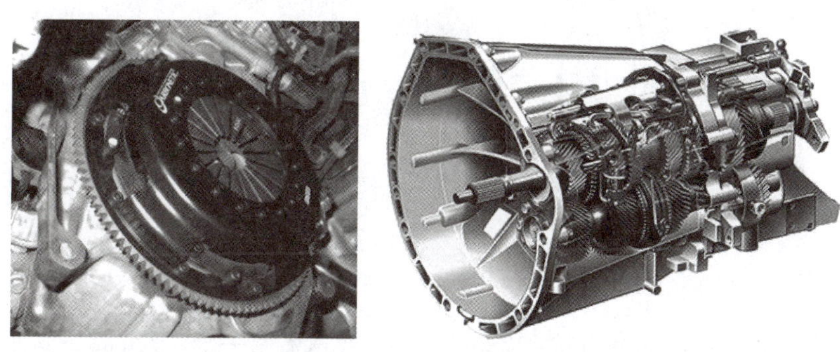

图 3-7 离合器

1. 功用

(1) 使汽车平稳起步。
(2) 便于变速器换挡。
(3) 防止传动系统过载。

离合器的结构形式有多种，按传递扭矩的方式不同可分为摩擦式、液力式和电磁式。目前应用最广泛的是摩擦式离合器。

2. 摩擦式离合器

1) 组成

摩擦式离合器通常由主动部分、从动部分、压紧装置和操纵机构四部分组成。具体组成部件如图 3-8 所示。

(1) 主动部分。主动部分由飞轮、离合器盖、压盘等组成。离合器盖用螺栓固定于飞轮后端面，压盘通过传动片与离合器盖相连，可做轴向移动，如图 3-9 所示。

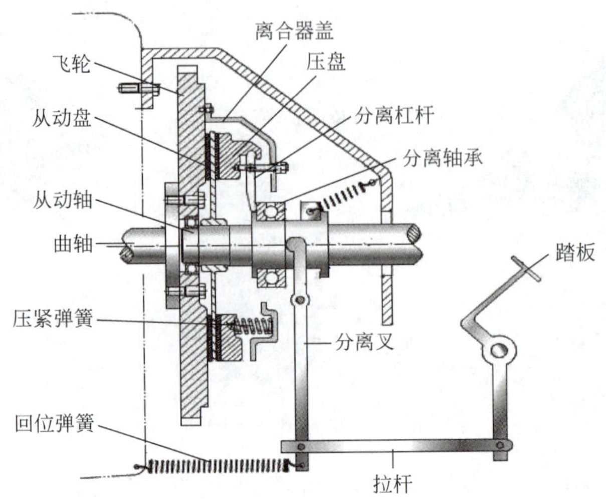

图 3-8 摩擦式离合器

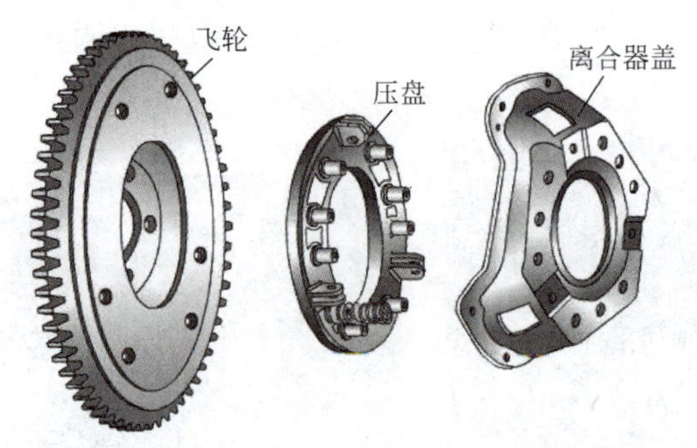

图 3-9 主动部分

(2) 从动部分。从动部分由从动盘和从动轴(变速器第一轴)等组成。双面带摩擦衬片的从动盘安装在压盘和飞轮之间,通过花键套安装在变速器第一轴上,其结构组成如图 3-10 所示。

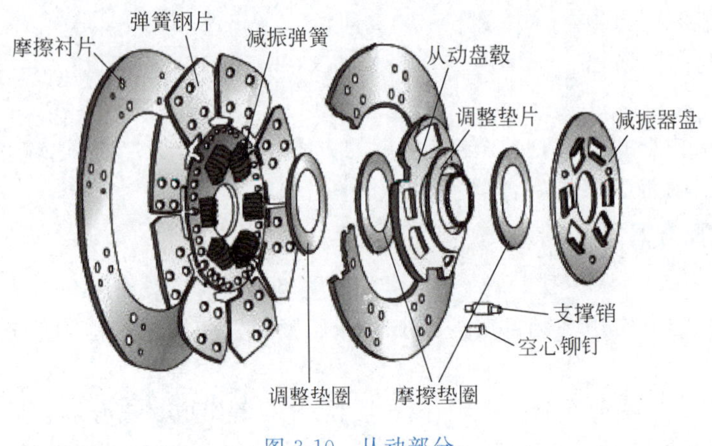

图 3-10 从动部分

(3) 压紧装置。压紧装置由若干压紧弹簧组成，安装在压盘与离合器盖之间，沿周向均匀分布，如图 3-11 所示。

(4) 操纵机构。操纵机构由分离杠杆、分离轴承、分离叉、回位弹簧、拉杆、踏板等组成，如图 3-12 所示。分离杠杆中部铰接在离合器盖的支架上，外端铰接在压盘上。分离轴承压装在分离套筒上，分离套筒安装在变速器第一轴轴承盖上。

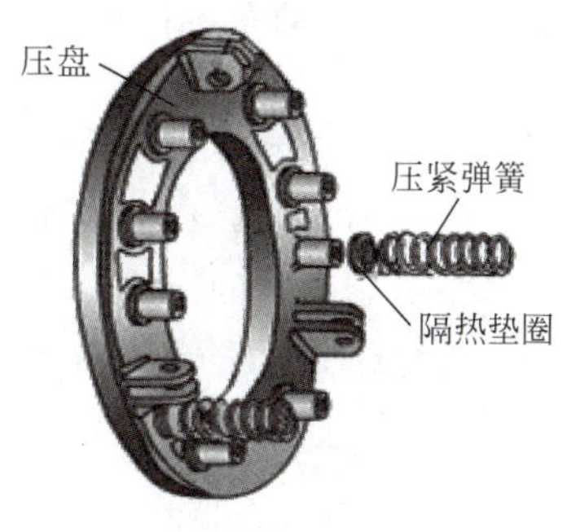

图 3-11 压紧装置

2) 工作原理

(1) 离合器接合。一般情况下离合器处于接合状态，如图 3-13(a)所示。发动机工作时，飞轮带动离合器盖和压盘旋转，在压紧弹簧的作用下，从动盘摩擦衬片紧压在飞轮和压盘之间，产生摩擦力矩，通过从动盘带动变速器第一轴一起旋转。

(2) 离合器分离。如图 3-13(b)所示，踩下离合器踏板，通过一些联动件使分离轴承前移，压在分离杠杆内端，使分离杠杆外端带动压盘后退，压缩压紧弹簧，使从动盘与飞轮、压盘分离，动力传递中断。

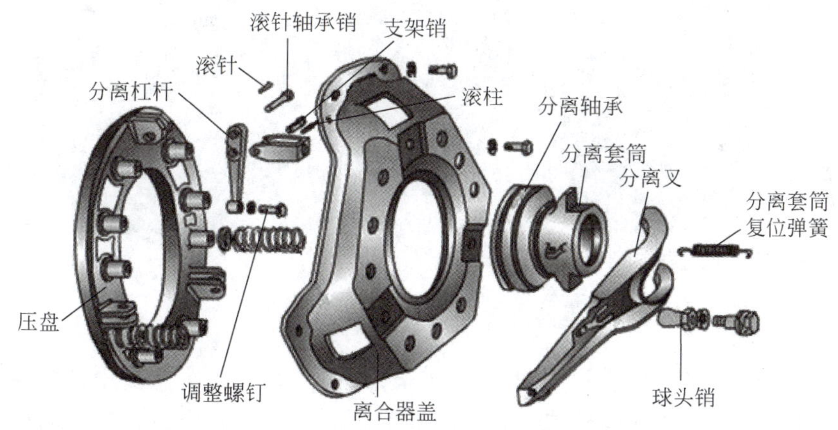

图 3-12 操纵机构

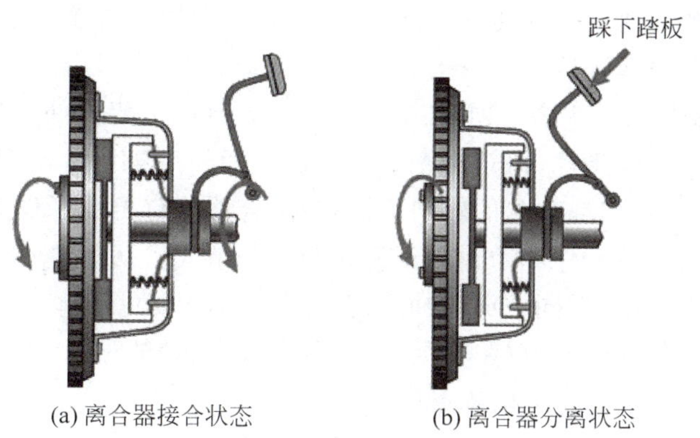

(a) 离合器接合状态 (b) 离合器分离状态

图 3-13 摩擦式离合器的工作原理示意图

（3）汽车起步。当驾驶员缓慢放松离合器踏板时，通过联动件使作用在压盘上的拉力逐渐减小，在压紧弹簧的作用下，从动盘与飞轮、压盘的接触逐渐增加，摩擦力矩逐渐增大，当大于汽车传动系统作用在从动盘上的阻力矩时，从动盘与飞轮等速转动，汽车起步。

3）类型

摩擦式离合器按不同方式可分为以下不同类型。

（1）按从动盘的数目分为单片式和双片式。

（2）按压紧弹簧的形式分为多簧式、中央弹簧式和膜片弹簧式。

（3）按操纵方式分为机械式、液压式和气压式。

3. 典型摩擦式离合器

1）膜片弹簧离合器

以桑塔纳 2000 型乘用车为例，如图 3-14 所示，该车采用的是膜片弹簧压紧，传动片传动，带有轴向缓冲和扭转减振器的单片摩擦式离合器。

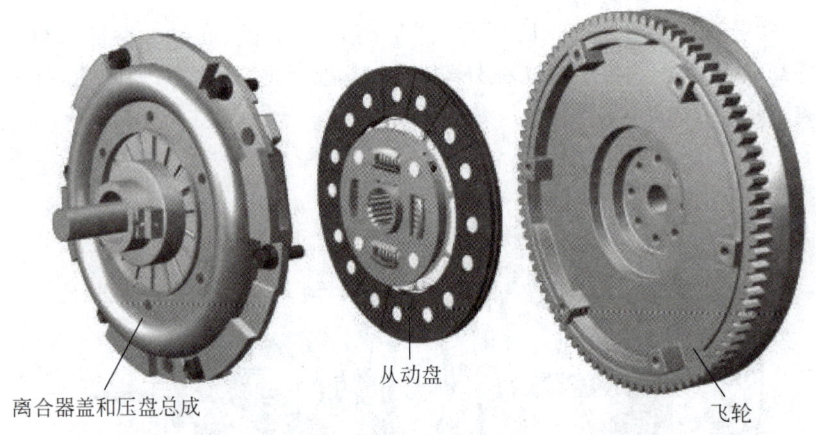

图 3-14 膜片弹簧离合器

（1）离合器盖和压盘总成。如图 3-15 所示，离合器盖和压盘总成中的压紧弹簧是一个薄钢板弹簧制成的碟形膜片弹簧，靠中心部分开有若干径向切口，形成弹性分离指端。膜片弹簧两端有钢丝支撑圈，通过铆钉固定于离合器盖，形成膜片弹簧工作支点。

压盘与离合器盖通过弹性传动片连接，传动片一端用铆钉铆接于离合器盖，另一端用铆钉连同分离拉钩一起铆接在压盘上。

（2）从动盘及扭转减振器。如图 3-16 所示，从动盘主要由两块摩擦衬片、从动盘本体及与之铆接的波形弹簧片、扭转减振器等组成。两块摩擦衬片分别铆接在波形弹簧片的波峰和波谷上，以增加从动盘的轴向弹性，使离合器接合更加平稳柔和。

扭转减振器由弹性元件和摩擦阻尼元件两部分组成。从动盘本体和花键盘毂通过减振弹簧弹性连接在一起，共同构成缓冲机构，盘毂夹在从动盘本体和减振盘之间，两侧同时还夹有两个环状的摩擦垫圈（阻尼元件），用以衰减振动能量。

（3）膜片弹簧离合器的结构特点如下。

① 利用一个膜片弹簧代替了压紧弹簧和分离杠杆，使机构更简单。

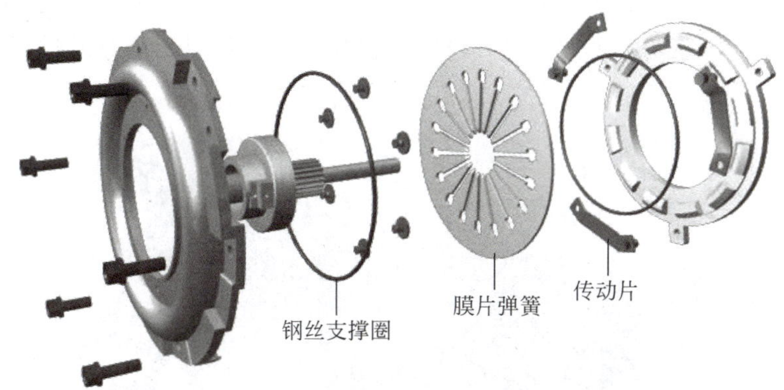

图 3-15 膜片弹簧离合器盖和压盘总成

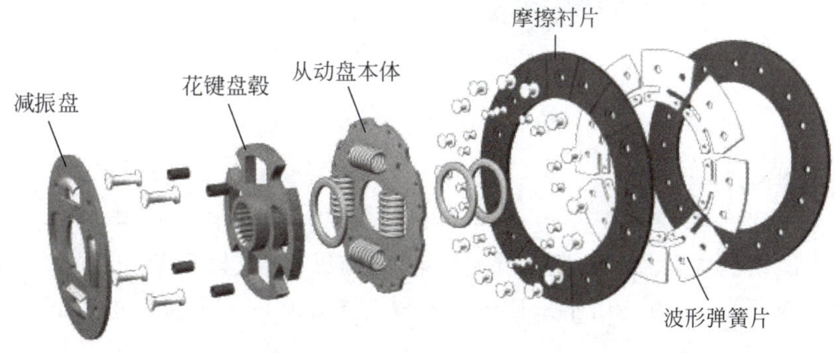

图 3-16 从动盘及扭转减振器

② 膜片弹簧工作中的压紧力几乎不受转速影响,具有高速时压紧力稳定的特点。

③ 膜片与压盘接触面积大,压力分布均匀,压盘不易变形,接合柔和,分离彻底。

④ 结构简单、紧凑,轴向尺寸小,零件少,质量轻,容易平衡。

2）多簧式离合器

东风 EQ1092 型汽车采用多个螺旋弹簧压紧、传动片传动、从动盘带有轴向缓冲和扭转减振器的单片摩擦式离合器。如图 3-17 所示,其结构和工作原理参看摩擦式离合器。

图 3-17 多簧式离合器

4. 离合器操纵机构

离合器操纵机构的作用是使离合器分离,并使之柔和接合,以适应换挡和汽车起步的需要。离合器操纵机构分为机械式、液压式和气压式,目前广泛应用的是机械式和液压式。

1）机械式操纵机构

如图 3-18 所示,机械式操纵机构通常有杠杆式和绳索式两种。杠杆式操纵机构,结构简单、工作可靠,但杠杆铰接多,中间磨损大,当车身和车架发生变形时，影响其正常工作，一般应用于货车。绳索式操纵机构广泛应用在乘用车和微型货车上。结构简单，便于布置，但拉索磨损较大，工作时受车身或拉杆、拉索变形等影响，会导致行程损失过大。

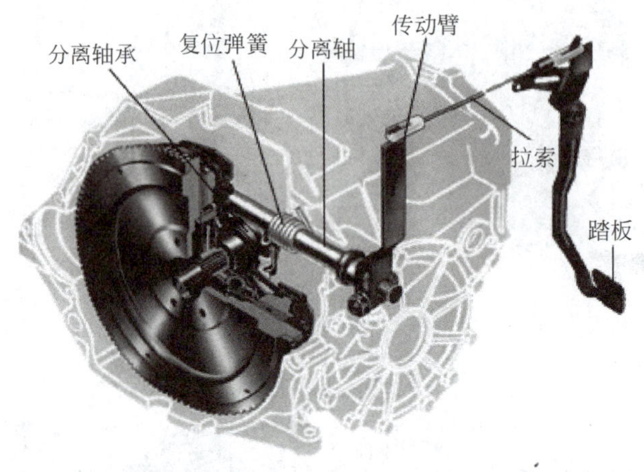

图 3-18　机械式操纵机构

2）液压式操纵机构

桑塔纳 2000 GSi 型乘用车及奥迪系列乘用车的操纵机构均采用液压式，如图 3-19 所示。液压式操纵机构具有摩擦阻力小、质量轻、操纵轻便、接合柔和、布置方便，不受车身车架变形影响等优点，另外由于采用了吊挂式踏板，提高了车身内的密封性，因此应用较广。

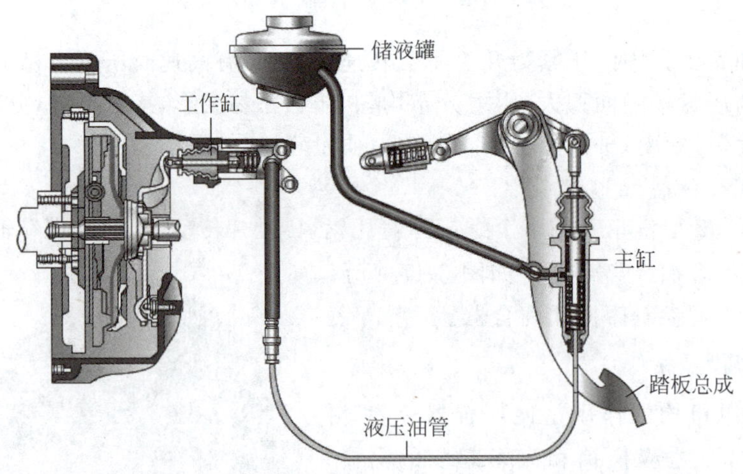

图 3-19　液压式操纵机构

3.1.3　变速器

1. 功用

（1）改变传动比：扩大发动机输出扭矩和转速的变化范围，满足汽车行驶中各种条件下对牵引力和车速的要求，同时使发动机能在较为经济的工况下工作。

(2) 设置倒挡：使汽车在发动机曲轴旋转方向不改变的前提下，能倒向行驶。

(3) 设置空挡：在发动机启动或需怠速运行等情况下，暂时中断向驱动轮的动力传递。

2. 变速器的分类

1) 按传动比的变化方式分

(1) 有级式：变速器具有有限个定值传动比。

(2) 无级式：传动比在一定范围内连续变化。

(3) 综合式：由有级式变速器和无级式变速器共同组成的，其传动比可以在最大值与最小值之间几个分段的范围内作无级变化。

2) 按操纵方式分

(1) 手动变速器：驾驶员直接操纵变速杆来改变齿轮副的啮合，以获得不同的传动比。

(2) 自动变速器：传动比的选择及换挡是由反映发动机负荷和车速的信号系统来控制的，驾驶员只需操纵加速踏板就可以改变车速。

3. 手动变速器的变速变矩原理

如图 3-20 所示，一对齿数不同的齿轮啮合传动时，若小齿轮为主动齿轮，带动大齿轮转动时，转速降低；而若大齿轮带动小齿轮时，转速则升高。这就是齿轮传动的变速原理。

(a) 减速传动 (b) 增速传动

图 3-20 齿轮传动原理示意图

主动齿轮的转速 n_1 与从动齿轮的转速 n_2 之比称为传动比，用 i_{12} 表示，即

$$i_{12} = n_1/n_2$$

由于齿轮传动是逐齿啮合的，因而在相同的时间内，两个齿轮参加啮合的轮齿数必然相等，即 $n_1z_1 = n_2z_2$，则有：

$$i_{12} = n_1/n_2 = z_2/z_1$$

式中，n_1、z_1——主动齿轮的转速、齿数；

n_2、z_2——从动齿轮的转速、齿数。

同理，多级齿轮传动的传动比为

$$i=\frac{\text{所有从动齿轮齿数的连乘积}}{\text{所有主动齿轮齿数的连乘积}}=\text{各级齿轮传动比的乘积}$$

汽车变速器就是根据这一原理，利用若干大小不同的齿轮副传动来实现变速。其某一挡位的传动比就是这一挡位各级齿轮传动比的连乘积。

由于 $i=\frac{n_{入}}{n_{出}}=\frac{M_{出}}{M_{入}}$（$M$表示转矩），可见传动比既是变速比又是变矩比。降速则增矩，增速则降矩。汽车变速器就是利用这一关系，在输入轴输入功率不变的前提下，通过改变不同齿数齿轮副的啮合来改变输出轴的扭矩和转速的关系。

4. 齿轮变速器的基本组成

汽车上广泛采用齿轮传动的变速器，如图 3-21 所示。

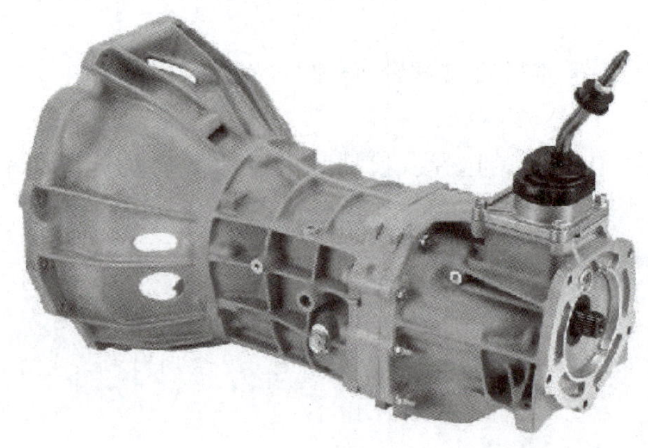

图 3-21 齿轮式变速器

齿轮式变速器由变速传动机构和变速操纵机构两部分组成。变速传动机构主要由壳体、输入轴、输出轴、中间轴、倒挡轴、各挡齿轮和轴承等组成，其作用是改变扭矩和转速的传动比及方向；变速操纵机构主要由盖、操纵装置、自锁装置、互锁装置和倒挡保险装置等组成，其作用是实现变速器传动比和转向的变化，即完成换挡操作。

1）变速传动机构

普通有级式变速器，其变速传动机构有二轴式和三轴式两种。

(1) 二轴式变速器。在汽车传动系统中，对于采用发动机前置前轮驱动或发动机后置后轮驱动的汽车，由于受到总体布局的影响，一般广泛采用二轴式变速器。

桑塔纳 2000 型乘用车采用五挡手动机械式变速器，如图 3-22 所示，它由壳体、输入轴、输出轴、倒挡轴及轴上齿轮组成。除倒挡外，所有前进挡均为斜齿常啮合齿轮传动，故传动效率高。采用同步器换挡，使换挡迅速、操纵轻便，同时减少了接合时的冲击和噪声。

(2) 三轴式变速器。对于客车或中、重型货车，在传动系统中，要求输出更大的扭矩和实现较大的速度变动范围，一般广泛采用三轴式变速器，如图 3-23 所示。与二轴式变速器相比，在相同径向尺寸下可获得较大的传动比，并可获得直接挡，此时变速器传动效率高。

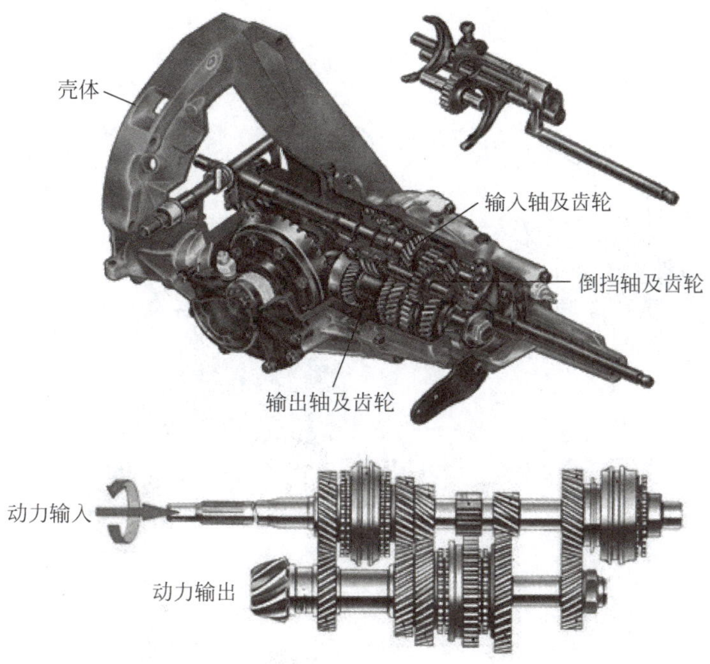

图 3-22 桑塔纳 2000 二轴式变速器

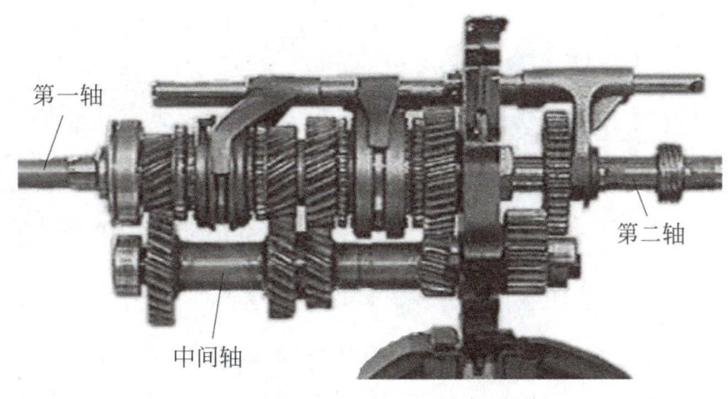

图 3-23 三轴式变速器

东风 EQ1092 型汽车采用三轴式五挡手动机械式变速器，有五个前进挡和一个倒挡，由壳体、输入轴、中间轴、输出轴、倒挡轴、各轴上齿轮及轴承等组成。

2）变速操纵机构

齿轮式变速器一般采用机械式操纵机构，由操纵装置和锁止装置组成。可分为直接拨动式和远距离操纵式两类，如图 3-24 所示。

为了保证变速器的操纵机构能准确、安全可靠地工作，对操纵机构有以下几点性能要求：变速器不应自行脱挡或自行挂挡，同时应保证挂挡传动时，轮齿、接合套或同步器的接合套花键以全齿进行啮合（由自锁装置来保证）；变速器工作中不应同时挂入两个挡位（由互锁装置来保证）；防止误挂倒挡（由倒挡锁来保证）。

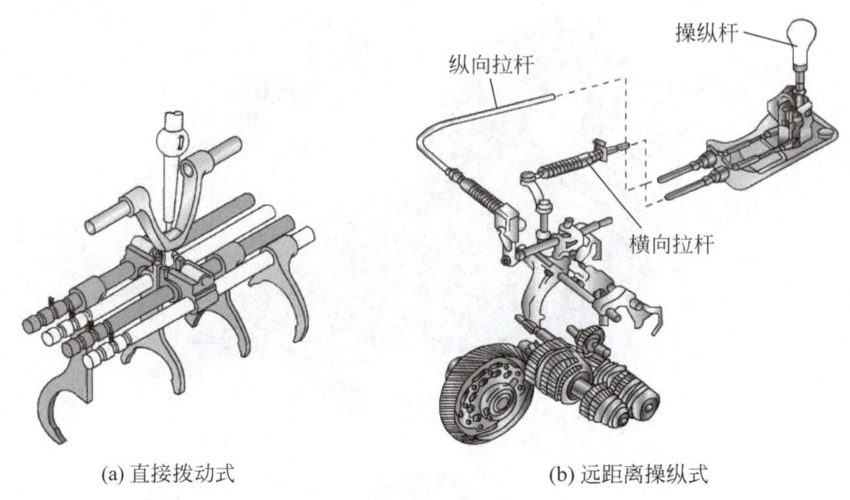

图 3-24 变速操纵机构

(1) 操纵装置。由内、外操纵机构两部分组成,具体组成部件如图 3-25 所示。

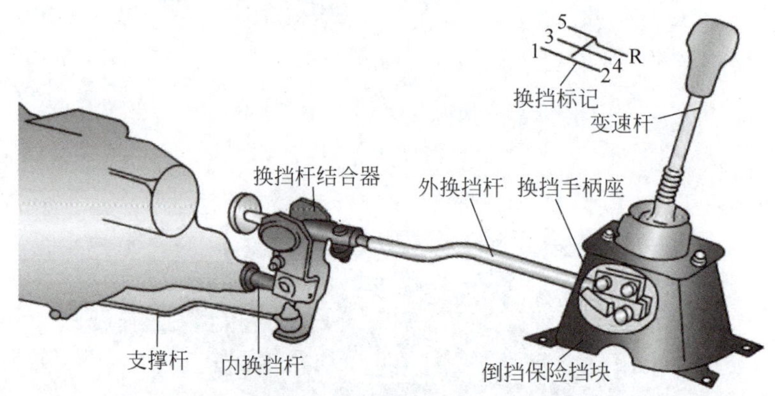

图 3-25 桑塔纳 2000 型轿车五挡变速器远距离操纵机构的组成

(2) 锁止装置。包括自锁装置、互锁装置和挡锁装置。

① 自锁装置:由自锁钢球和自锁弹簧等组成,如图 3-26 所示。保证变速器不自行挂挡或自行脱挡。

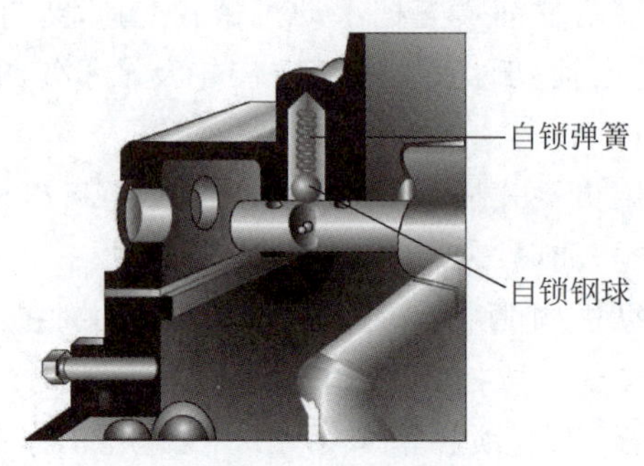

图 3-26 自锁装置

② 互锁装置：由互锁钢球、互锁销等组成，如图 3-27 所示。防止变速器在工作中同时挂上两个挡位。

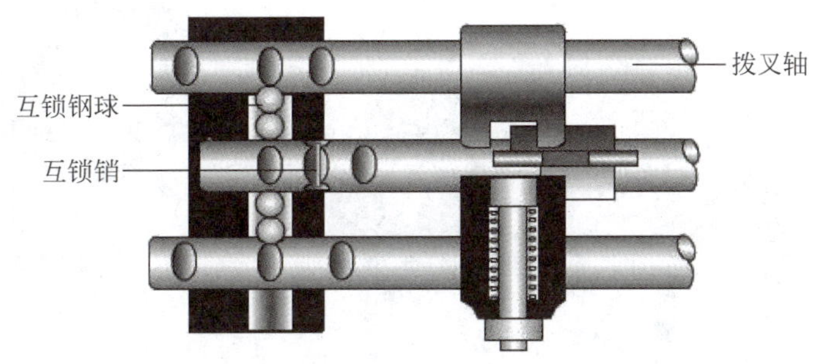

图 3-27 互锁装置

③ 挡锁装置：由倒挡锁销、倒挡锁弹簧等组成，如图 3-28 所示。防止变速器误挂倒挡。

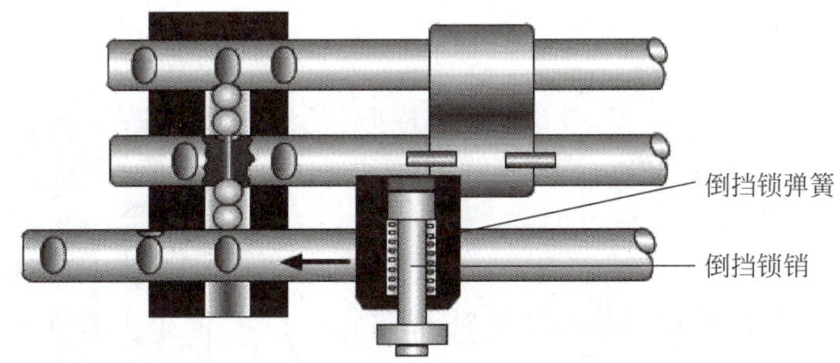

图 3-28 倒挡锁装置

5. 同步器

1）作用

使接合套与待接合齿圈之间能迅速同步；阻止在同步之前轮齿进行啮合；防止产生接合齿圈之间的冲击；缩短换挡时间，迅速完成换挡操作；延长齿轮寿命。

2）分类

目前同步器几乎都采用摩擦式同步装置，按工作原理可分为常压式、惯性式和自动增力式三类。其中，惯性式同步器应用广泛，根据其锁止机构的不同，分为锁环式和锁销式两种。

轿车和轻、中型货车的变速器广泛采用锁环式惯性同步器。它主要由同步器齿毂、接合套、锁环、滑块、弹簧圈等组成，如图 3-29 所示。

锁环式同步器结构多种多样，但工作原理相同，如图 3-30 所示，当同步开始时，拨叉推动接合套、滑块、锁环移动，变速齿轮带动锁环相对于接合套转过一个角度，使滑块位于锁环缺口一侧。在惯性力矩作用下，锁环与接合套齿始终抵触，锁环阻止接合套继续移动，有效防止同步前强行啮合。在变速杆推力作用下，锁环与齿轮锥面压紧，摩擦力矩增大，两者迅速同步。同步后，惯性力消失，锁环退转一个角度，使滑块位于缺口中央，接合套先与锁环齿啮合，然后再与变速齿轮啮合，从而顺利挂上挡位。

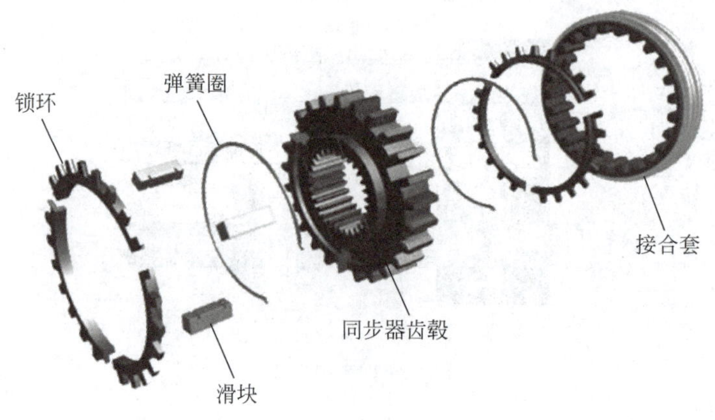

图 3-29 锁环式惯性同步器

6. 自动变速器

1）功用

根据行驶阻力的变化，在一定范围内自动地、无级地改变传动比和扭矩比，而不再需要手动变速器和离合器参与变速。

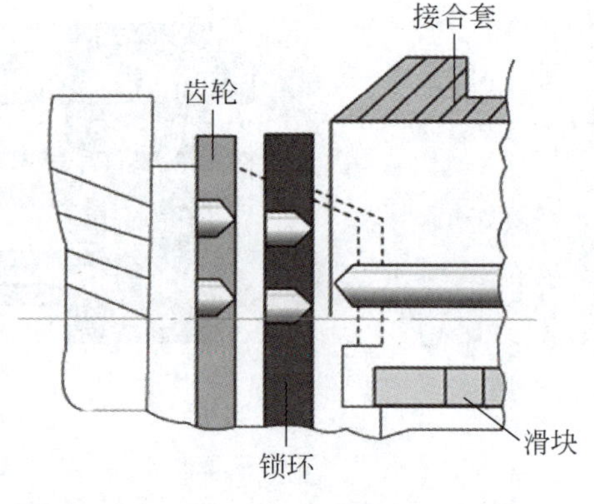

图 3-30 锁环式惯性同步器工作原理

2）特点

（1）汽车起步更加平稳，乘坐舒适性有效提高。

（2）能以很低的车速稳定行驶，在不良路面上的通过性提高。

（3）能自动适应行驶阻力的变化，在一定范围内进行无级变速，汽车的动力性和平均车速均有效提高。

（4）换挡操作明显减少，有利于汽车行驶的安全性。

（5）以液体作为液力传动的工作介质，可以减轻传动系统承受的动载荷，因而提高了有关部件和零件的使用寿命。

（6）结构复杂，成本较高。

3）分类

（1）按传动比变化方式分为有级式、无级式、综合式。

（2）按汽车的驱动方式分为后驱自动变速器、前驱自动变速器。

（3）按变速系统的控制方式分为液控液力自动变速器、电控液力自动变速器。

4）液力机械自动变速器

液力机械自动变速器通常由液力变矩器、机械式变速器、液力系统、控制系统及操纵装置等组成。

（1）液力变矩器，如图 3-31 所示，位于自动变速器最前端，通过螺栓与发动机相连，作用是利用液体传动的原理，将发动机的动力传至自动变速器输入轴，并且能在发动机转速不变的前提下，输出不同的转矩，以适应汽车行驶的需要。

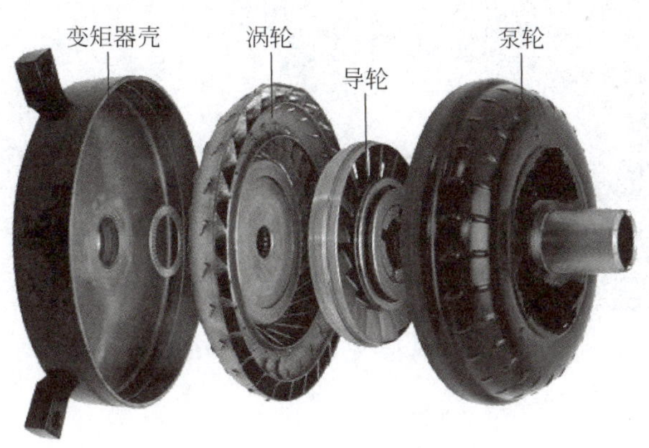

图 3-31 液力变矩器

（2）机械式变速器。行星齿轮机构是自动变速器的重要组成部分之一，如图 3-32 所示，主要由太阳轮（中心轮）、齿圈、行星架和行星齿轮等元件组成。

图 3-32 行星齿轮机构

（3）液力系统。液力系统一般由供油部分、执行机构和冷却系统组成。供油部分由油泵、调压阀、安全阀、滤清器组成，为自动变速器正常工作提供具有一定压力的液压油；执行机构通过离合器、制动器、单向离合器三种执行元件约束行星齿轮机构进行挡位变换；而冷却机构则实现正常油温的保持，保证自动变速器的正常工作，提高其使用寿命。

（4）控制系统。有液力式和电液式两种。电液式由于换挡时刻准确、工作性能稳定、控制功能强大，故被广泛采用，一般由阀板总成、液压管路以及一套电子控制装置组成。

（5）操纵装置。由选挡手柄、换挡阀及联动件组成，如图 3-33 所示。通过选挡手柄改变换挡阀的位置，从而实现对自动变速器挡位变换的控制。通常自动变速器通过选挡手柄可实现 3 个前进挡（L 或 1、S 或 2、D）、1 个倒挡（R）、1 个空挡（N）和 1 个驻车挡（P）的控制。

图 3-33 自动变速器挡位设置

其中各挡位功能如下。

P 挡：当手柄在此位置时，变速器输出轴锁止。车轮不能转动，防止汽车移动。同时，换挡执行机构使变速器处于空挡位置，此时，可启动发动机。

R 挡：当手柄在此位置时，变速器的输出轴转动方向与输入轴转向相反，倒车。

N 挡：当手柄在此位置时，变速器处于空挡位，与 P 挡时相同，但输出轴不锁止，汽车可移动，此挡可启动发动机。

D 挡：这是一般驾驶常用的挡位，当手柄在此位置时，变速器可从 1 挡到最高挡自动变换。液力式或电液式的系统都是根据车速、节气门开度等因素变化，按换挡规则自动换挡。

S 挡：当手柄在此位置时，自动变速器控制系统将限制前进挡的变换范围，只能在 1 挡←→2 挡(或 3 挡)间变换(有的 S 位只锁定 2 挡，具有发动机制动功能)。这样可防止汽车在长坡道行驶出现“循环跳挡”，从而减轻变速器摩擦片的加速磨损，此挡适用于长坡道和易打滑路面行驶。

L 挡：当手柄在此位置时，自动变速器控制系统将限制前进挡的变换范围，只能在 1 挡←→2 挡变换或只能在 1 挡(被称为强制 1 挡)。具有发动机制动功能，此挡适用于在陡坡或不良路面状况下行驶。

3.1.4 万向传动装置

万向传动装置用于一对在轴线相交且相对位置经常变化的转轴之间传递动力，如变速器与驱动桥之间(图 3-34)，变速器与分动器之间(图 3-35)，转向驱动桥的内、外半轴之间(图 3-36)等。它主要由万向节、传动轴和中间支承组成。安装时必须使传动轴两端的万向节叉处于同一平面，即前端万向节从动叉与后端万向节主动叉在同一平面内。

1. 万向节

万向节是万向传动装置中实现变角度传动的主要部件，它的功用是在轴间夹角及相互位置不断变化的两转轴之间传递动力。

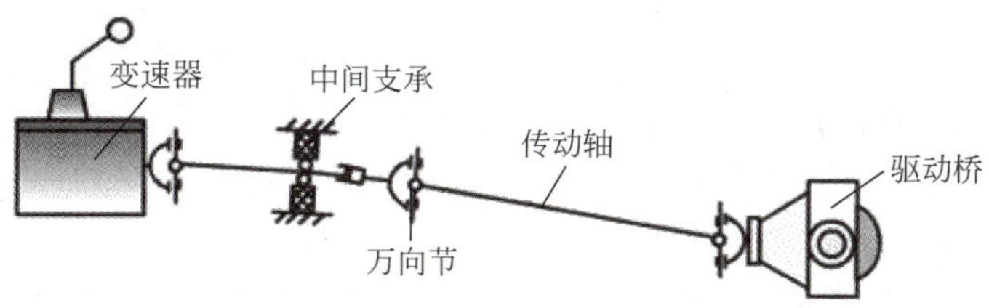

图 3-34　变速器与驱动桥之间

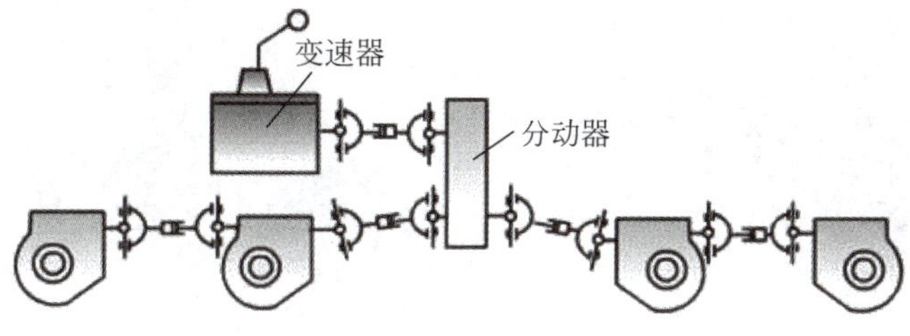

图 3-35　变速器与分动器之间

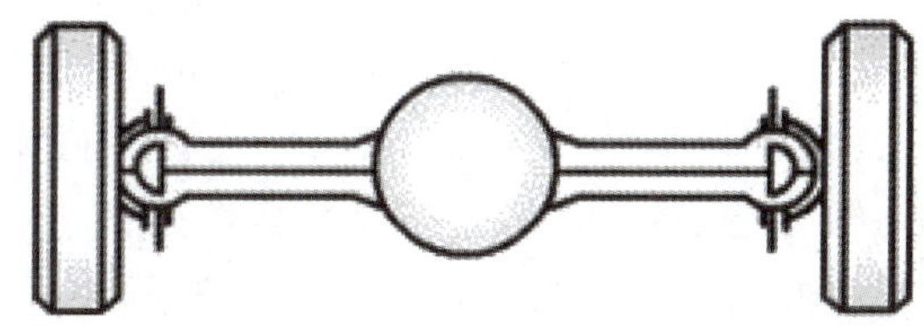

图 3-36　转向驱动桥的内、外半轴之间

万向节分为刚性万向节和挠性万向节两种类型，汽车上普遍采用刚性万向节。根据其输出轴和输入轴轴线夹角大于零时传动的瞬时角速度是否相等，刚性万向节又分为不等速万向节（常用的为十字轴式）和等速万向节（球叉式、球笼式等）。

1）十字轴式万向节

十字轴式万向节结构简单、工作可靠，传动效率高，因此在汽车上应用普遍，允许连接的两轴之间的夹角为 15°～20°。它由万向节叉、十字轴、滚针轴承、油封、油嘴等组成，如图 3-37 示。但这种万向节单个使用在两轴之间有夹角的情况下，其两轴的角速度不相等，将使从动轴及其相连的传动部件产生扭转振动，从而影响零件的使用寿命，因而，汽车上均采用双万向节传动。

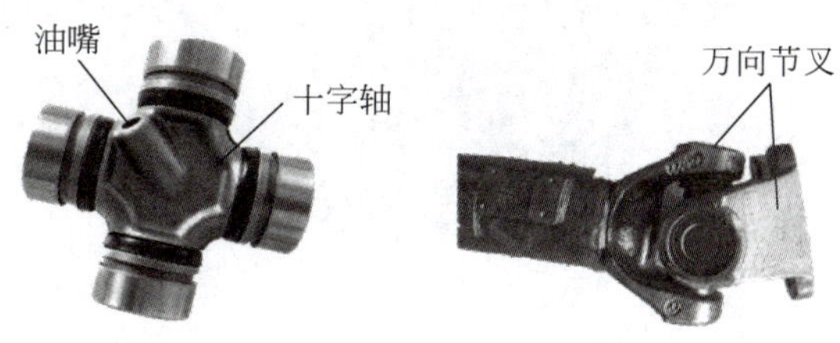

图 3-37　十字轴万向节

2）球叉式万向节

球叉式万向节由主动叉、从动叉、传动钢球和中心钢球组成，如图 3-38 所示。允许在两轴交角不大于 32°时正常工作，由于钢球与凹槽滚道的单位压力大，容易磨损，一般只用于轻型越野车上。

3）球笼式万向节

球笼式万向节由星形套、钢球、保持架（球笼）、球形壳等组成，如图 3-39 所示。工作时，钢球全部参与工作，承载能力强，结构紧凑，拆装方便，允许在两轴交角最大为 42°的情况下传递扭矩，广泛应用于转向驱动桥上。

图 3-38 球叉式万向节

图 3-39 球笼式万向节

2. 传动轴

传动轴是连接变速器（或分动器）与驱动桥的部件。其作用是将变速器（分动器）传来的扭矩传给驱动桥。传动轴有空心轴和实心轴两种，多数是做成空心的。在传动轴的两端分别焊有带花键的轴头和万向节叉。由于传动轴是高速旋转件，因此在传动轴和万向节装配后，要经过动平衡试验，并装配平衡片。平衡后的传动轴总成在叉轴上标有记号，以便拆装时保持两者的相对位置。为适应传动轴工作时长度的变化，通常采用伸缩花键。为了润滑花键齿，需定期加注润滑油。

3.1.5 驱动桥

驱动桥由主减速器、差速器、半轴及桥壳组成，如图 3-40 所示。驱动桥的作用是将万向传动装置传来的动力转过 90°角，改变力的传递方向，并由主减速器降低转速，增大转矩后，经差速器分配给左、右半轴和驱动轮。

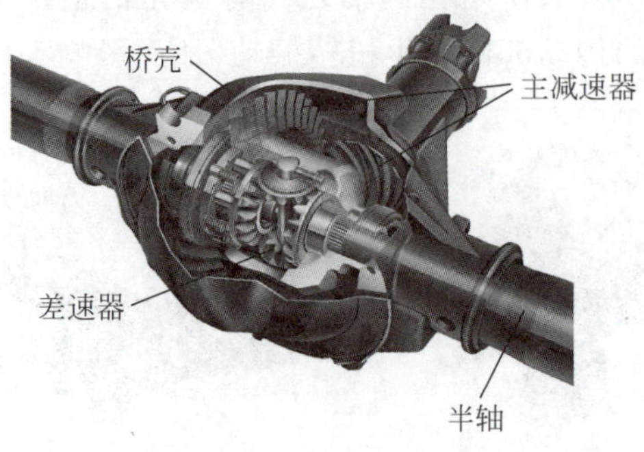

图 3-40 驱动桥的组成

驱动桥按结构形式可分为整体式和断开式两种。整体式驱动桥也称为非断开式驱动桥,如图 3-41 所示。驱动桥壳与主减速器壳刚性地连成一体,通过悬架与车身或车架相连。两侧车轮安装在此刚性桥壳上,半轴与车轮不可能在横向平面内做相对运动。

图 3-41 整体式驱动桥

输入驱动桥的动力首先传到主减速器主动锥齿轮,经主减速器减速后转矩增大,再经差速器分配给左、右两半轴,最后传至驱动车轮。

断开式驱动桥主减速器固定在车架上,而两驱动轮分别与车架采用弹性连接。为了适应驱动轮独立上下跳动的需要,差速器与车轮之间的半轴也要分段,各段之间用万向节连接,如图 3-42 所示。

图 3-42 断开式驱动桥

1. 主减速器

主减速器又称主传动器,它的作用是降低转速,增大转矩。当发动机纵置时还具有改变转矩旋转方向的作用。

主减速器的结构形式,按参加减速传动的齿轮副数目可分为单级主减速器和双级主减速器;按主减速器传动比挡数分,可分为单速主减速器和双速主减速器;按主减速器所在位置分,可分为中央主减速器和轮边主减速器。

1) 单级主减速器

单级主减速器结构简单,体积小,重量轻,传动效率高,一般应用于乘用车和轻中型货车上,如图 3-43 所示。

2) 双级主减速器

双级主减速器如图 3-44 所示。采用双级主减速器,可以获得较大传动比,保证驱动

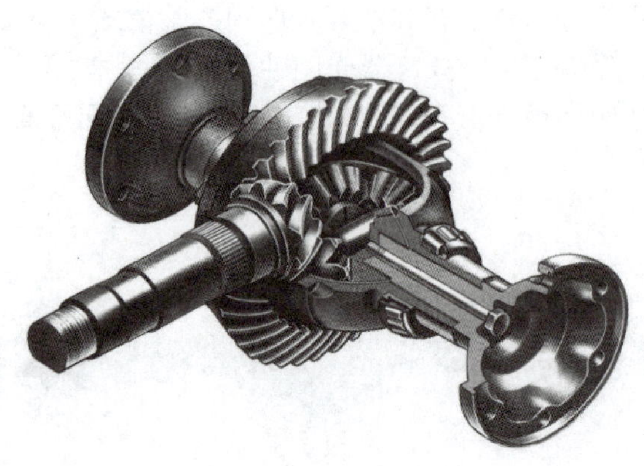

图 3-43 单级主减速器

图 3-44 双级主减速器

桥有足够的离地间隙，并可缩短传动轴的长度。

2. 差速器

差速器的作用是在左、右车轮行驶条件不同时，自动调整左、右驱动车轮以不同的转速旋转，保持车轮的滚动行驶状态。

当汽车转弯行驶时，内、外驱动轮在相同时间内移动的曲线距离不等，如图 3-45 所示，为了保证两侧驱动轮处于纯滚动状态，就必须改用两根半轴分别连接两侧车轮，而由主减速器从动齿轮通过差速器分别驱动两侧半轴和车轮，使它们可以以不同的角速度旋转。

差速器可分为普通差速器和防滑差速器两大类。

1）普通差速器

（1）结构。汽车上广泛采用了对称式锥齿轮普通差速器。它主要由行星齿轮、行星齿轮轴（十字轴）、半轴齿轮和差速器壳等组成，4 个行星齿轮分别套在十字轴轴颈上，如图 3-46 所示。

在中级以下的汽车上，由于驱动车轮的转矩不大，差速器内多用两个行星齿轮。相应

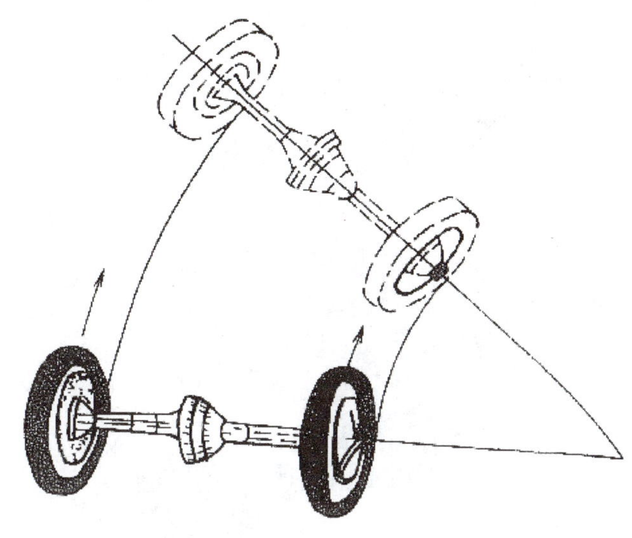

图 3-45 差速器差速行驶示意图

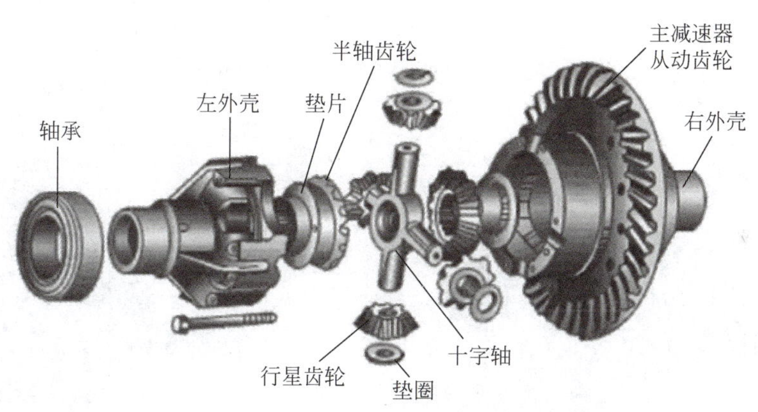

图 3-46 普通差速器(十字轴)

的行星齿轮轴为一根直销轴,差速器壳可以制成开有大窗孔的整体式壳,如图 3-47 所示。

(2) 工作原理。当汽车在平直的路面上直线行驶时,两侧车轮在相同的时间内滚过的距离相等,两驱动轮所受阻力也相同。此时行星齿轮和差速器壳、主减速器从动锥齿轮一起旋转,左、右驱动轮转速相等,差速器不起差速作用,如图 3-48(a)所示。

当汽车转弯时,外轮的行程大于内轮行程。左、右驱动轮所受阻力不同,迫使差速器行星齿轮产生自转。此时,行星齿轮既随差速器公转,又有相对的自转。如图 3-48(b)所示,外轮的转速等于公转加自转,从而使外驱动轮的转速加快,内驱动轮的转速相应减慢,避免了车轮发生滑拖现象。

当一侧驱动轮陷入泥泞中滑转时,另一侧车轮虽然在良好路面上,汽车也不能行驶。这是因为行星齿轮相当于一个以其轴心向两边伸出的等臂杠杆,任何时候它总是将转矩平均分配给左、右半轴。当一侧驱动轮滑转时等于杠杆失去了力点,该侧半轴也就没有了转矩,导致汽车不能行驶。

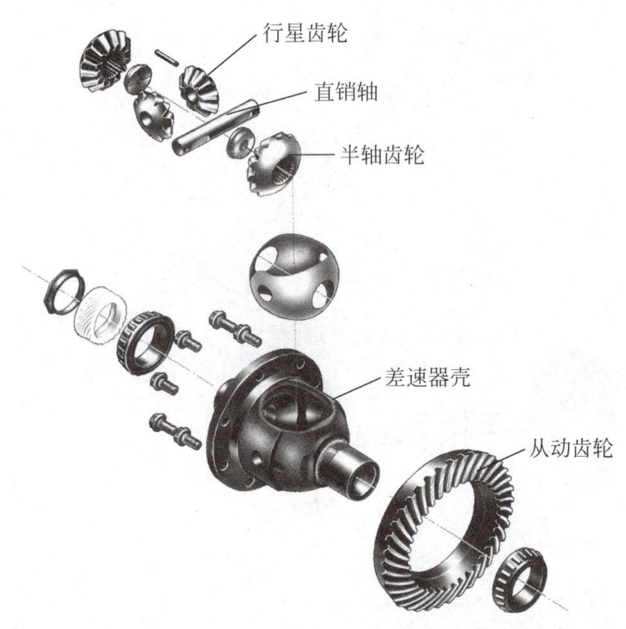

图 3-47 普通差速器(一字轴)

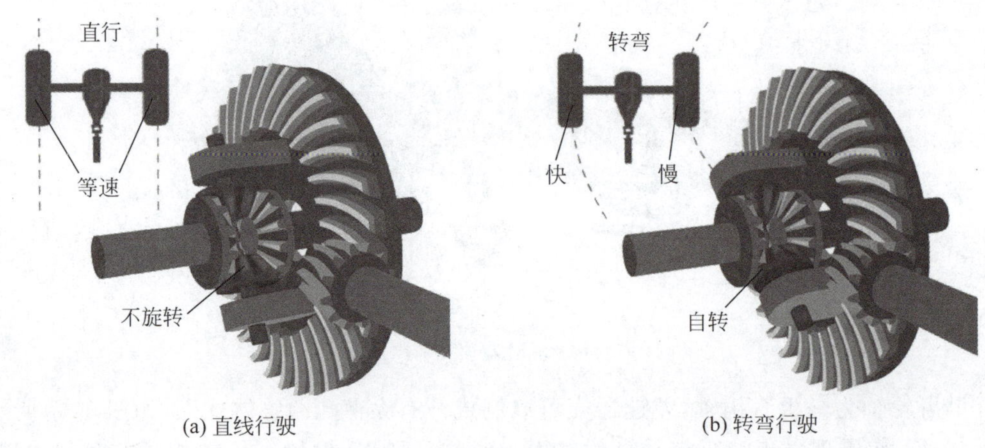

(a) 直线行驶 (b) 转弯行驶

图 3-48 差速器工作原理示意图

2）防滑差速器

防滑差速器如图 3-49 所示。常用的防滑差速器有人工强制锁止式和自锁式两大类。

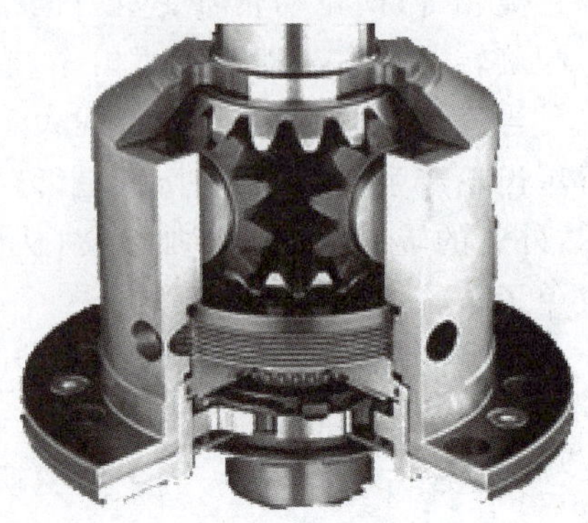

图 3-49 防滑差速器

强制锁止式差速器是在普通差速器上设置差速锁，需要时，由驾驶员操纵差速锁使两半轴成为一个整体，使差速器不起作用，破坏平分扭矩的特性，达到所需的行驶要求。

自锁式差速器在左、右半轴转速不同时，会自动向慢转一方车轮多分配一些扭矩，从而提高汽车的通过性和操纵稳定性。

3. 半轴和桥壳

1）半轴

半轴是在差速器和驱动轮之间传递动力的实心轴。现代汽车多采用全浮式和半浮式两种半轴支承形式。

(1) 全浮式半轴支承。图 3-50 所示为全浮式支承，半轴与桥壳没有直接联系，半轴两端均不承受任何弯矩及反力，故称全浮式。“浮”是指卸除半轴的弯曲载荷而言。全浮式半轴支承广泛应用于各型货车上。

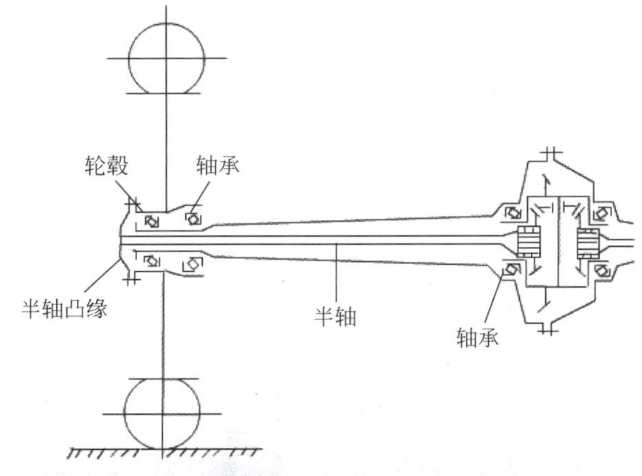

图 3-50　全浮式半轴支承

(2) 半浮式半轴支承。如图 3-51 所示为半浮式支承，半轴内端不承受弯矩，外端却承受全部弯矩，故称为半浮式。半浮式支承结构紧凑，广泛应用于轿车及微、轻型汽车上。

2）桥壳

桥壳一般由主减速器壳和半轴套管组成，如图 3-52 所示。其内部用来安装主减速器、差速器和半轴等；其外部通过悬架与车架相连，两端安装制动底板并连接车轮，承受悬架和车轮传来的各种作用力和力矩。

驱动桥壳可分为整体式桥壳和分段式桥壳两类，如图 3-53 和图 3-54 所示。

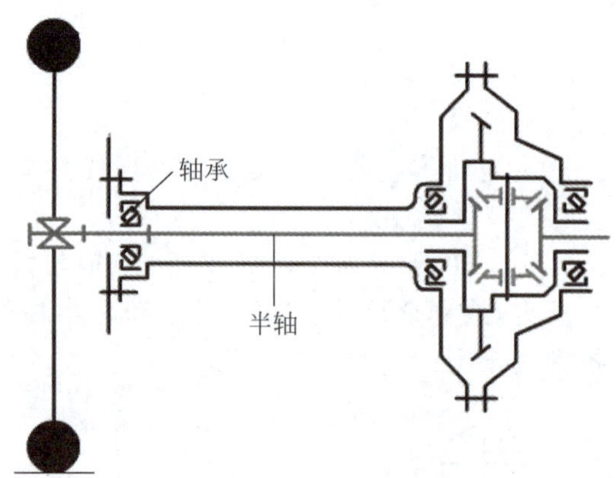

图 3-51 半浮式半轴支承

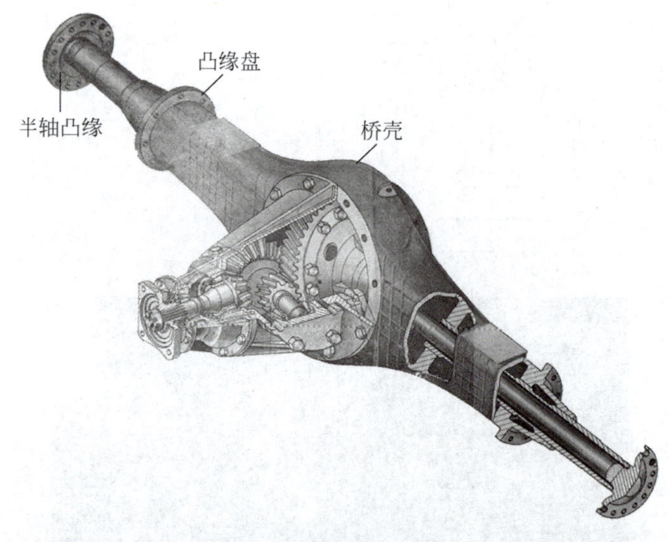

图 3-52 驱动桥壳

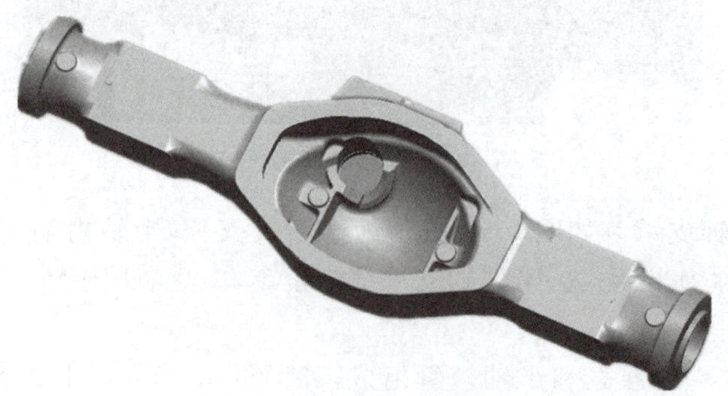

图 3-53 整体式桥壳

图 3-54 分段式桥壳

课堂小结

(1) 汽车底盘主要由传动系统、行驶系统、转向系统和制动系统组成。

(2) 汽车传动系统的基本作用是将发动机发出的动力传给驱动车轮，保证汽车在不同使用条件下能正常行驶，且具有良好的动力性和燃油经济性。

(3) 传动系统主要由离合器、变速器、万向传动装置、主减速器、差速器和半轴等组成。

(4) 离合器的功用：①使汽车平稳起步；②便于变速器换挡；③防止传动系统过载。

(5) 摩擦式离合器通常由主动部分、从动部分、压紧机构和操纵机构四部分组成。

(6) 变速器的功用：改变传动比，设置倒挡，设置空挡。

(7) 万向传动装置的作用是连接不在同一直线上的变速器输出轴和主减速器输入轴，并保证在两轴之间的夹角和距离经常变化的情况下，仍能可靠地传递动力。它主要由万向节、传动轴和中间支承组成。

(8) 驱动桥由主减速器、差速器、半轴及桥壳组成。驱动桥的作用是将万向传动装置传来的动力转过 90°，改变力的传递方向，并由主减速器降低转速，增大转矩后，经差速器分配给左右半轴和驱动轮。

自我诊断与检测

1. 填空题

(1) 汽车底盘由________、________、________和________四大系统组成。

(2) 汽车传动系统的基本作用是将________输出的扭矩传给________，并根据行驶条件的需要而改变________，以保证汽车在不同使用条件下能正常行驶。

(3) 汽车传动系统主要由________、________、________、________、________和________等组成。

(4) 摩擦式离合器由________、________、________和操纵机构四部分组成。

(5) 齿轮式变速器由________和________两部分组成。变速传动机构主要由________、________、________、________、________、________和________等组成；变速操纵机构主要由________、________、________、________和________等组成。

(6) 轿车和轻、中型货车的变速器广泛采用________同步器。它主要由同步器________、________、________、________、________等组成。

(7) 变速器操纵机构的锁止机构中，起防止自动挂挡和脱挡的是________。

(8) 刚性万向节分为________和________。

(9) 液力机械自动变速器通常由________、________、________、________及________等组成。

(10) 行星齿轮机构是自动变速器的重要组成部分之一，主要由________、________、________和________等元件组成。

(11) 通常自动变速器通过选挡手柄可实现________个前进挡、________个倒挡、________个空挡和________个驻车挡的控制。

(12) 万向传动装置主要由________、________和________组成。

(13) 传动轴是连接________与________的部件。

(14) 驱动桥由________、________、________及________组成。

(15) 差速器主要由________、________、________和________等组成。

(16) 半轴是在________和________之间传递动力的实心轴。现代汽车多采用________和________两种半轴支承形式。

2. 选择题

(1) 摩擦式离合器的主、从动件间，利用(　　)传递扭矩。

A. 摩擦力　　B. 电磁力　　C. 液体介质　　D. 离心力

(2) 在离合器中属于主动件的是(　　)。

A. 离合器盖和离合器轴　　B. 飞轮和压盘、离合器盖

C. 飞轮和离合器轴　　D. 离合器轴与从动盘

(3) 膜片式离合器无(　　)。

A. 压盘　　B. 从动盘　　C. 分离杠杆　　D. 滑动套筒

(4) 桑塔纳2000轿车离合器采用(　　)压紧机构。

A. 多簧式　　B. 中央弹簧式　　C. 膜片弹簧式　　D. 复合式

(5) 变速器锁止装置中的自锁装置的作用是防止(　　)。

A. 自动挂挡　　B. 跳挡

C. 同时挂上两个挡　　D. 误挂入倒挡

(6) 直接挡的传动比应(　　)。

A. 大于1　　B. 等于1　　C. 小于1　　D. 随转速而定

(7) 当自动变速器处于(　　)挡时，驻车齿轮被锁止，点火钥匙才可以拔出或插入。

A. D　　B. N　　C. R　　D. P

(8) 汽车转弯行驶时，差速器中的行星齿轮(　　)。

A. 自转　　B. 公转

C. 不转　　D. 边自转边公转

(9) 在驱动轮与差速器半轴齿轮之间传递动力的零件是(　　)。

A. 主减速器　　B. 差速器壳　　C. 半轴　　D. 驱动桥壳

(10) 转向时，内侧驱动轮转得慢，外侧驱动轮转得快是因为(　　)。

A. 驱动桥中装有差速器　　B. 驱动桥中装有差速锁

C. 驱动桥中装有主减速器

D. 驱动桥中装有平衡装置

(11) 全浮式半轴不承受(   )的作用。

A. 转矩

B. 弯矩

C. 反力

D. 转矩、弯矩和反力

3.2 汽车行驶系统

学习目标

知识目标：

(1) 掌握汽车行驶系统的组成、作用；

(2) 了解车架的功用、类型；

(3) 掌握车桥的类型及转向轮定位内容；

(4) 掌握轮胎的类型、规格表示方法；

(5) 掌握悬架的作用、组成。

能力目标：

能正确识别行驶系统各个部件在汽车上的应用。

学习内容

汽车轮式行驶系由车架、车桥、车轮、悬架四部分组成，如图 3-55 所示。其作用是将汽车构成一个整体，支承汽车的总质量；将传动系统传来的转矩转化为汽车行驶的驱动力；承受并传递路面对车轮的各种反力及力矩；减振缓冲，保证汽车平顺行驶；与转向系统配合，正确控制汽车的行驶方向。

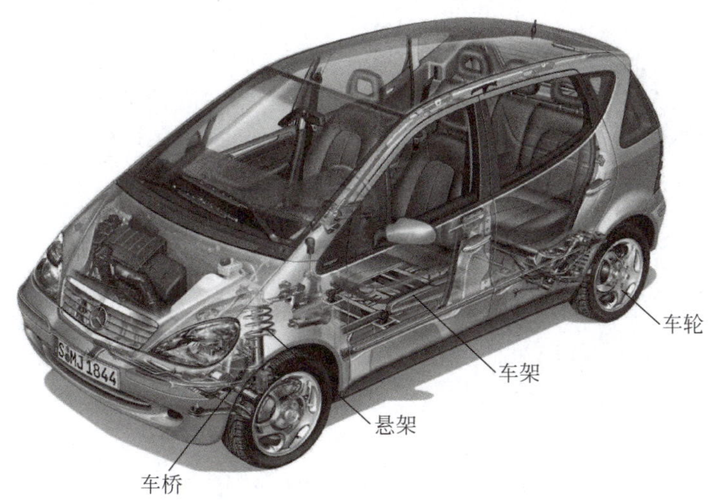

图 3-55 汽车行驶系统的组成

3.2.1 车架

1. 作用

车架是整个汽车的基体，俗称"大梁"。其上装有发动机、变速器和万向传动装置、车桥、车身等总成和部件，并使它们保持正确的相对位置。因此，要求车架既要足够坚固，在各种力的作用下不断裂，又要有适度的韧性，保持变形在允许范围。同时，车架还是整个汽车的公共电极，车架常采用钢材制造而成。

2. 类型

车架按其结构形式不同可分为边梁式车架、中梁式车架、综合式车架和无梁式车架。

1）边梁式车架

图 3-56 所示为边梁式车架，由两根贯穿汽车前后的纵梁为主体，期间与若干根横梁用铆接或焊接或用螺栓相连接的方法相连，形成一个框架。边梁式车架便于安装车身和布置总成，有利于改装变形和发展多品种车型，目前被广泛采用。

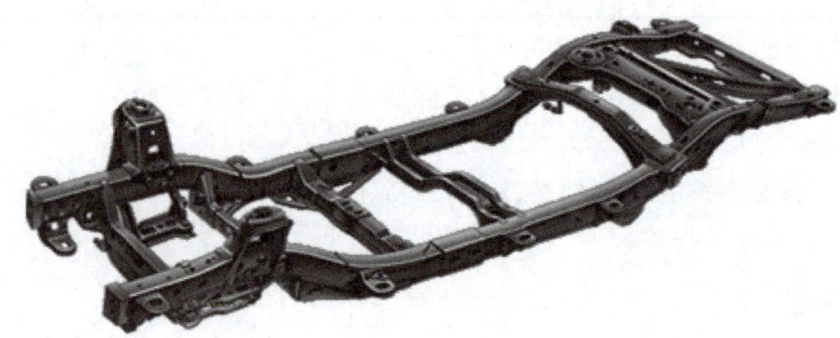

图 3-56 边梁式车架

2）中梁式车架

图 3-57 所示为由一根贯穿汽车纵向的中央纵梁和若干根横向悬伸托架构成的中梁式车架。

图 3-57 中梁式车架

3）综合式车架

综合式车架由边梁式和中梁式车架结合而成，结构制造工艺复杂，目前应用不多。

4）无梁式车架

以车身兼代车架，各总成和零件都安装在车身上，由车身承受作用于车身的各种力和力矩，又称承载式车身，如图 3-58 所示。

图 3-58 无梁式车架

3.2.2 车桥

1. 作用

汽车上所有两端装着车轮的总成都可以称为车桥。车桥的基本作用是安装车轮，承受和传递车架与车轮之间的各种作用力。

2. 类型

按照车桥在车上的位置不同，车桥可分为前桥和后桥；根据其作用不同，又可分为转向桥、转向驱动桥、支持桥三种类型。

1）转向桥

汽车的前桥一般是转向桥，如图 3-59 所示。它除了具有车桥的基本作用以外，还能使装在其上的两车轮发生偏转，实现汽车转向。转向桥主要由前轴、转向节、主销和轮毂四部分组成。

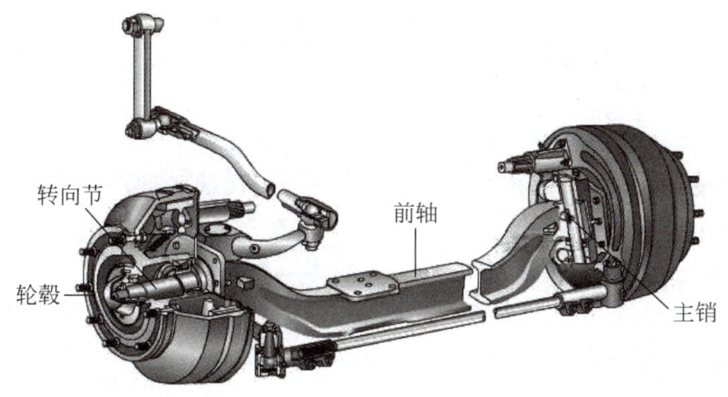

图 3-59 转向桥的组成

2）转向驱动桥

转向驱动桥能够实现转向和驱动两种功能，一般用于全轮驱动的越野汽车。如图 3-60 所示，它同一般驱动桥一样，由主减速器、差速器、半轴和桥壳组成。但由于转向时转向轮需要绕主销偏转一个角度，故与转向轮相连的半轴必须分成两段（内半轴和外半轴），其间用万向节（一般多用等角速万向节）连接，同时主销也因此而分制成两段（或用球头销代替）。转向节轴颈部分做成中空的，以便外半轴穿过其中。

3）支持桥

桑塔纳车型后桥是纵向摆臂式非驱动桥，如图 3-61 所示。

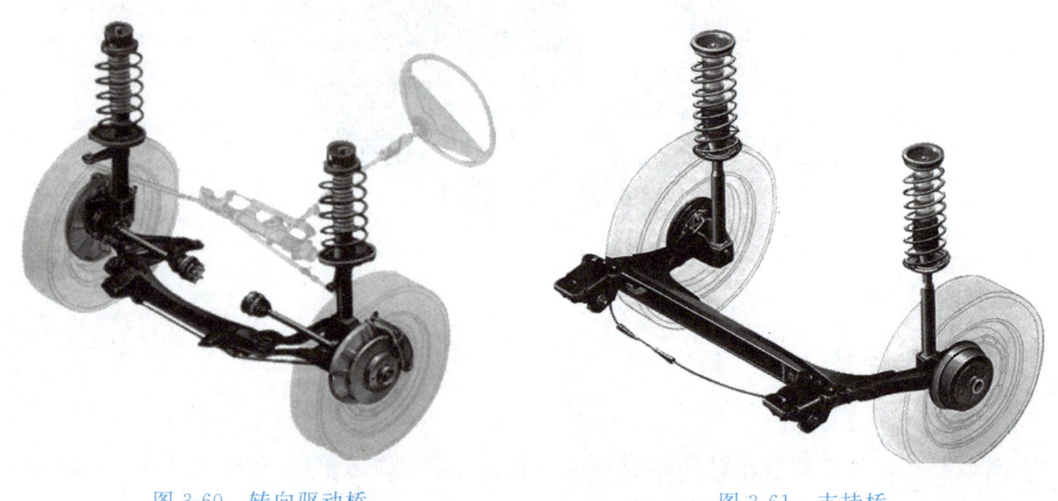

图 3-60 转向驱动桥

图 3-61 支持桥

该车桥轮毂、制动鼓以及车轮与车桥的连接方式与转向桥一样，通过轴承支承，轴向定位。车桥只向其传递横、纵向推力或拉力，不传递转矩。

3. 转向轮定位

转向轮定位是指转向轮、转向节和前轴三者之间的安装具有一定的相对位置。主要是使汽车保持稳定直线行驶，转向轻便，减少汽车行驶中轮胎和转向机件的磨损。转向定位包括主销后倾、主销内倾、前轮外倾和前轮前束四部分。

1）主销后倾

主销后倾是主销安装在前轴上，其上端略向后倾斜的现象。于是，在纵向平面内，主销轴线与通过前轮中心的地面垂线之间形成一个夹角，称为主销后倾角，记为 γ，如图 3-62 所示。

主销后倾的主要作用是保持汽车直线行驶的稳定性，并在汽车转向后，使前轮自动回正。

主销后倾角是由前轴、悬架和车架装配在一起时，使前轴向后倾斜或依靠钢板弹簧座间加装楔形垫块而形成的。

2）主销内倾

主销内倾是指主销安装在前轴上，其上端向内倾斜的现象。于是，主销轴线与地面垂线之间在汽车横向平面内形成一个夹角，称为主销内倾角，记为 β。如图 3-63 所示，主销内倾角一般不超过 8°。

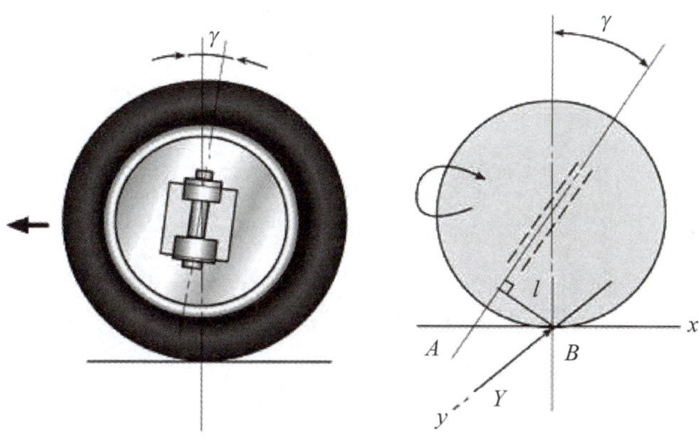

图 3-62 主销后倾

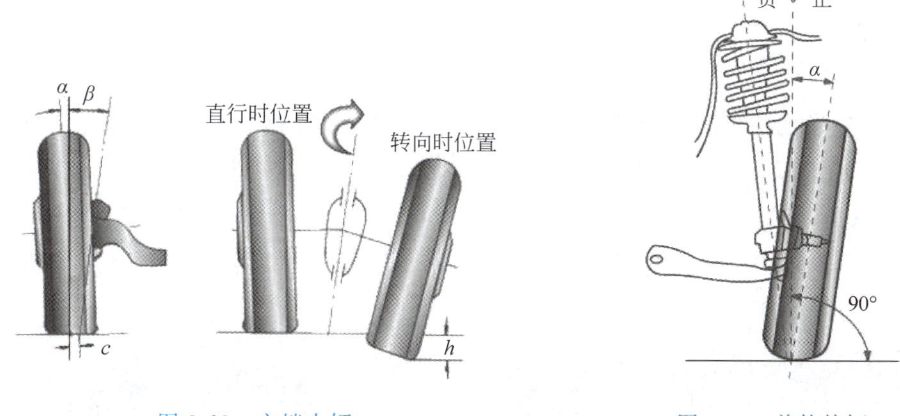

图 3-63 主销内倾

图 3-64 前轮外倾

主销内倾主要作用是使转向轮自动回正，转向操纵轻便。

主销内倾角是在前轴制造加工时，使主销孔向内倾斜而获得的。

3）前轮外倾

前轮外倾是指前轮安装后，其上端略向外倾斜的现象。于是前轮的旋转平面与纵向垂直平面之间形成一个夹角，称为前轮外倾角，记为 α，如图 3-64 所示。前轮外倾角一般为 $1°$左右。

前轮外倾的主要作用是使转向轻便，使车轮紧靠轮毂内轴承，以减少外轴承及轮毂螺母的负荷，有利于安全行驶。

前轮外倾角是由转向节结构确定的。当转向节安装在前轴上后，其转向节轴相对于水平面向下倾斜，从而使前轮安装后出现外倾。

4）前轮前束

前轮安装后，前端略向内束的现象，称为前轮前束，如图 3-65 所示。两前轮前端距离 B 小于后端距离 A，其差值$(A-B)$称为前轮前束值。

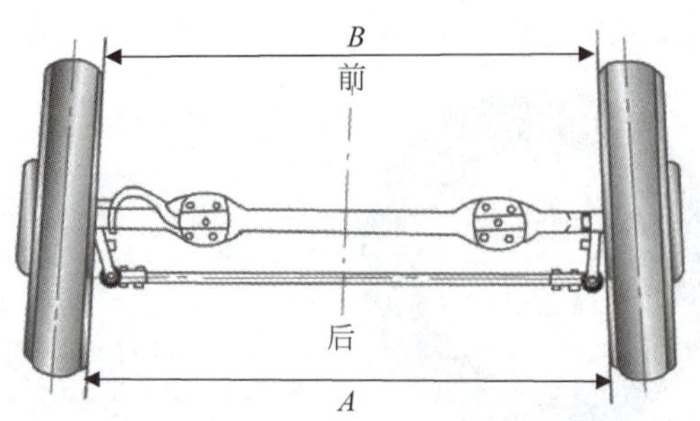

图 3-65 前轮前束

前轮前束的作用是消除因前轮外倾使汽车行驶时向外张开的趋势，减小轮胎磨损和燃料消耗。

前轮前束可通过改变横拉杆的长度来调整。

3.2.3 车轮

车轮与轮胎的主要作用是支承全车的质量，吸收、缓和路面冲击，通过轮胎同路面间附着力产生驱动力和制动力，保证汽车正常行驶，如图 3-66 所示。

1. 车轮

车轮，用于安装轮胎，连接半轴或转向节，承受质量和力矩。一般由轮毂、轮盘和轮辋组成，如图 3-67 所示。

图 3-66 车轮与轮胎

图 3-67 车轮

轮毂通过圆锥滚柱轴承装在半轴套管或转向节轴上，轮辋用以安装轮胎，轮盘用来连接轮毂和轮辋。

车轮根据轮盘的不同结构，可分为盘式和辐式两种形式。

2. 轮胎

1）作用与组成

现代汽车几乎都使用充气轮胎，它由外胎、内胎、气门嘴和轮辋垫带等组成。轮胎的作用是支承汽车的总质量；吸收和缓和汽车行驶时所受到的部分冲击和振动，使汽车有良好的平顺性；保证轮胎与路面之间有良好的附着作用，提高汽车的牵引力和制动力。

2）类型

（1）根据有无内胎，充气轮胎可分为有内胎轮胎和无内胎轮胎两种。

有内胎轮胎的外胎直接与地面接触，它是一个由耐磨橡胶制成的坚固有弹性的外壳，以保护内胎不受外来损坏；内胎是一条环形橡胶管，其内充有一定压力的空气；垫带放在内胎与轮辋之间，使内胎避免被轮辋金属及外胎的坚硬圈擦伤，如图 3-68 所示。无内胎轮胎，虽没有充气内胎，但在外胎内壁有一层很薄的专门用来密封气体的橡胶密封层，当钉子刺破轮胎后，内部空气不会立即泄掉，安全性能好，轮胎爆破后，可从外部紧急处理，目前，在乘用车上较多采用，如图 3-69 所示。

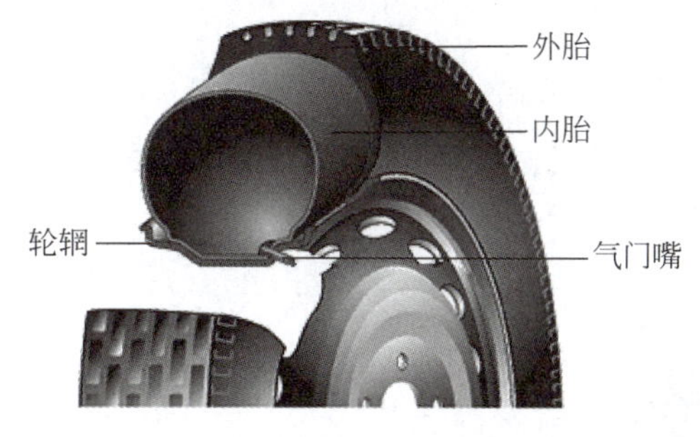

图 3-68 有内胎轮胎

图 3-69 无内胎轮胎

（2）充气轮胎根据工作气压的大小可分为高压胎、低压胎和超低压胎。

（3）根据外胎内帘布层帘线的排列形式，可分为普通斜交轮胎和子午线轮胎，如图 3-70 所示。

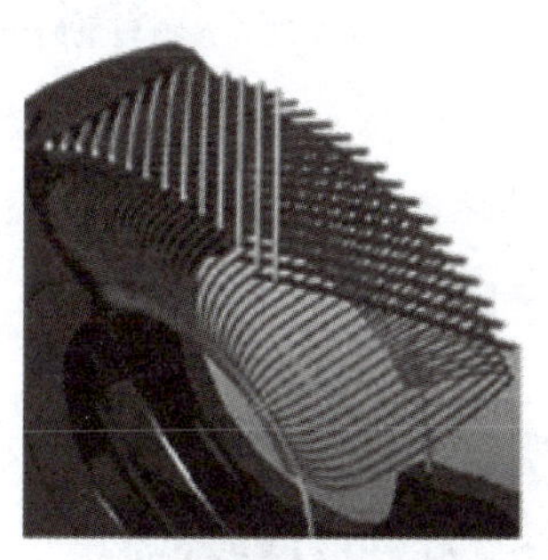
(a) 普通斜交轮胎

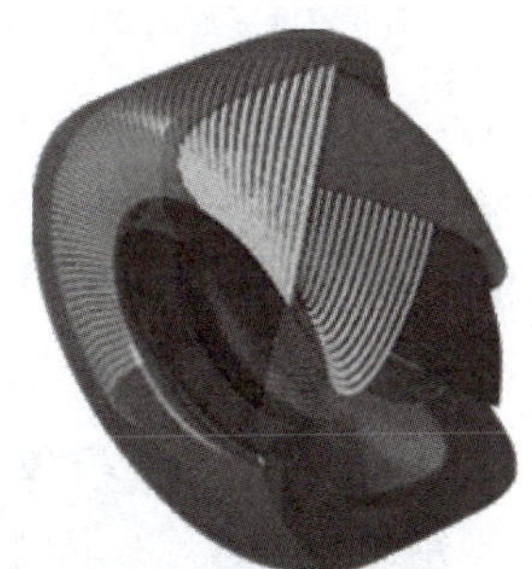
(b) 子午线轮胎

图 3-70 外胎内帘布层帘线的排列形式

（4）按轮胎胎面花纹的不同，又可分为普通花纹轮胎、越野花纹轮胎和混合花纹轮胎，如图 3-71 所示。

3）轮胎规格表示方法

轮胎规格的表示方法有公制和英制两种，我国与大多数国家一样采用英制。

（1）高压胎一般用“$D\times B$”表示。“×”表示高压胎。

（2）低压胎和超低压胎一般用“$B—d$”表示，“—”表示低压胎。其他字母意义如图 3-72 所示。

(a) 普通花纹　(b) 混合花纹　(c) 越野花纹

图 3-71　轮胎花纹

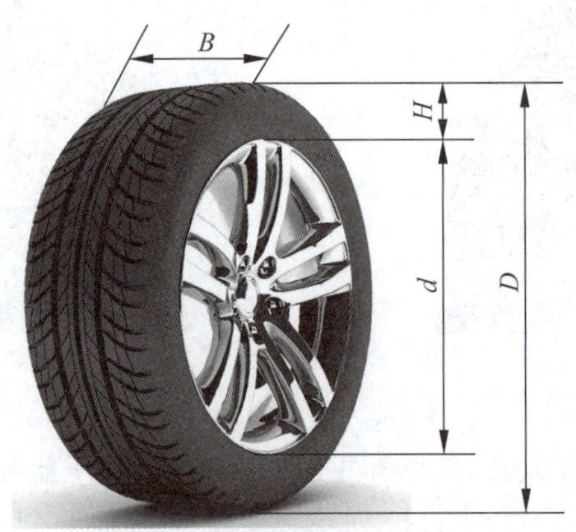

图 3-72　轮胎规格的表示

D—轮胎名义直径；B—轮胎断面的宽度；d—轮辋直径；H—断面高。各物理量的单位均为英寸

如 9.00—20，即表示轮胎断面宽度为 9in，轮辋直径为 20in 的低压轮胎。

(3) 子午线轮胎一般标有字母“Z”，但也有的用英文字母“R”表示的。子午线轮胎用 ISO 新标准表示，轮胎宽的单位用毫米表示，轮辋用英寸表示，具体表示方法如图 3-73 所示。

图 3-73　子午线轮胎规格表示方法

3.2.4 悬架

1. 功用与组成

悬架是车架与车桥之间所有传力和连接装置的总称，其作用是将车架与车桥弹性地连接起来，以吸收和缓和车轮在不平道路上所受的冲击和振动，并传递力和力矩。悬架一般由弹性元件、导向装置和减振器三部分组成，分别起缓冲、减振、导向和传递力和力矩的作用。

2. 类型

根据悬架结构的不同，通常将悬架分为独立悬架和非独立悬架两大类。

1）独立悬架

独立悬架的结构特点是车架与每一侧车轮之间的悬架连接是独立的，如图 3-74 所示。它的车桥为断开式，当一侧车轮上下跳动时，不会影响到另一侧车轮位置的变化。这种悬架车辆的乘坐舒适性和操纵稳定性都较好，但结构较复杂，造价较贵。主要应用于乘用车。

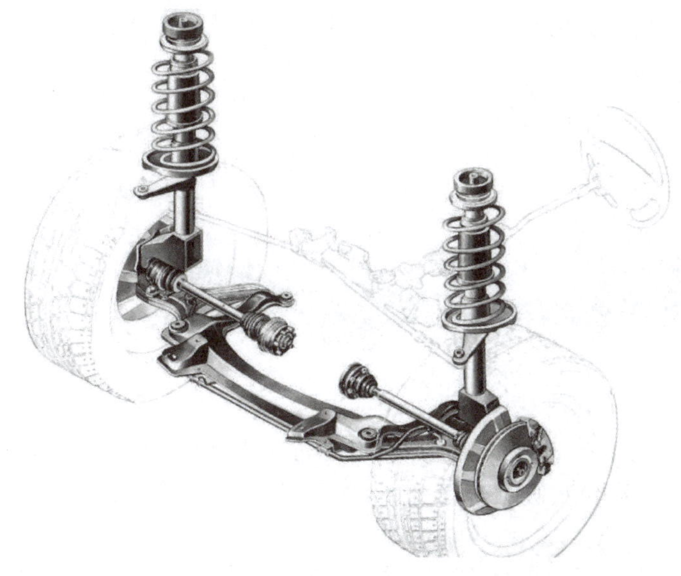

图 3-74 独立悬架

2）非独立悬架

非独立悬架的结构特点是两侧的车轮安装在一根整体式车桥上，如图 3-75 所示。这种结构，车轮对路面情况的适应性较差。若一侧车轮因路面不平跳动时，会影响另一侧车轮位置的变化，从而影响到车身的平稳和高速行驶的稳定性。这种悬架结构简单，制造方便，故被载重汽车普遍采用。

3. 主要组件

1）弹性元件

弹性元件的作用是承受和传递垂直载荷，缓和和抑制不平路面所引起的冲击。悬架采用的弹性元件有钢板弹簧、螺旋弹簧、扭杆弹簧、气体弹簧及辅助弹性元件——横向稳

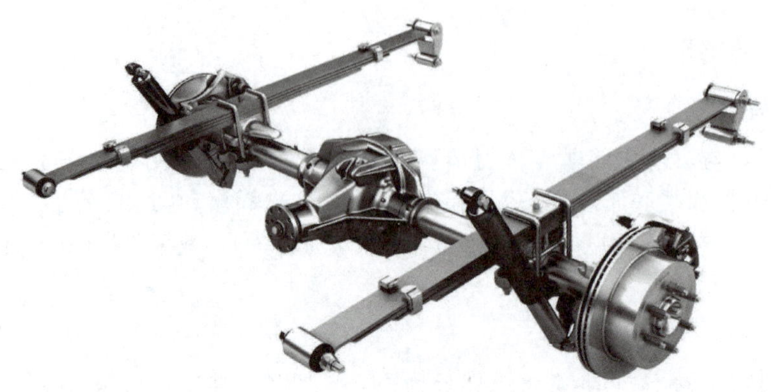

图 3-75 非独立悬架

定杆等。

(1) 钢板弹簧。钢板弹簧又叫叶片弹簧,如图 3-76 所示,它是由若干片等宽不等长、弧度不等、厚度相等或不等的钢板弹簧片叠成。第一片(最长的一片)称为主片,其两端弯成卷耳,内装衬套,用弹簧销与固定在车架上的支架或吊耳铰链连接。钢板弹簧的中间用 U 形螺栓与车桥固定。

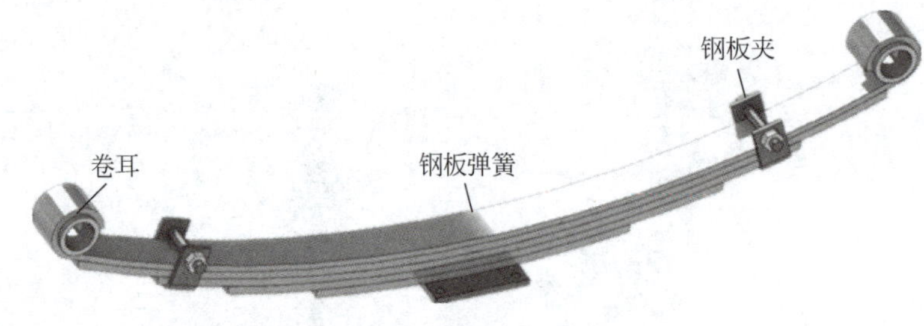

图 3-76 钢板弹簧

钢板弹簧全长内装有 2～4 个钢板夹,用以防止钢板弹簧反向变形时各片相互分开。装配钢板夹时,应将螺栓头朝向车架一面,而使螺母在车轮一面,以防止螺栓松脱刮伤轮胎。

钢板弹簧本身还兼起导向机构的作用,可不必单设导向装置,使结构简化,并且由于弹簧各片之间摩擦起一定减振作用。

(2) 螺旋弹簧。螺旋弹簧大多应用在独立悬架上,如图 3-77 所示。由于螺旋弹簧只承受垂直载荷,它用作弹性元件的悬架要加设导向机构和减振器。它与钢板弹簧相比具有不需润滑,防污性强,占用纵向空间小,弹簧本身质量小的特点,因而在现代轿车上广泛采用。

(3) 横向稳定杆。横向稳定杆是一根横贯车身下部的弹性扭杆,如图 3-78 所示,由弹簧钢制成,断面呈圆形。它横向地安装在汽车上,两侧末端用橡胶衬套与悬架摇臂相连,当一侧车轮与车身垂直距离变化时,通过横向稳定杆的扭转,减小车身倾斜,提高汽车行驶的平顺性、乘坐舒适性、操纵稳定性。

2) 减振器

减振器的作用是迅速衰减汽车行驶中产生的振动,提高汽车行驶的平顺性。汽车悬架系统中广泛采用的是双向作用筒式液力减振器，它能在压缩和伸张两个行程内均起减振作用，如图 3-79 所示。

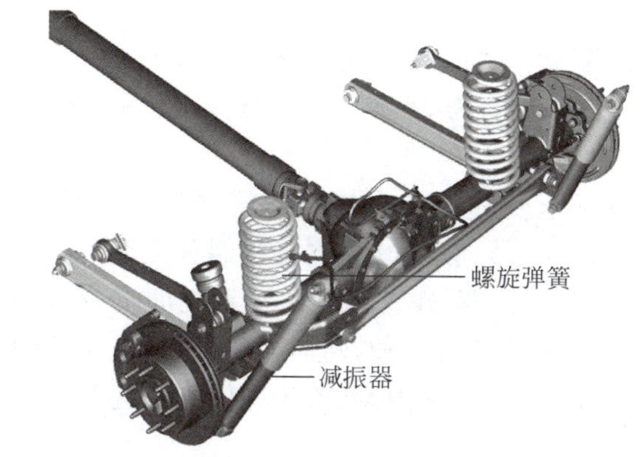

图 3-77 螺旋弹簧

图 3-78 横向稳定杆

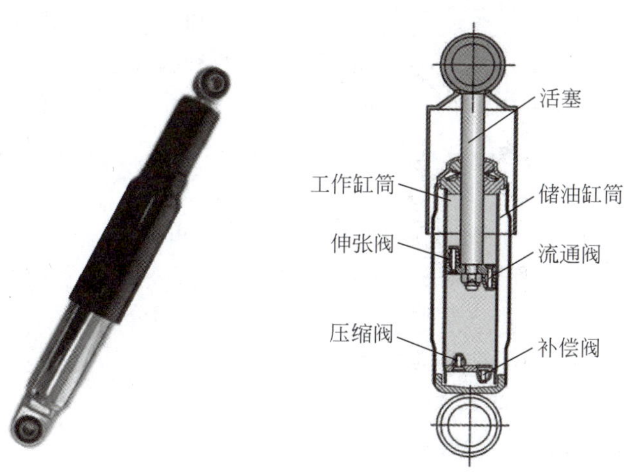

图 3-79 双向作用筒式减振器

课堂小结

(1) 汽车行驶系统由车架、车桥、车轮、悬架四部分组成。

(2) 车架是构成整个汽车的骨架，是汽车的装配基体，主要有边梁式、中梁式、综合式和无梁式车架。

(3) 车桥的基本作用是承受和传递车架与车轮之间的各种作用力。根据其作用不同，车桥可分为转向桥、驱动桥、转向驱动桥、支持桥四种类型。

(4) 转向轮定位是指转向轮、转向节和前轴三者之间的安装具有一定的相对位置。其主要作用是使汽车保持稳定的直线行驶，转向轻便，减少汽车行驶中轮胎和转向机件的磨损。转向轮定位包括主销后倾、主销内倾、前轮外倾和前轮前束四个部分。

(5) 车轮一般由轮毂、轮盘和轮辋组成。

(6) 现代汽车几乎都使用充气轮胎，充气轮胎根据工作气压的大小可分为高压胎、低压胎和超低压胎。

(7) 悬架是车架与车桥之间所有传力和连接装置的总称。根据悬架结构的不同，通常将悬架分为独立悬架和非独立悬架两大类。

自我诊断与检测

1. 填空题

(1) 汽车行驶系统由________、________、________和________四部分组成。

(2) 车架按其结构形式不同可分为________、________、________和________无梁式车架。

(3) 现代轿车广泛采用________式车架。

(4) 车桥根据其作用不同，可分为________、________、________和________四种类型。

(5) 转向桥主要由________、________、________和________四部分组成。

(6) 转向驱动桥可以实现________和________两种作用。

(7) 车轮根据轮盘的不同结构，可分为________和________两种形式。

(8) 车轮用于安装________，连接________或________，承受质量和力矩。一般由________、________和________组成。

(9) 根据外胎内帘布层帘线的排列形式不同，轮胎可分为________和________。

(10) 充气轮胎根据工作气压的大小可分为________、________和________。

(11) 悬架一般由________、________和________三部分组成。

(12) 根据悬架结构的不同，通常将悬架分为________和________两大类。

2. 选择题

(1) 无梁式车架是以(　　)兼代车架。

A. 车身　　B. 机体　　C. 变速器壳　　D. 驱动桥壳

(2) 转向轮围绕(　　)摆动。

A. 转向节　　B. 转向节轴　　C. 主销　　D. 前轴

(3) 转向轮定位中,能使转向轮自动回正且转向轻便的是(　　)。

A. 主销后倾　　B. 主销内倾　　C. 前轮外倾　　D. 前轮前束

(4) 前轮定位的四个参数中,通过改变横拉杆长度进行调整的是(　　)。

A. 主销后倾　　B. 主销内倾　　C. 前轮外倾　　D. 前轮前束

(5) 独立悬架常与(　　)车桥配用。

A. 整体式　　B. 断开式　　C. A、B都可　　D. A、B都不可

3. 简述题

简述轮胎规格185/70R14的含义。

3.3 汽车转向系统

知识目标:

(1) 掌握汽车转向系统的作用、组成、工作过程;

(2) 掌握转向器的类型及工作原理;

(3) 了解转向原理及动力转向系统的组成。

能力目标:

能正确分析不同车型上转向系统的应用。

学习内容

汽车行驶中,驾驶员通过操纵方向盘,经过一套传动机构,使转向轮在路面上偏转一定的角度来改变其行驶方向,确保汽车稳定安全地正常行驶。

转向系统的作用就是通过驾驶员转动方向盘,根据需要保持或改变汽车行驶方向。汽车转向系统按其转向能源的不同,可分为机械式转向系统、液压式动力转向系统和电控式动力转向系统。

3.3.1 机械式转向系统

1. 转向系统的组成与工作过程

机械式转向系统如图3-80所示,由转向操纵机构、转向器、转向传动机构三部分组成。汽车转弯时,驾驶员作用在方向盘上的力经过转向柱传到转向器,转向器将转向力放大后,通过转向传动机构推动转向轮偏转,使汽车的行驶方向发生改变。机械式转向系统完全由驾驶员的操纵力来实现,操纵较费力,劳动强度大,但其结构简单,工作可靠,维修方便,多用于小型货车、轿车。

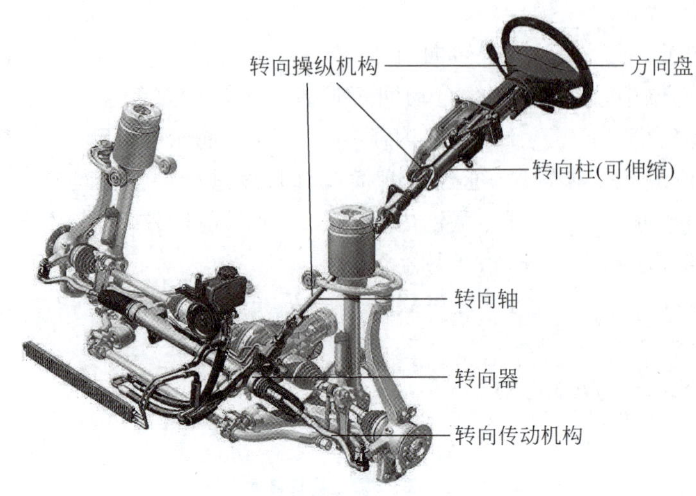

图 3-80 机械式转向系统

当汽车发生碰撞时，为了避免由于方向盘的侵入造成对驾驶员的人身伤害，现代汽车转向系统中考虑了各种安全措施，如可伸缩的转向柱和方向盘退让系统。

2. 转向原理

汽车在转向时，要保证每个转向车轮都是纯滚动而不发生侧滑，必须使汽车车轮的转向轨迹符合一定规律。由于车轮在转弯过程中，内、外车轮滚动的距离不相等，必然会引起车轮边滚动边滑动，使轮胎磨损加剧。为使两侧车轮在转弯时实现纯滚动，必须使所有车轮的轴线都相交于一点，即使所有的车轮都围绕它们的共同圆心转动，如图 3-81 所示。交点 O 称为转向中心，这个转向中心随驾驶员操纵的转向轮转角的变化而改变，因此转向中心也称为瞬时转向中心。由图 3-81 可知，内转向轮的偏转角 β 大于外侧转向轮的偏转角 α，两偏转角的关系为

$$\cot\alpha = \cot\beta + B/L$$

式中，B——两侧车轮主销的中心距离；

L——汽车轴距。

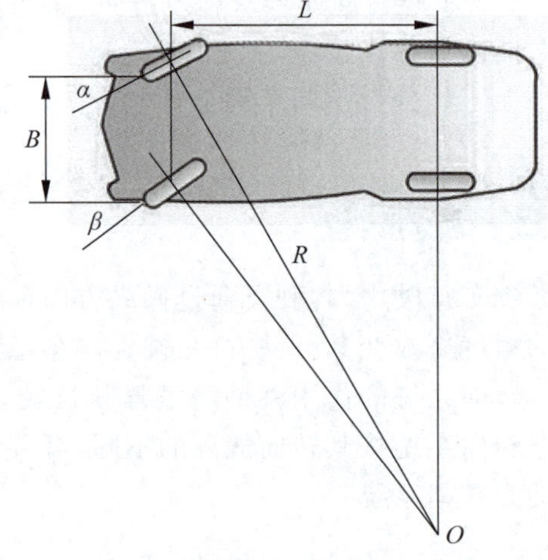

图 3-81 双轴汽车转向示意图

此式称为汽车转向梯形理论特性关系式。

对于一定型号的汽车，L 和 B 是固定的，因此，每有一个 β 角，就有一个 α 角，这个关系式由转向梯形机构（前轴、左右梯形臂和横拉杆组成）来保证。

从转向中心到外侧转向轮中心的距离称为最小转弯半径。最小转弯半径越小，汽车的机动性越好。现代汽车的左右转向轮的偏转角度从直行位置算起一般为 34°～42°，中型货车最小转弯半径为 7～13m，轿车的最小转弯半径为 5～6m。

3. 转向器

1）作用

增大由方向盘传到转向节的力，并改变力的传递方向，获得所要求的摆动速度和角度。

2）类型

转向器按其结构形式可分为蜗杆指销式、循环球式和齿轮齿条式三种。

（1）蜗杆指销式转向器。如图 3-82 所示，该转向器传动副为蜗杆和指销。主要由壳体、蜗杆、曲柄、指销、转向摇臂轴等组成。

汽车转向时，通过方向盘和转向轴使蜗杆转动，嵌于螺杆螺旋槽的指销一边自转，一边绕转向摇臂轴摆动，并通过转向传动机构，使转向轮偏转。

（2）循环球式转向器。循环球式转向器如图 3-83 所示，其传动效率高，机件磨损小，操纵省力，使用寿命长，广泛应用于轻型、中型汽车上。

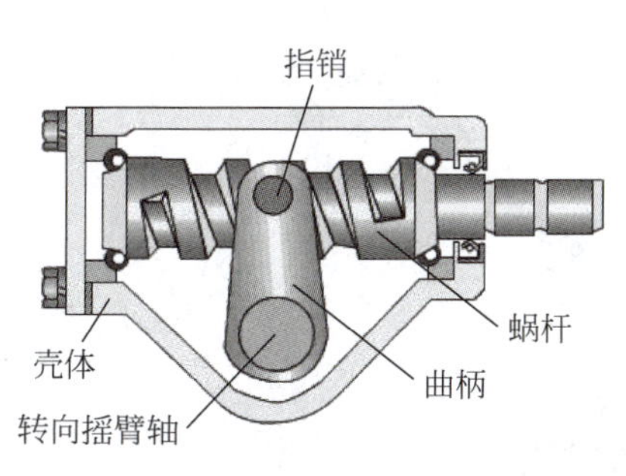

图 3-82 蜗杆指销式转向器

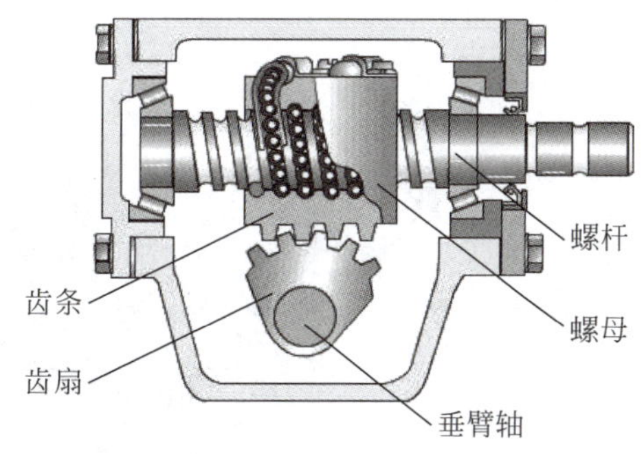

图 3-83 循环球式转向器

如图 3-83 所示，该转向器由两套传动副组成，一套是螺杆和螺母，另一套是齿条和齿扇。当转动方向盘时，螺杆随之转动，通过钢球将作用力传给螺母，使螺母轴向移动。其齿条带动齿扇运动使垂臂轴转动，从而使转向垂臂产生摆动，通过转向传动机构使转向轮偏转。

（3）齿轮齿条式转向器。齿轮齿条式转向器如图 3-84 所示，主要由转向齿轮、转向齿条、转向器壳、调整螺栓等组成。驾驶员通过转向操纵机构转动转向齿轮，带动转向齿条移动，并通过转向横拉杆使两车轮绕主销偏转。由于该转向器反冲较大，因此常在前桥中设有转向减振器，以吸收冲击能量，减轻对驾驶员的伤害。

齿轮齿条式转向器具有结构简单、轻巧，传力杆件少，维修方便，操纵灵敏的优点，目前广泛应用于采用前轮独立悬架的轻、微型汽车和中、高级乘用车上。

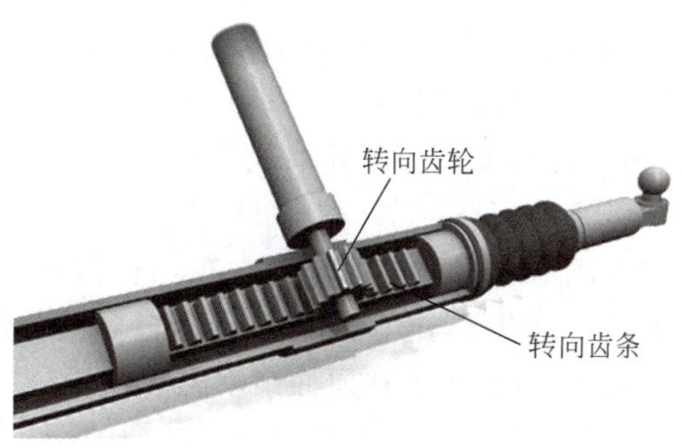

图 3-84 齿轮齿条式转向器

3.3.2 动力转向系统

动力转向系统兼用驾驶员人力和发动机动力作为转向力源，在正常情况下驾驶员只需要提供所需能量的一小部分，其他部分由发动机通过转向加力装置提供。动力转向系统的应用，降低了驾驶员的劳动强度，并通过对转向动力系统的控制，获得了更好的操纵稳定性。

1. 液压式动力转向系统

如图 3-85 所示，液压式动力转统向系统是在机械式转向系的基础上，增加了一套液压助力装置。通常由传统的转向机构（方向盘、转向柱、转向横拉杆等）和动力转向装置（动力转向器、转向油泵、储油罐、油管等）两部分组成。汽车转向时，由发动机驱动的油泵产生高压油，在控制阀的作用下，高压油进入动力油缸，推动转向轮偏转。液压式动力转向系统操纵轻便，灵活省力，维护简单。目前，广泛应用于高速乘用车和重型货车上。

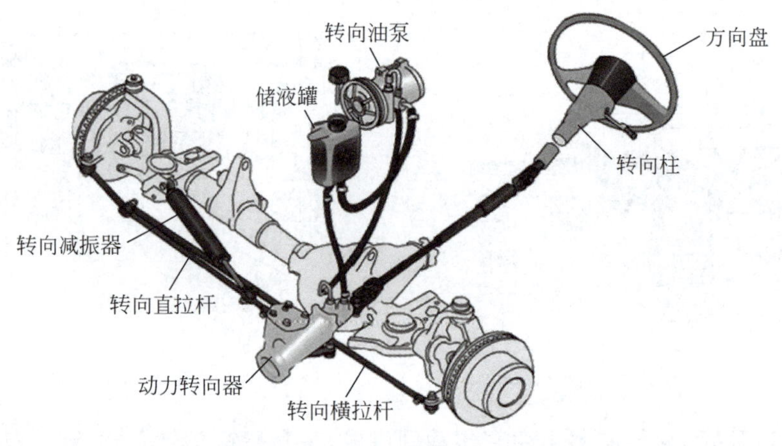

图 3-85 液压式动力转向系统

液压式动力转向系统按照液流的形式不同，可分为常流式和常压式两种；按其动力转向装置结构不同分为整体式和分开式。

2. 电动式动力转向系统

电动式动力转向系统是最新形式的转向系统，利用电能为转向系统提供动力，一般的液压动力转向系统是直接用发动机驱动转向油泵，而电动转向是利用电动机作为动力源，不直接使用发动机的动力，所以大大降低了发动机的功率损失，结构紧凑，操作灵活、方便，只有在需要助力时才消耗动力，节约能源，便于安装。尤其适用于发动机中置后轮驱动的汽车。

电动式动力转向系统通常有三种传动形式：电动机驱动转向油泵、电动机减速后直接驱动转向齿条、电动机经电磁离合器耦合将力矩传给转向齿条。

1）电动机驱动转向油泵动力转向系统

如图 3-86 所示，电动机驱动转向油泵动力转向系统是由电动机驱动转向助力泵并由电子控制装置控制的动力转向系统，它集液压式和电动式的优点于一体。因为是电子控制装置控制，所以转向助力泵不必经常工作，节省了发动机的功率。这种方式结构紧凑，便于安装布置，但液压产生的动力不能太大，所以只适用于小排量汽车。

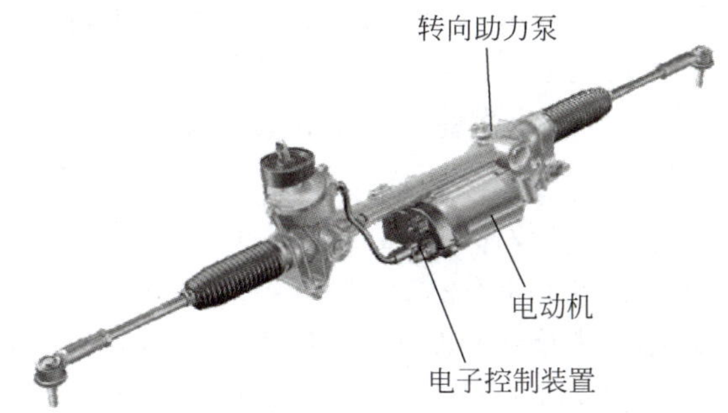

图 3-86 电动机驱动转向油泵动力转向系统

2）电动机减速后直接驱动转向齿条

如图 3-87 所示，这是一种直接依靠电动机提供辅助转矩的电动助力式转向系统，以电动机为系统的执行元件，电子控制装置通过受控的电动机对汽车转向机械部件做出控制，它由转矩传感器、电动机、电子控制装置（ECU）和电力/电子齿轮齿条转向器等部分组成，转向器齿条从直流电动机电枢轴中间穿过。转向系统工作时，一方面由方向盘带动机械转向机构实现部分人力转向，另一方面通过传感器和电子控制装置驱动辅助转向电动机，电动机通过助力传动齿轮和蜗杆螺母机构将动力传给转向器齿条，形成转向助推力。由于用电子控制，结构更简单，能耗更低。

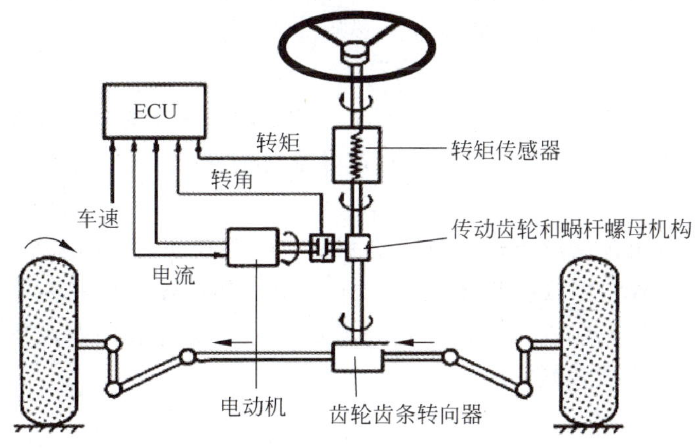

图 3-87 电动机减速后直接驱动转向齿条

3.3.3 四轮转向系统

目前的轿车转向分为前轮转向（2WS，2 Wheels Steering）和四轮转向（4WS，4 Wheels Steering），前者普遍使用，后者是近年出现的一种新技术。

汽车的四轮转向是指汽车在转向时，四个车轮都可相对车身主动偏转，起转向作用，以改善汽车的转向机动性能。

按照后轮转向机构控制和驱动方式的不同，四轮转向可分为机械式、液压式、电控机械式、电控液压式和电控电动式等几种类型。目前使用最广泛的 4WS 系统为电控液压式，主要用于前轮采用液压助力转向系统的高级和新型轿车上。

汽车转向作等速圆周运动时，由于受离心力的作用，地面使汽车转向的侧向力与离心力传至每一个车轮轴心，并形成了使弹性轮胎偏转的力矩，造成汽车车轮旋转平面与汽车转向平面不重合，从而产生了侧偏角(实际汽车运动转向角小于车轮回转平面实际的转向角)。通常希望汽车有一定的不足转向特性，即使前轮的侧偏角大于后轮的侧偏角，防止因车速达到转向临界车速而出现转向失控的现象。在道路附着极限内，侧向力变化，侧偏角也变化，车速增加，转向侧向力增加，侧偏现象加大。高速行驶时，因前后轮侧偏特性改变，可能出现过多转向现象，车速超过临界车速就会产生危险的转向失控，丧失操纵性，十分危险，故高速转向时，希望后轮有一个与前轮转向相同的转角，保持汽车的不足转向特性；而当汽车低速行驶时为增加转向机动性，减少转弯半径，要求后轮有一个与前轮转向方向相反的转角，使汽车有满意的机动性和操纵稳定性。

课堂小结

(1) 转向系统的作用就是通过驾驶员转动方向盘，根据需要保持或改变汽车行驶方向。

(2) 汽车转向系统按转向能源的不同，分为机械式转向系统、动力式转向系统。

(3) 机械式转向系统由转向操纵机构、转向器、转向传动机构三部分组成。

(4) 汽车在转向时，要遵守汽车转向梯形理论特性关系式：

$$\cot\alpha = \cot\beta + B/L$$

(5) 转向器的作用是增大由方向盘传到转向节的力，并改变力的传递方向，获得所要求的摆动速度和角度。按其结构形式，转向器可分为蜗杆指销式、循环球式和齿轮齿条式三种。

(6) 动力转向系统包括液压式动力转向系统和电动式动力转向系统。

(7) 四轮转向(4WS)以改善汽车低速转向机动性和高速转向稳定性为目的，通过机械、液压或电控液压的形式，在汽车的后轮处增加能够与前轮转向联动的后轮转向机构，控制后轮按照特定的方式偏转。

自我诊断与检测

1. 填空题

(1) 汽车转向系统按其转向能源的不同，可分为________、________和________。

(2) 机械式转向系统由________、________和________三部分组成。

(3) 转向器按其结构形式可分为________、________和________三种。

(4) 循环球式转向器由两套传动副组成，一套是________传动副，另一套是________传动副。

(5) 液压式动力转向系统按液流的形式不同可分为________和________两种。

2. 选择题

(1) 在转向系统中起减速增扭，改变力的传递方向的是(　　)。

A. 方向盘　　B. 转向器
C. 转向梯形　　D. 转向纵拉杆

(2) 汽车转向时，内侧转向轮偏角(　　)外侧转向轮偏角。

A. 大于　　B. 等于　　C. 小于　　D. 不一定

(3) 转向梯形机构由(　　)组成。

A. 前轴　　B. 横拉杆
C. 左转向梯形臂　　D. 右转向梯形臂

(4) 循环球式转向器的传动副是(　　)。

A. 曲柄和指销　　B. 蜗杆和指销
C. 齿条和齿轮式　　D. 螺杆螺母和齿条齿扇

(5) 液压动力转向的油泵是由(　　)驱动的。

A. 发动机　　B. 电动机
C. 变速器　　D. 人力

(6) 上海桑塔纳轿车采用的转向器是(　　)。

A. 齿轮齿条式　　B. 循环球式
C. 曲柄指销式　　D. 球面蜗杆滚轮式

3.4 汽车制动系统

知识目标：

(1) 掌握汽车制动系统的作用、组成、类型、工作过程；
(2) 掌握汽车制动防抱死系统 ABS 的作用与工作原理；
(3) 掌握汽车驱动防滑系统 ASR 的作用以及其与 ABS 的关系。

能力目标：

能正确识别汽车上传统以及新型制动系统的应用。

学习内容

汽车制动系统是安全行车的保障。在保证安全行驶的前提下，应尽可能提高行驶速度，从而提高运输效率，同时还应能视需要减速和停车。现代汽车制动系统，在传统制动系统基础上，引入了新材料和新技术。

传统汽车制动系统的组成如图 3-88 所示。

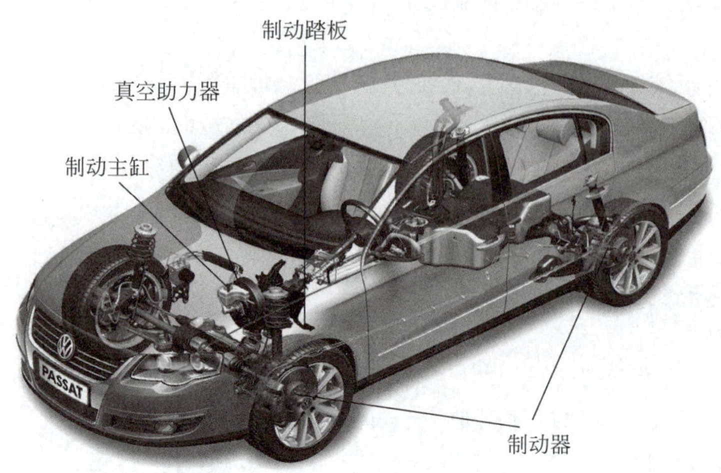

图 3-88 传统汽车制动系统的组成

3.4.1 普通制动系统

1. 功用

汽车制动系统的作用就是根据需要使汽车减速或在最短的距离内停车，并保证汽车停放可靠，不致自动滑溜。

2. 类型

1）按制动系统的功用划分

(1) 行车制动系统。主要用于汽车行驶时的减速和停车。一般通过液压或气压将踏板力传到制动器，再利用制动器内旋转构件与固定构件之间的机械摩擦作用，使旋转的车轮减速或停止转动。

(2) 驻车制动系统。使已停驶的汽车驻留原地不动，防止汽车滑溜。

(3) 辅助制动系统。在汽车下长坡时用以稳定车速的安全装置。

2）按制动系统的制动能源划分

(1) 人力制动系统。仅以驾驶员的肌体作为制动能源的制动系统。

(2) 动力制动系统。由发动机的动力转化而成的气压或液压压力作为制动能源的制动系统。

(3) 伺服制动系统。兼用人力和发动机动力进行制动的制动系统。

3）按制动能量的传输方式划分

制动系统按制动能量的传输方式可分为机械式、液压式、气压式和电磁式等。同时采用两种传能方式的制动系统称为组合式制动系统，如气顶液制动系统。

液压制动传动装置是利用特制油液作为传力介质，将制动踏板力转换为油液压力，并通过管路传至车轮制动器，再将油液压力转变为制动蹄张开的推力，产生制动作用。液压制动传动装置制动柔和灵敏，结构简单，维护方便，不消耗发动机功率，但操纵较费力，制动力不太大，一般需增设增压式助力装置，减轻驾驶员操作强度，提高制动效能。目前，广泛应用在乘用车和越野车上。

气压制动传动装置是用压缩空气做力源，使车轮产生制动。气压制动传动装置踏板行程较短，操作比较轻便，制动力较大，消耗发动机动力，结构较为复杂，制动时不如液压制动平稳柔和。目前，应用在中、重型汽车上。

目前，所有汽车都采用双回路制动系统，如轿车的左前轮和右后轮共用一条制动回路，右前轮和左后轮共用另一条制动回路，当一个回路失效时，另一个回路仍能工作，这样可以有效地提高汽车的行车安全性。

3. 组成

汽车制动系统一般由两部分组成：制动器和制动操纵机构。

1）制动器

制动器是制动系统中用以产生阻碍车轮转动的力的部件。按照结构，制动器可分为鼓式制动器和盘式制动器两种。

（1）鼓式制动器。如图 3-89 所示，鼓式制动器是由制动蹄挤压随车轮同步旋转的制动鼓的内侧而获得制动力。根据制动时两制动蹄对制动鼓径向力的平衡状况，可分为非平衡式、平衡式和自动增力式三种类型。

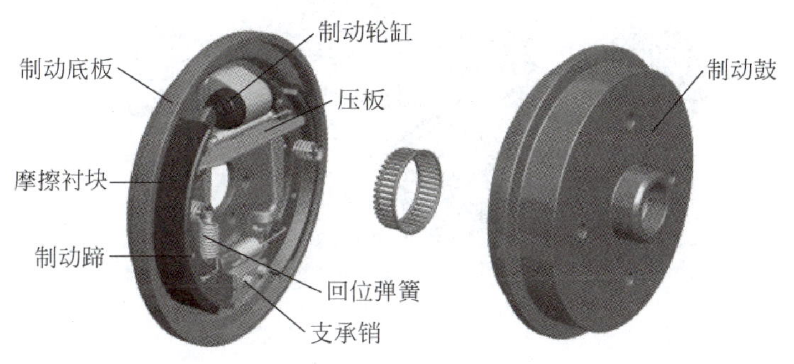

图 3-89 鼓式制动器

（2）盘式制动器。如图 3-90 所示，盘式制动器是由摩擦衬块从两侧夹紧与车轮共同旋转的制动盘后而产生制动效能。常见的有钳盘式与全盘式两种。盘式制动器散热能力强，热稳定性能好，目前乘用车上较多采用，如图 3-91 所示。在高性能轿车上使用的制动盘多为打孔通风盘，具有较好的冷却作用。

2）制动操纵机构

制动操纵机构是将驾驶员踏板力传递到制动器的一系列部件，液压制动系统操纵机构由制动主缸、制动轮缸、真空助力装置、液压管路等组成，如图 3-92 所示。

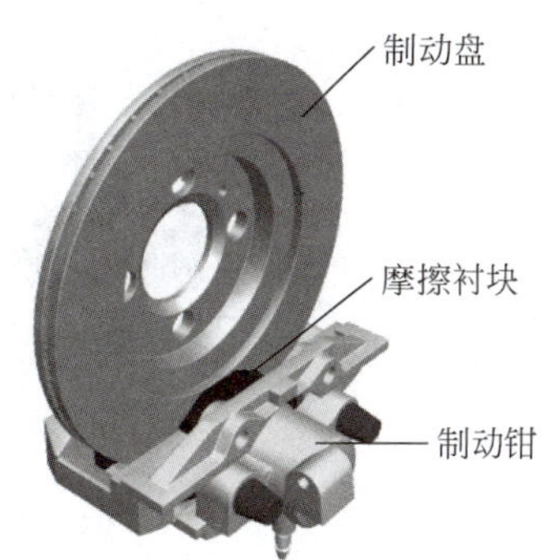

图 3-90 盘式制动器

4. 工作过程

简单液压制动系统后轮鼓式制动器的工作过程如图 3-93 所示。

不制动时，所有机件处于安装的原始位置。制动蹄摩擦片的外圆面与制动鼓的内圆面保留一定的间隙，使车轮

图 3-91 打孔制动盘

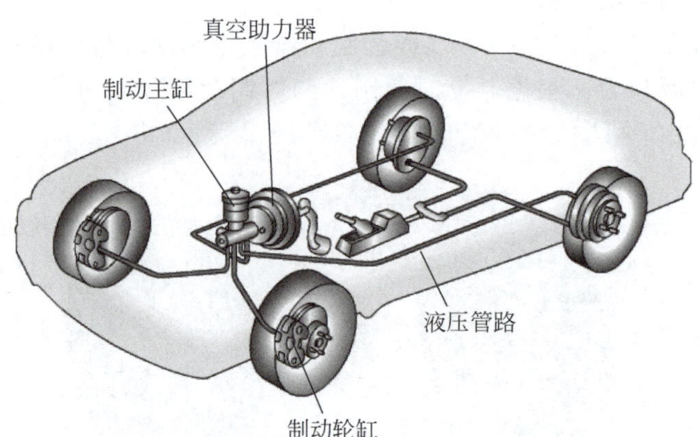

图 3-92 制动操纵机构的组成

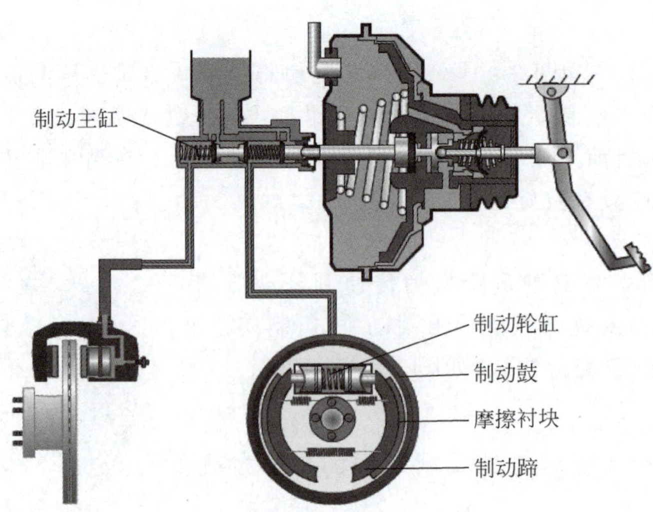

图 3-93 液压制动系统的工作过程

能自由旋转。制动时，驾驶员踩下制动踏板，推动推杆和主缸活塞，使制动主缸内的油液产生一定压力后进入制动轮缸，推动轮缸活塞使两个制动蹄的上端张开，消除与制动蹄之间的间隙后紧压在制动蹄的内圆面上。这样，固定的制动蹄与旋转的制动鼓之间产生一个与车轮旋转方向相反的摩擦阻力矩。由于这个摩擦力矩的作用，使车轮对路面产生一个切向的作用力，根据作用力和反作用力原理，路面同时会对车轮作用一个反作用力，即制动力。制动力迫使汽车迅速减速甚至停车。放松制动踏板后，在制动蹄回位弹簧的作用下，制动蹄与制动鼓之间的间隙又恢复，因而解除了制动。

最佳制动状态是车轮抱死滑拖而又尚未抱死的临界状态。为了实现最佳状态，很多汽车上安装了车轮防抱死装置。

3.4.2 制动防抱死系统

防抱死制动系统简称为 ABS。

1. 功用

保证汽车在任何路面上紧急制动时，自动控制和调节车轮的制动力，防止车轮完全抱死，获得最佳制动效果。避免在紧急制动过程中出现侧滑、跑偏和丧失转向操纵能力等，提高汽车操纵性和稳定性。

2. 基本组成

如图 3-94 所示，制动防抱死系统主要由轮速传感器、电控单元和液压调节单元等组成。

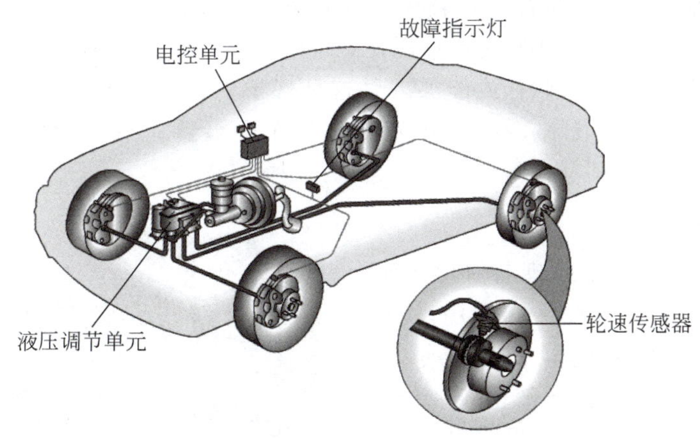

图 3-94 制动防抱死系统

3. 工作原理

在摩擦因数低的路面上紧急制动时，当制动系统内的摩擦阻力大于轮胎与路面之间的摩擦阻力时，车轮就会抱死，车辆就会打滑。其结果是：如果前轮抱死，车辆就不能转向；如果后轮抱死，左、右侧车轮与路面摩擦因数的差别就会导致车尾偏摆。制动力在滑移率为 10%～20%时最大，ABS 的作用就是无论道路情况如何，总使滑移率保持在这个范围内，从而使制动安全性能最佳。

汽车制动时，首先由轮速传感器测出与制动车轮转速成正比的交流电压信号，并将该电压信号送入ECU。由ECU中的运算单元计算出车轮速度、滑移率及车轮的加、减速度，然后由ECU中的控制单元对这些信号加以分析比较，向液压调节器发出制动压力控制指令。使液压调节器中的电磁阀等直接或间接地控制制动压力的增减，以调节制动力矩，使之与地面附着状况相适应，防止制动车轮被抱死。

当ABS刚刚问世时，人们纷纷为其卓越的安全性惊叹不已，有ABS装置的汽车不但说明其安全性能出类拔萃，而且档次也相当高级。而今天，安装ABS的轿车已经相当普遍，经济型车也安装有ABS。如君威采用目前功效最高的四轮盘式、电子四回路ABS系统，可在1s内精确做出15次点刹，防止车轮抱死，在紧急制动时能保持方向控制，避免失控打转。此功能在湿滑或结冰路面尤其有效。

3.4.3 汽车驱动防滑系统

汽车驱动防滑系统简称ASR，又称牵引力控制系统(TCS)。

1. 功用

随着对汽车安全性能的要求越来越高，一些更为先进的、保护范围更加广泛的安全装置相继问世了，其中ASR最具代表性，它的诞生使汽车的安全性能得到了进一步提高，与ABS互相配合、共同作用，构成了汽车行驶的主动安全系统。

汽车驱动防滑系统是防止汽车在驱动过程中(特别是起步、加速、转弯时)驱动轮发生滑转现象的控制系统。将滑移率控制在一定的范围内，确保车轮与地面之间的牵引力和附着力，保持汽车的行驶稳定性。行驶在易滑的路面上，没有ASR的汽车加速时驱动轮容易打滑，如果是后轮驱动的车辆容易甩尾，如果是前轮驱动的车辆容易方向失控。有ASR时，汽车在加速时就不会有或能够减轻这种现象。在转弯时，如果发生驱动轮打滑会导致整个车辆向一侧偏移，有ASR时就会使车辆沿着正确的路线转向，如图3-95所示。

2. 基本组成

ASR和ABS的工作原理有许多共同之处，因而常将两者组合在一起使用，构成具有制动防抱死和驱动轮防滑转控制(ABS/ASR)系统。该系统主要由轮速传感器、ABS/ASR ECU、ABS执行器、ASR执行器、副节气门控制步进电动机和主、副节气门位置传感器等组成。

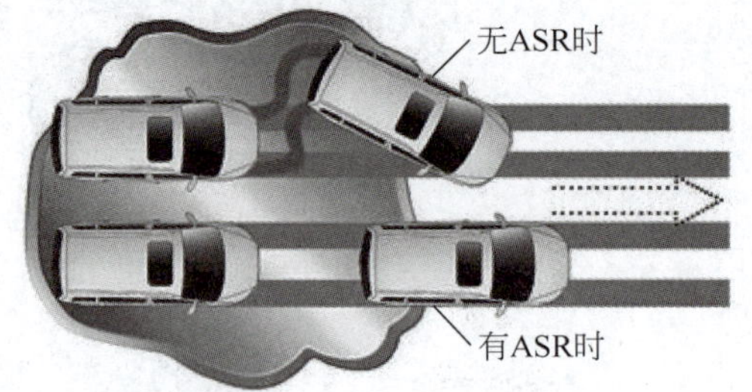

图3-95 有无ASR时汽车的行驶方向

3. 工作原理

汽车行驶过程中，轮速传感器将车轮转速转变为电信号传输给ASR电子控制器，ECU根据车轮转速计算驱动车轮的滑转率。如果滑转率超出了目标范围，ECU综合参考节气门开度信号、发动机转速信号以及转向信号(有的车没有)等确定其控制方式，并向相应执行机构发出指令使其动作，将驱动车轮的滑转率控制在目标范围之内。

在装有 ASR 的车上，从油门踏板到汽油机节气门(柴油机喷油泵操作杆)之间的机械连接被电控油门装置所代替。当传感器将油门踏板的位置及轮速信号送到控制单元时，控制单元就会产生控制电压信号，伺服电动机依此信号重新调整节气门的位置(或者柴油机操纵杆的位置)，然后将该位置信号反馈至控制单元，以便及时调整制动器。

课堂小结

(1) 汽车制动系统的作用就是根据需要使汽车减速或在最短的距离内停车，并保证汽车停放可靠，不致自动滑溜。

(2) 汽车制动系统一般由两部分组成：制动器和制动操纵机构。

(3) 制动系统按功用分为行车制动系统、驻车制动系统、辅助制动系统；按制动能源分为人力制动系统、动力制动系统、伺服制动系统；按制动能量的传输方式分为机械式、液压式、气压式、电磁式。

(4) 制动器主要有鼓式制动器和盘式制动器两种类型。

(5) 如果前轮抱死，车辆就不能转向；如果后轮抱死，左、右侧车轮与路面摩擦因数的差别就会导致车尾偏摆。

(6) ABS 系统的作用是保证汽车在任何路面上紧急制动时，自动控制和调节车轮的制动力，防止车轮完全抱死，获得最佳制动效果。

(7) ASR 系统是防止汽车在驱动过程中(特别是起步、加速、转弯时)驱动轮发生滑转现象的控制系统。

自我诊断与检测

1. 填空题

(1) 汽车制动系统一般至少装用两套各自独立的系统，一套是________装置，主要用于行驶中的减速和停车；另一套是________装置，主要用于停车防止滑移。

(2) 汽车制动系统一般由________和________两部分组成。

(3) 制动系统按功用分为________、________和________。

(4) 汽车上采用的车轮制动器可分为________和________两类。

(5) 根据制动时两制动蹄径向力的平衡状况，鼓式制动器又分为________、________和________三种。

(6) 常见的盘式制动器有________与________两种。

(7) 液压制动系统操纵机构由________、________、________和________等组成。

(8) 气压制动传动装置是用________作为力源，使车轮产生制动。

(9) 制动防抱死系统主要由________、________和________等组成。

(10) 牵引力控制装置也称为________，通常简写为________或________。

2. 选择题

(1) 当车辆制动时,制动产生的摩擦力矩的方向(　　)。

A. 与车轮旋转方向相同　　B. 与车轮的旋转方向相反

C. 前进制动时与车轮旋转方向相同　　D. 倒车制动时与车轮旋转方向相反

(2) 车轮速度传感器的功用是检测车轮速度,并将其转换成电信号送到(　　)。

A. 电控单元　　B. 制动主缸

C. 液压调节器　　D. 制动工作缸

(3) 防抱死制动系统简称为(　　)。

A. ABS　　B. SRS　　C. ASR　　D. TRC

(4) 汽车驱动防滑系统简称为(　　)。

A. ABS　　B. SRS　　C. ASR　　D. TRC

单元4

汽车电气设备

4.1 概　　述

知识目标：

(1) 汽车电气设备的组成；

(2) 汽车电气设备的特点。

能力目标：

具有对汽车电气设备各部件的认知能力。

汽车电气设备是汽车的重要组成部分，其性能的好坏直接影响到汽车的动力性、经济性、可靠性、安全性、排放性等。电子技术在汽车上的应用越来越广泛，尤其是微型计算机在汽车上的应用，大大推动了汽车工业的发展，同时给汽车的传统控制装置带来了巨大的变革。目前，基础电气设备正在向提高品质、提高性能方向发展，辅助电气设备正在向进一步拓展种类、扩大应用范围的方向发展。

4.1.1　汽车电气设备的组成

1. 电源系统

电源系统包括蓄电池、发电机、调节器。其中发电机为主电源，发电机正常工作时，由发电机向全车用电设备供电，同时给蓄电池充电。蓄电池的主要作用是发动机启动时向启动机供电，同时辅助发电机向用电设备供电。调节器的作用是使发电机的输出电压保持恒定。

2. 启动系统

启动系统包括串励式直流电动机、传动机构、控制装置。其作用是启动发动机。

3. 点火系统

点火系统包括点火开关、点火线圈、分电器总成、火花塞等，其作用是产生高压电火花，点燃汽油机发动机气缸内的混合气。

4. 照明系统

照明系统包括汽车内、外各种照明灯及其控制装置，用于保证夜间行车安全。

5. 信号系统

信号系统包括喇叭、蜂鸣器、闪光器及各种行车信号标识灯，用于保证车辆运行时的人车安全。

6. 仪表系统

仪表系统包括各种电器仪表(电流表、充电指示灯或电压表、机油压力表、温度表、燃油表、车速及里程表、发动机转速表等)。用来显示发动机和汽车行驶中有关装置的工作状况。

7. 辅助电气系统

辅助电气系统包括电动刮水器、空调器、低温启动预热装置、收录机、点烟器、玻璃升降器等。

8. 电子控制系统

电子控制系统包括电控燃油喷射装置、电子点火装置、制动防抱死装置、自动变速器等。

4.1.2 汽车电气系统的特点

1. 双电源

蓄电池和交流发电机，两个电源相互配合，协同工作。

2. 低压直流

汽油车多采用12V，柴油车多采用24V。

3. 单线并联

单线制即从电源到用电设备使用一根导线连接，而另一根导线则用汽车车体或发动机机体的金属部分代替。单线制可节省导线，使线路简化、清晰，便于安装与检修。

4. 负极搭铁

将蓄电池的负极与车体相连接，称为负极搭铁。

5. 设有保险装置

为防止因电源短路或电路过载而烧坏线束，电路中一般设有保护装置，如熔断器，易熔线等。

课堂小结

(1) 汽车电气设备主要由电源系统、启动系统、点火系统、照明系统、信号系统、仪表系统、辅助电气系统和电子控制系统组成。

(2) 汽车电气设备主要有双电源、低压直流、单线并联、负极搭铁、设有保险装置等特点。

自我诊断与检测

(1) 汽车电气设备主要由________、________、________、________、________、________、________和________组成。

(2) 汽车电气设备主要有________、________、________、________、________等特点。

(3) 汽车电源系统由________、________和________组成。

4.2 汽车电源

学习目标

知识目标：

(1) 了解蓄电池的结构；

(2) 掌握铅酸铅蓄电池的原理、工作特性；

(3) 掌握交流发电机的结构、工作原理。

能力目标：

具有简单的蓄电池维护技能。

学习内容

汽车电源系统用于向汽车用电设备提供低压直流电能，以保证汽车在行驶中和停车时的用电需要。蓄电池和发电机共同构成汽车电源系统。此外，汽车电源系统还包括电压调节器(用于动态调节交流发电机的输出电压)、电流表或其他充电状态指示装置(电压表或充电指示灯)、钥匙开关等，连接关系如图 4-1 所示。

在汽车上，蓄电池和发电机并联连接(图 4-2)，两者协同工作，共同为汽车电气设备供电。

4.2.1 蓄电池

如图 4-3 所示，蓄电池(Battery，俗称电瓶)是一个化学电源。在放电状态下，蓄电池

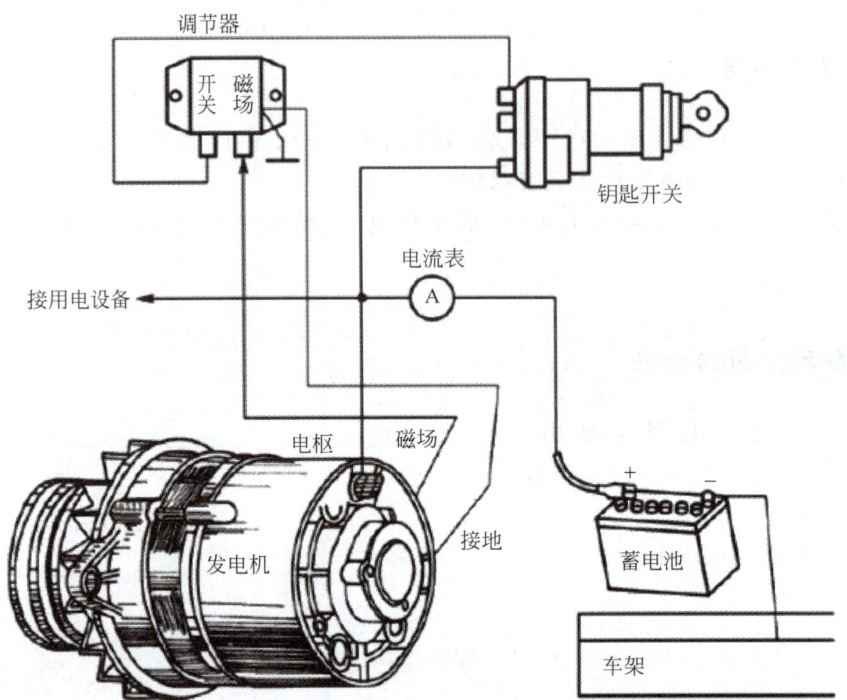

图 4-1　发电机、调节器、蓄电池的连接点电路

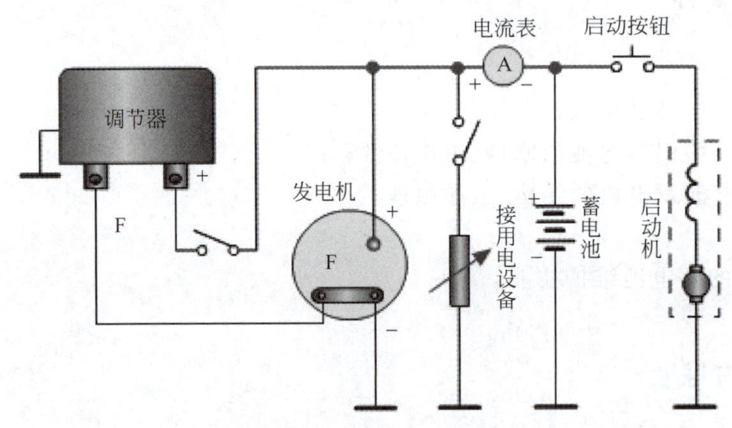

图 4-2　汽车电源系统

可将化学能转变为电能；在充电状态下，蓄电池可将电能转变为化学能。蓄电池在汽车上的安装位置根据车型和结构而定，原则上离启动机越近越好。大多数轿车的蓄电池装在发动机舱内，如图 4-4 所示，也有装在行李箱内，如图 4-5 所示。启动发动机时，蓄电池必须能在短时间(5～10s)内向启动机连续提供强大的启动电流：汽油发动机一般需要 200～600A；柴油发动机一般需要 500～1000A，甚至更大。所以，对汽车用蓄电池的基本要求是容量大、内阻小，以保证蓄电池具有足够的启动能力。

汽车用蓄电池有铅酸蓄电池(Lead-acid Battery)和碱性蓄电池(Alkaline Secondary

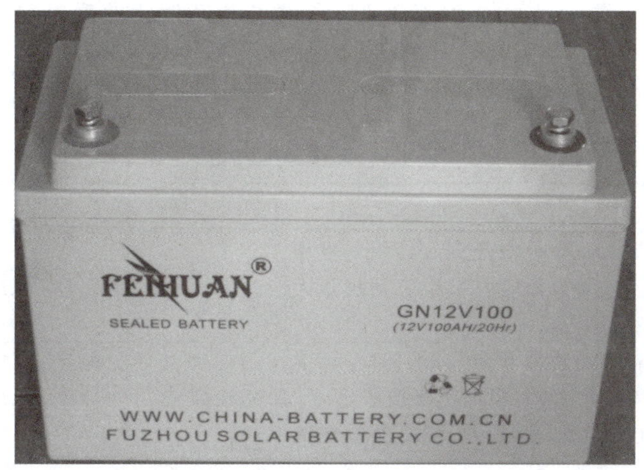

图 4-3　蓄电池

图 4-4　蓄电池的安装位置(发动机舱内)

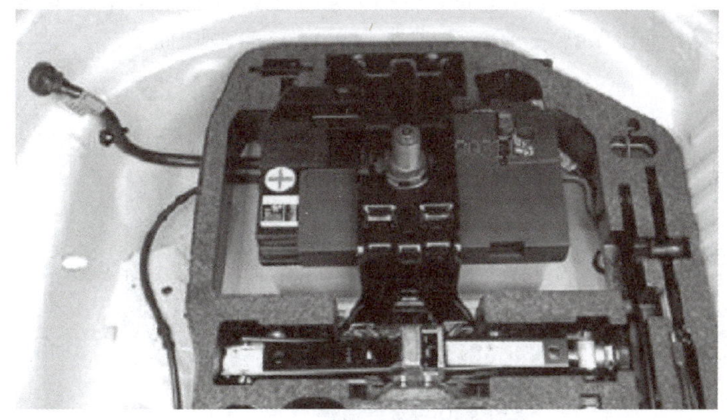

图 4-5　蓄电池的安装位置(行李箱内)

Battery)两大类。铅蓄电池又分为普通型、干式荷电型、湿式荷电型、免维护型和胶体型等。

表4-1所示为常见的车用蓄电池。

表4-1 蓄电池的类型

类 型	优 点	缺 点	适用车辆
铅酸蓄电池	结构简单,价格便宜,内阻小,电压稳定,可以短时间供给启动机强大的启动电流	比容量小,使用寿命相对较短	一般车辆
镍碱蓄电池	容量大,使用寿命长,维护简单,能承受大电流放电而不易损坏	活性物质导电性差,价格较高	使用时间长、可靠性高的车辆
电动车蓄电池	比容量大,无污染,充、放电性能好,使用寿命长	结构复杂,成本高	电动汽车

1. 蓄电池的功用

图4-1所示为汽车电源系统的组成,其中的蓄电池是一种可逆直流电源,其功用如下。

(1) 发动机启动时,蓄电池向启动机和点火系统以及燃油喷射系统供电。

(2) 发动机低速运转、发电机电压较低时,蓄电池向用电设备和交流发电机磁场绕组供电。

(3) 发电机出现故障不发电时,蓄电池向用电设备供电。

(4) 发电机过载时,蓄电池协助发电机向用电设备供电。

(5) 发动机熄火停机时,蓄电池向电子时钟、汽车电子控制单元(ECU/ECM,亦称计算机、微机)、音响设备以及汽车防盗系统供电。

2. 普通蓄电池的结构

现代汽车用铅酸蓄电池由六只单格电池串联而成,每只单格电池的电压约为2V,串联后蓄电池电压为12V。铅酸蓄电池的结构如图4-6所示,其构件主要有极板组、电解液、壳体、正负极柱、连接条等。由3个或6个单格电池串联而成。

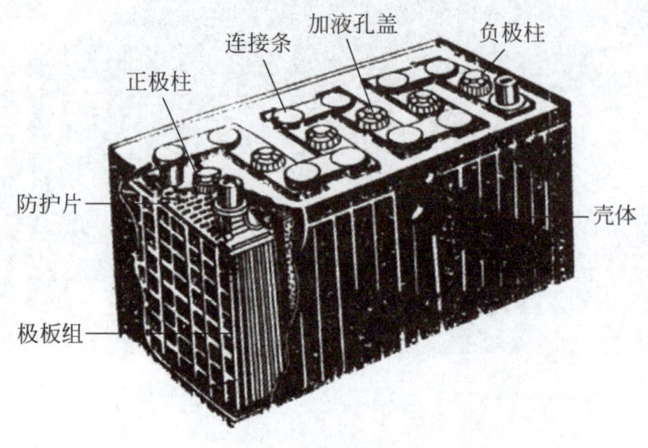

图4-6 蓄电池的结构

1）极板组

极板组是蓄电池的核心部分，它由栅架和活性物质组成，形状如图 4-7 所示。

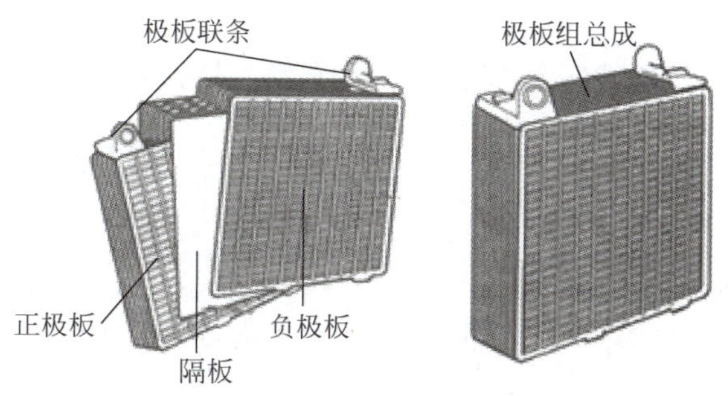

图 4-7 极板结构

如图 4-8(a)所示为栅架的结构，栅架的作用是固结活性物质。栅架一般由铅锑合金铸成，具有良好的导电性、耐蚀性和一定的机械强度。但是锑有副作用，会加速氢的析出而加快电解液消耗。锑还易从正极板栅架中解析出来而引起蓄电池自放电和栅架腐蚀，缩短蓄电池的使用寿命。目前，国内外大都采用低锑合金栅架，锑的质量分数为 2%～3%。为降低蓄电池的内阻，改善蓄电池的启动性能，现代汽车蓄电池多采用放射形栅架。图 4-8(b)为桑塔纳轿车蓄电池放射形栅架。

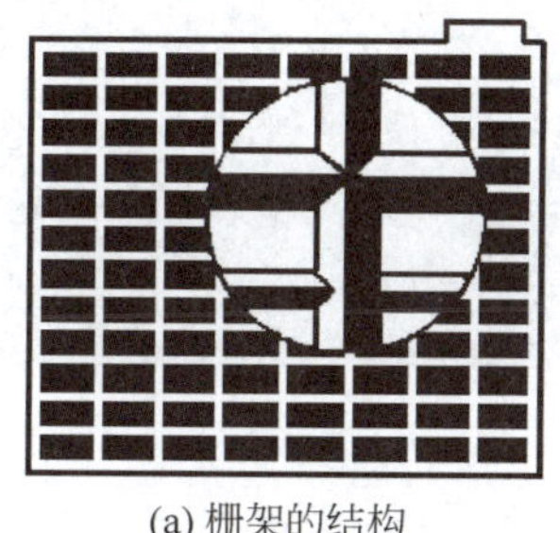

(a) 栅架的结构

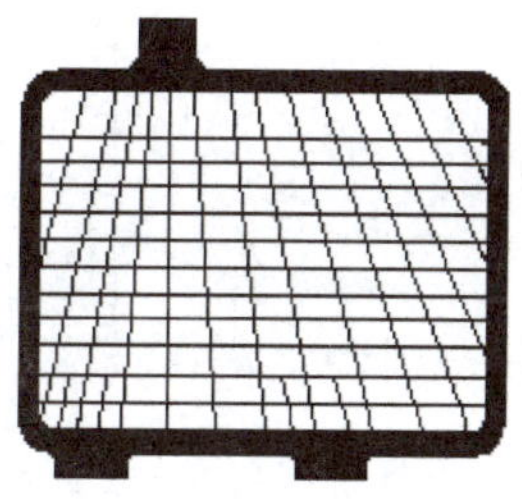

(b) 放射形栅架

图 4-8 栅架

如图 4-7 所示，极板上的工作物质称为活性物质，主要由铅粉、添加剂与一定密度的稀硫酸混合形成。为防止龟裂和脱落，铅膏中还掺有玻璃纤维等牵引附着物。正极板上的活性物质是二氧化铅（PbO_2），呈深棕色；负极板上的活性物质是海绵状的纯铅（Pb），呈青灰色。将活性物质调成糊状填充在栅架的空隙里并进行干燥即形成极板。

将正、负极板各一片浸入电解液中，可获得 2V 左右的电动势。为了增大蓄电池的容量，常将多片正、负极板分别并联，组成正、负极板组。在每个单格电池中，正极板的片数要比负极板少一片，这样每片正极板都处于两片负极板之间，因为正极板活性物质比较疏松，且正极板处的化学反应剧烈，反应前后活性物质体积变化较大，所以正极板夹在负极板之间，可使其两侧放电均匀，从而减轻正极板的翘曲和活性物质脱落。

为了减少蓄电池的内阻和尺寸，蓄电池的正、负极板应尽可能靠近。为了防止相邻正负极板彼此接触而短路，正、负极板之间要用隔板（Separator）隔开。隔板应耐酸并具有多孔性，以利于电解液的渗透。常用的隔板材料有木质、微孔橡胶和微孔塑料等。有的厂家用微孔塑料做成信封式隔板(图 4-9)套在正极板上，防止活性物质脱落。

2) 电解液

电解液是用纯净硫酸和纯净蒸馏水按一定比例配制而成的溶液，俗称电瓶水。一般密度为 1.260～1.280g/cm^3。

电解液必须高出极板组上沿 10～15mm，高度不够时，必须加注蒸馏水至标准高度。

3) 壳体

壳体用于盛放电解液和极板组，应该耐酸、耐热、耐振。壳体多采用硬橡胶或聚丙烯塑料制成，为整体式结构，底部有凸起的肋条以搁置极板组。壳内由间壁分成 3 个或 6 个互不相通的单格，各单格之间用铅质联条串联起来，如图 4-10 所示。壳体上部使用相同材料的电池盖密封，电池盖上设有对应于每个单格电池的加液孔，用于添加电解液和蒸馏水，以及测量电解液密度、温度和液面高度。加液孔盖上的通风孔可使蓄电池化学反应中产生的气体顺利排出。

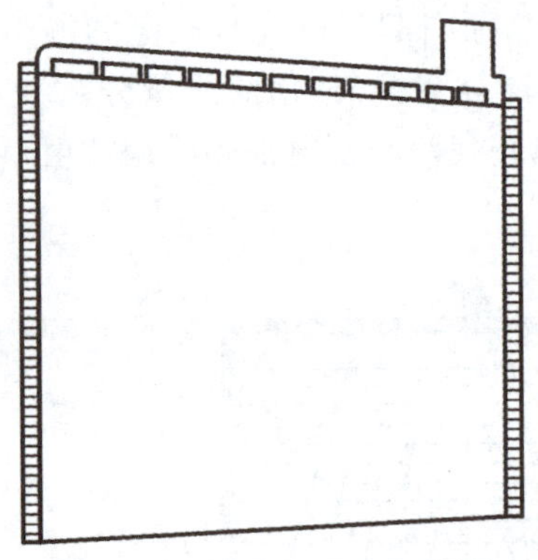

图 4-9 信封式隔板

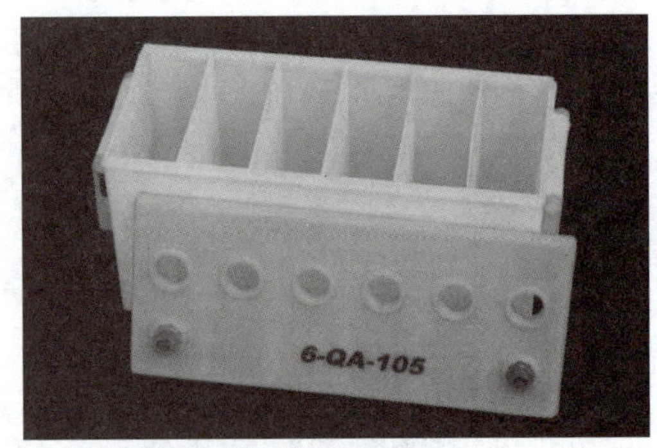

图 4-10 壳体

4) 接线柱

普通铅蓄电池首尾两极板组上焊有接线柱，接线柱有侧孔形、圆锥形和 L 形三种，形状如图 4-11 所示。为了便于区分，正接线柱上或旁边标有“+”或“P”记号，负接线柱上标有“-”或“N”记号，有些蓄电池正接线柱上涂有红色油漆。

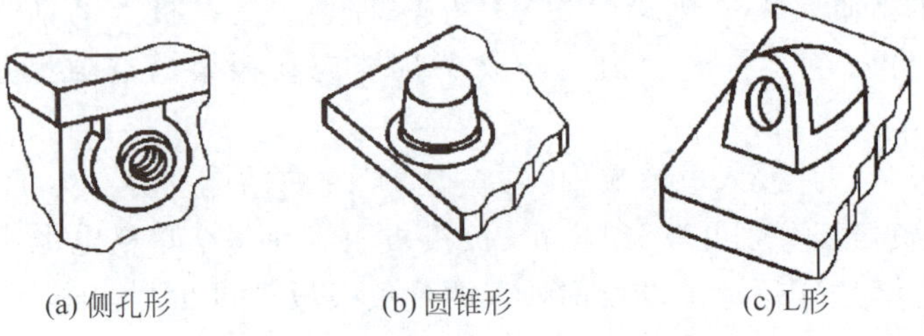

图 4-11 铅蓄电池接线柱外形

5) 联条

联条作用是将单格电池连接起来，提高蓄电池的端电压。联条一般由铅锑合金铸造而成,硬橡胶外壳蓄电池的联条位于电池上方,塑料外壳蓄电池则采用穿壁式联条,如图 4-12 所示。

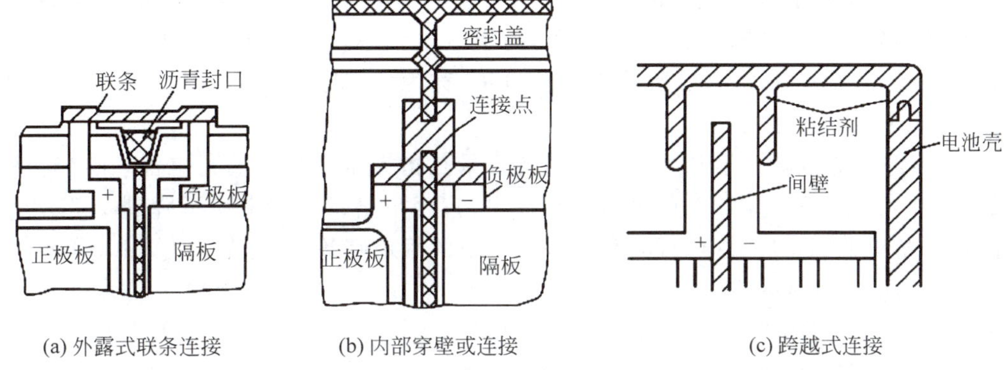

(a) 外露式联条连接 (b) 内部穿壁或连接 (c) 跨越式连接

图 4-12 单格电池的连接方式

3. 铅蓄电池的工作原理

铅酸蓄电池在充、放电过程中的化学反应是可逆的,其电化学反应方程式可简化为

$$PbO_2 + 2H_2SO_4 + Pb \longrightarrow 2PbSO_4 + 2H_2O\text{(放电反应)}$$

$$2PbSO_4 + 2H_2O \longrightarrow PbO_2 + 2H_2SO_4 + Pb\text{(充电反应)}$$

1) 放电中的化学变化

蓄电池连接外部电路放电时,稀硫酸即会与阴、阳极板上的活性物质产生反应,生成新化合物硫酸铅。经由放电硫酸成分从电解液中释出,放电愈久,硫酸浓度愈稀薄。消耗的成分与放电量成比例,只要测得电解液中的硫酸浓度,亦即测其比重,即可得知放电量或残余电量。

2) 充电中的化学变化

由于放电时在阳极板,阴极板上所产生的硫酸铅会在充电时被分解还原成硫酸,铅及过氧化铅,因此电池内电解液的浓度逐渐增加,亦即电解液之比重上升,并逐渐回复到放电前的浓度,这种变化显示出蓄电池中的活性物质已还原到可以再度供电的状态,当两极的硫酸铅被还原成原来的活性物质时,即等于充电结束,而阴极板就产生氢,阳极板则产生氧,充电到最后阶段时,电流几乎都用在水的电解,因而电解液会减少,此时应以纯水补充。

4. 蓄电池的容量及影响因素

1) 蓄电池的容量

蓄电池在规定条件(包括放电温度、放电电流和放电终止电压)下放出的电量多少或放电时间长短称为蓄电池的容量,单位为 A·h 或 A·min。

(1) 理论容量。假定活性物质全部参加放电反应,由活性物质质量按法拉第电化当量定律计算所得容量称为理论容量。

(2) 实际容量。蓄电池实际放出的电量称为实际容量。当恒流放电时,实际容量 C 等于放电电流 I_f 与放电时间 t_f 之积。

(3) 20h 放电率额定容量。额定容量是检验蓄电池质量的重要指标之一，我国采用 20h 放电率额定容量作为启动用铅酸蓄电池的额定容量。根据国标 GB 5008.1—1991《启动用铅酸蓄电池技术条件》的规定，以 20h 放电率的放电电流在电解液初始温度为 25℃，电解液密度为 1.28g/cm^3 的条件下，持续放电到单格蓄电池电压下降到终止电压(1.75V)。在此过程中，蓄电池所输出的总电量，称为该蓄电池的 20h 放电率额定容量，单位为 A·h(安培·小时)。

(4) 额定储备容量。蓄电池的额定储备容量是指完全充足电的蓄电池，在电解液初始温度为 25℃条件下，以 25A 的电流持续放电，直至单格蓄电池电压下降到 1.75V。在此过程中，蓄电池的持续放电时间，称为该蓄电池的额定储备容量，单位为 min(分钟)。

2) 影响蓄电池容量的因素

(1) 极板厚度的影响。

(2) 极板面积的影响。

(3) 同性极板中心距的影响。

(4) 放电电流的影响。

(5) 电解液温度的影响。

(6) 电解液密度的影响。

4.2.2 发电机与调节器

1. 发电机

车用发电机是在发动机的驱动下，将机械能转变为电能的装置。它作为汽车的主要电源，其作用是在发动机怠速以上转速运行时，为电气设备供电且不断地给蓄电池充电。

目前，国内外汽车使用的发电机几乎都是交流发电机。这是因为交流发电机与直流发电机相比，具有体积小、质量轻、结构简单、维修方便、寿命长、发动机低速时充电性能好、配用的调节器结构简单、产生的无线电干扰信号弱、能节省大量铜材等优点，因此，自诞生后即得到迅速普及。

汽车用交流发电机通过二极管整流，使其输出直流电，由于整流二极管是硅材料的，所以也称为硅整流交流发电机。

1) 硅整流交流发电机的类型

(1) 按总体结构的不同，分类如下。

① 普通交流发电机(图 4-13)指无特殊装置和特殊功能的汽车交流发电机，如 JF132 交流发电机。

② 整体式交流发电机(图 4-14)指内装电子调节器的交流发电机，如一汽大众奥迪、高尔夫、捷达和上海桑塔纳等轿车用 JFZ1613Z 型交流发电机。

③ 带泵交流发电机(图 4-15)指带真空泵的交流发电机，如 JFB1712 系列交流发电机。

④ 无刷交流发电机(图 4-16)指无电刷和滑环结构的交流发电机，如 JFW1913 型交流发电机。

图 4-13　普通交流发电机

图 4-14　整体式交流发电机

图 4-15　带泵的交流发电机

图 4-16　无刷交流发电机

永磁交流发电机：指转子磁极采用永磁材料的交流发电机。

(2) 按整流器结构不同，交流发电机又可分为以下几种。

① 六管交流发电机：指整流器是由六只硅整流二极管组成的三相桥式全波整流电路的交流发电机。如 JF132、JF152D、JF1522A。

② 八管交流发电机：在普通交流发电机的基础上，加装了两只中性点二极管。如天津夏利汽车 TJ7100 型及 TJ7100U 用 JFZ1542 型交流发电机即采用此种整流电路。

③ 九管交流发电机：在普通交流发电机的基础上，加装三只功率较小的激磁二极管。如北京 BJ1022、日本日立、三凌、马自达、捷达、高尔夫、神龙、富康、依维柯等汽车采用九管交流发电机。

④ 十一管交流发电机：其特点是在普通交流发电机的基础上，加装了两只中性点二极管及三只激磁二极管。如桑塔纳、奥迪 100、丰田皇冠等汽车采用此类硅整流发电机。

(3) 按励磁绕组搭铁方式不同，交流发电机可分为以下几种。

① 内搭铁交流发电机：指搭铁电刷直接与壳体连接，此交流发电机为内搭铁型交流发电机。如 JF132 型交流发电机。

② 外搭铁交流发电机：指搭铁电刷与调节器相连，通过调节器后再搭铁，此交流发电机为外搭铁型交流发电机。如 CA1092 车用此种交流发电机，北京切诺基、桑塔纳、奥

迪车采用整体式外搭铁型交流发电机。

2）硅整流交流发电机的结构

如图 4-17 为 JF132 型普通交流发电机解体图。硅整流交流发电机由一台三相同步交流发电机和硅二极管整流器组成。发电机工作时产生的三相交流电通过整流器进行三相桥式全波整流后转变为直流电。硅整流交流发电机由转子总成、定子总成、整流器、前后端盖、皮带轮、风扇、后端盖罩等组成。

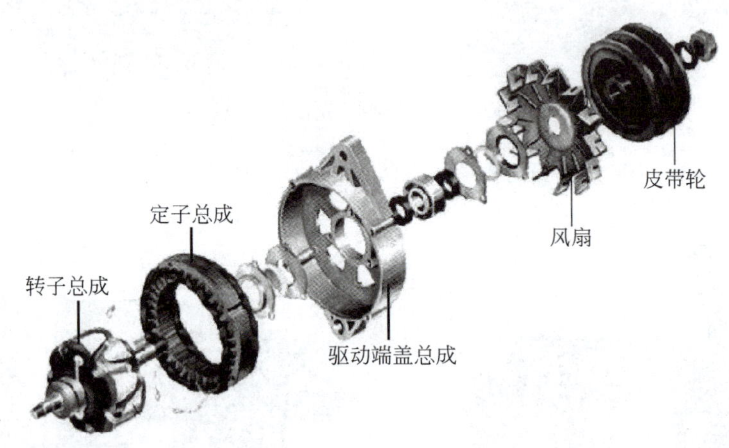

图 4-17　发电机分解图

(1) 转子总成。转子总成的功用是产生磁场。如图 4-18 所示，转子总成由爪极、磁轭、励磁绕组、滑环、转子轴等组成。

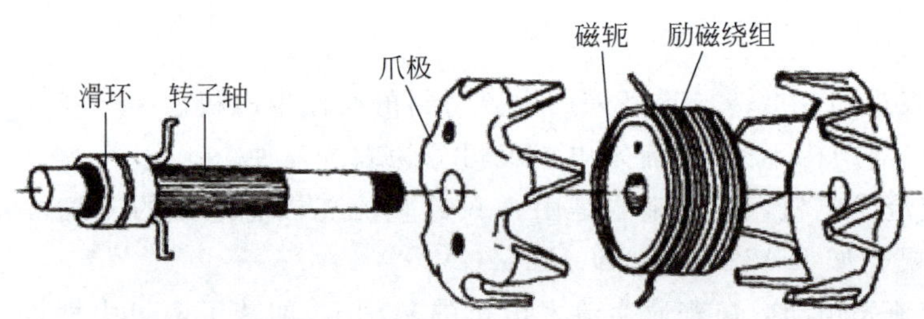

图 4-18　交流发电机转子总成分解图

转子轴上压装着两块爪极，爪极被加工成鸟嘴形状，爪极空腔内装有励磁绕组和磁轭。滑环由两个彼此绝缘的铜环组成，压装在转子轴上并与轴绝缘，两个滑环分别与励磁绕组的两端相连。当给两滑环通入直流电时，励磁绕组中就有电流通过，并产生轴向磁通，使爪极一块被磁化为 N 极，另一块被磁化为 S 极，从而形成六对（或八对）相互交错的磁极。当转子转动时，就形成了旋转的磁场。

(2) 定子总成。定子总成的功用是产生交流电。

定子总成安装在转子总成的外面，由定子铁心和定子绕组（线圈）组成。定子铁心由内圈带槽、互相绝缘的硅钢片叠成，定子总成和发电机的前后端盖固定在一起，当转子总成在其内部转动时，引起定子绕组中磁通的变化，定子绕组中就产生交变的感应电动势。

如图 4-19 所示，定子绕组有三组线圈，对称地嵌放在定子铁心的槽中。三相绕组的连接有星形接法和三角形接法两种，都能产生三相交流电。

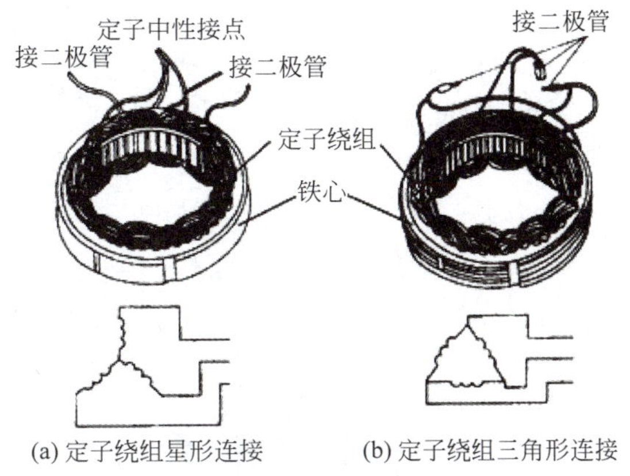

(a) 定子绕组星形连接　　(b) 定子绕组三角形连接

图 4-19　交流发电机定子总成及连接方式

(3) 整流器。整流器的作用是将定子绕组的三相交流电变为直流电。

整流器由整流板和整流二极管组成，由 6 个(8 个、9 个或 11 个)硅二极管组成的三相桥式全波整流电路，在发动机工作时将三相定子绕组中产生的交流电转变为直流电。在负极搭铁的发电机中，3 个(或 4 个)二极管的壳体为负极，压装在与发电机机体绝缘的元件板上，并与发电机的输出端(正极)相连，其引线为二极管的正极，称为正极二极管；另外 3 个(或 4 个)二极管的壳体为正极，压装在不与机体绝缘的元件板上，或直接压装在电刷端盖上，作为发电机的负极，其引线为负极，称为负极二极管。

如图 4-20 所示，6 只整流二极管分为正极管和负极管两种。引出电极为正极的称为正极管，3 只正极管装在同一块板上，称为正极板；引出电极为负极的称为负极管，3 只负极管安装在负极板上，也可直接安装在后盖上。

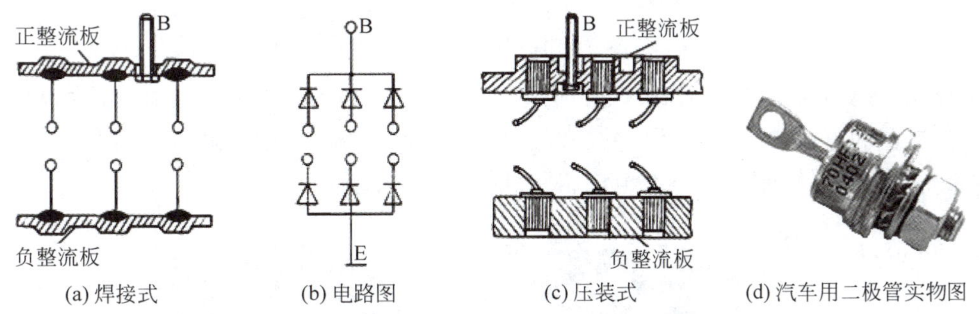

(a) 焊接式　(b) 电路图　(c) 压装式　(d) 汽车用二极管实物图

图 4-20　6 管交流发电机整流二极管安装示意图

汽车用硅整流二极管是专用的，有如下特点。

允许的工作电流大，如 ZQ50 型二极管的正向平均电流为 50A，浪涌电流为 600A。

承受反向电压的能力高，可承受的反向重复峰值电压在 270V 左右，反向不重复峰值电压在 300V 左右。

只有一根引线(引出电极)。

根据引出电极的不同分为正二极管和负二极管。

如图 4-21 所示，整流器总成的形状各异，有马蹄形、半圆形和圆形等。

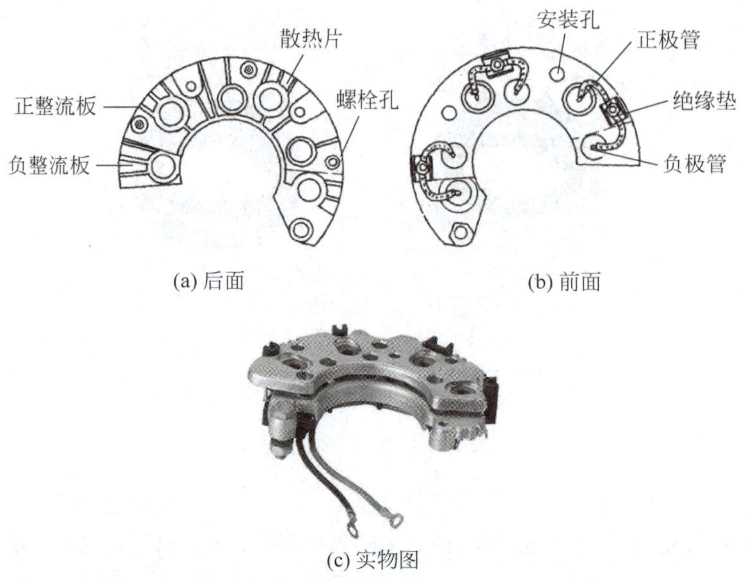

(a) 后面 (b) 前面

(c) 实物图

图 4-21 JF132 发电机整流器总成

如图 4-22 所示为整流器和定子绕组的连接图。

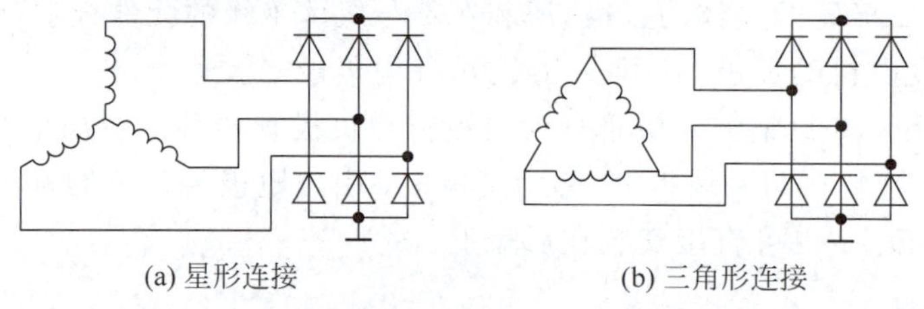

(a) 星形连接 (b) 三角形连接

图 4-22 交流发电机整流器和定子的连接电路图

（4）端盖及电刷组件。如图 4-23 所示，端盖一般分为前端盖和后端盖，起支撑转子、定子、整流器和电刷组件的作用。端盖一般用铝合金铸造，一是可有效防止漏磁，二是铝合金散热性能好。后端盖上装有电刷组件。

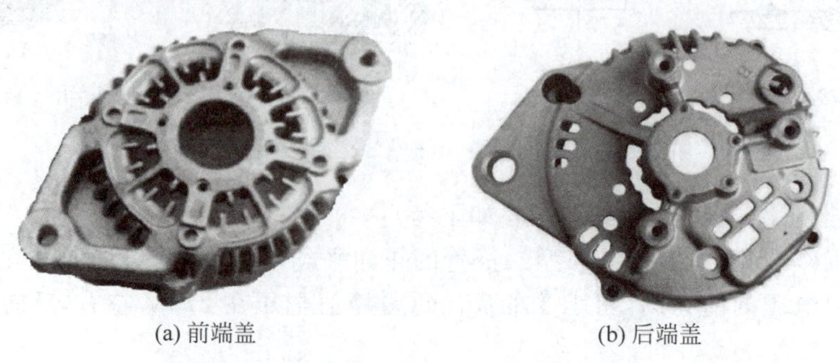

(a) 前端盖 (b) 后端盖

图 4-23 交流发电机前、后端盖实物图

如图 4-24 所示，电刷组件由电刷、电刷架和电刷弹簧组成。

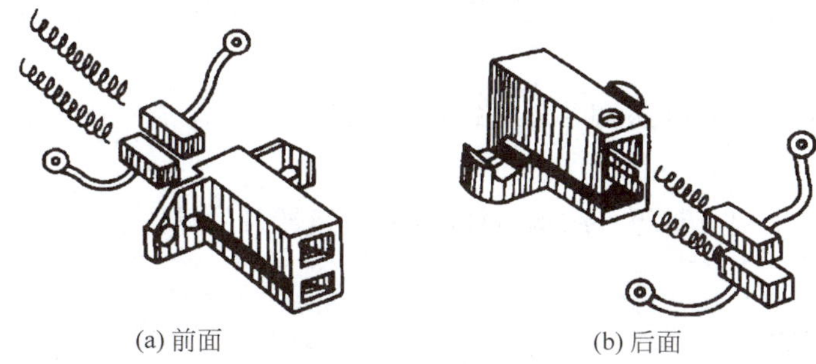

(a) 前面　　(b) 后面

图 4-24　电刷组件

电刷的作用是将电源通过滑环引入励磁绕组。两个电刷分别装在电刷架的孔内，借助弹簧压力与滑环保持接触。

电刷和滑环的接触应良好，否则会因为磁场电流过小，导致发电机发电不足。

(5) 带轮及风扇。交流发电机的前端装有带轮和风扇，由发动机通过传动带驱动发电机的转子轴和风扇一起旋转。

发电机工作时，定子绕组和励磁绕组中都会有热量产生，温度过高会烧坏导线的绝缘导致发电机不能正常工作，所以为发电机散热是必须的，为了提高散热能力，有的发电机装有两个风扇(前后各一个)。如丰田轿车的发电机。

2. 电压调节器

发电机的端电压与发电机的结构常数、转速、磁通、负载电阻及定子绕组的阻抗有关。而发电机在汽车上是由发动机按固定的传动比驱动旋转的，其转速随发动机转速变化在很大范围内变化，定子绕组的阻抗也随转速的变化而变化，并且发电机的负载大小也不是固定不变的。由于结构常数一定，要保持发电机端电压平均值恒定，就必须相应地改变磁极磁通。

所以可以通过调节激磁电流平均值的大小使发电机端电压平均值在不同的转速和负载情况下基本保持恒定。调节器就是利用这一原理工作的。

1) 调节器的种类

虽然都是通过调节激磁电流使磁场磁通改变来控制发电机的端电压，但是调节器仍可分为电磁振动式和电子调节器两类。

2) 轿车整体式交流发电机与集成电路电压调节器的结构特点

(1) 转子集电环在后端盖内，有利于防油污和水，使电刷的工作环境改善，拆装亦方便，而且提高了工作可靠性。

(2) 转子采用双面密封轴承，增加了油封工作可靠性和耐用性。

(3) 定子绕组采用波绕法，减小了电机铁心端面电场的高次谐波，提高了定子的质量。

(4) 发电机输出端装有滤波电容器，减小了对无线电的干扰，从而使输出波形更为平稳。

(5) 转动件采用动平衡工艺，特别是爪形转子，每件都经过动平衡校正。

(6) 采用11管硅整流，在三相绕组的中性点和输出端以及搭铁之间分别接一个二极管，发电机的功率增加。

(7) 采用全集成电路电压调节器，并和发电机电刷架连成一个整体，提高了工作可靠性。

(8) 冷却风扇采用了不等分结构，可降低高速运转时的噪声。

课堂小结

(1) 汽车用蓄电池有铅酸蓄电池和碱性蓄电池两大类。铅酸蓄电池又分为普通型、干式荷电型、湿式荷电型、免维护型和胶体型等类型。

(2) 常用的车用蓄电池主要分为三类，分别为铅酸蓄电池、镍碱蓄电池和电动车蓄电池。

(3) 铅酸蓄电池由正负极板、隔板、壳体、电解液和极柱等组成。

(4) 目前汽车上采用三相交流发电机，内部带有二极管整流电路，将交流电整流为直流电。

(5) 轿车采用带调节器的整体式交流发电机。它主要由转子总成、定子总成、整流部分、风扇、元件板、带轮、前后端盖等组成。

(6) 转子的功用是产生磁场。转子由爪极、磁轭、励磁绕组、滑环、转子轴等组成。

(7) 定子的功用是产生交流电。定子由定子铁心和定子绕组(线圈)组成。

(8) 整流器的作用是将定子绕组的三相交流电变为直流电。整流器由整流板和整流二极管组成。

(9) 六管交流发电机的整流器是由6只硅整流二极管分别压装(或焊装)在相互绝缘的两块板上组成的，其中一块为正极板(带有输出端螺栓)，另一块为负极板，负极板和发电机外壳直接相连(搭铁)，也可以将发电机的后盖直接作为负极板。

(10) 调节器可分为电磁振动式和电子调节器两类。

自我诊断与检测

(1) 汽车用蓄电池有________和________两大类。铅酸蓄电池又分为________、________、________、________和________等类型。

(2) 常用的车用蓄电池主要分为________、________和________三种。

(3) 铅酸蓄电池由________、________、________、________和________等组成。

(4) ________是蓄电池的核心部分，它由________和________等组成。极板上的工作物质称为________，主要由________、________与一定密度的稀硫酸混合而成。极板分为________和________两种。正极板上的活性物质是________，呈深棕色，负极板上的活性物质是________，呈深灰色。

(5) 电解液是用________和________按一定比例配制而成的溶液。

(6) 目前汽车上采用________发电机，内部带有二极管整流电路，将________整流为________。

(7) 转子的功用是________。转子由________、________、________、________、________等组成。

(8) 定子的作用是________。定子由________和________组成。

(9) 整流器的作用是________。整流器由________和________组成。

4.3　汽油机启动系统

知识目标：

(1) 了解并掌握启动系统的作用、组成和分类；

(2) 掌握启动机的结构组成和工作原理。

能力目标：

具有识别启动机型号的能力。

现代轿车上，使用最多的是活塞式内燃机，即汽油机和柴油机，从这两种内燃机的原理可以知道，只有当其转速达到一定的数值时，内燃机才可以向外发出功率做功。因此在车辆开始行驶时就有一个启动内燃机使其转速达到其最低工作转速的过程。通常把汽车发动机曲轴在外力作用下，从开始转动到怠速运转的全过程，称为发动机的启动，完成这一过程的系统称为汽车的启动系统。

4.3.1　启动系统概述

1. 启动系统的作用

启动系统的作用就是供给发动机曲轴启动转矩，使曲轴达到必需的启动转矩，以便使发动机进入自行运转状态。当发动机进入自由运转状态后，启动系统便结束任务立即停止工作。

2. 启动系统的组成

启动系统由蓄电池、启动机和启动控制电路等组成，如图4-25所示。

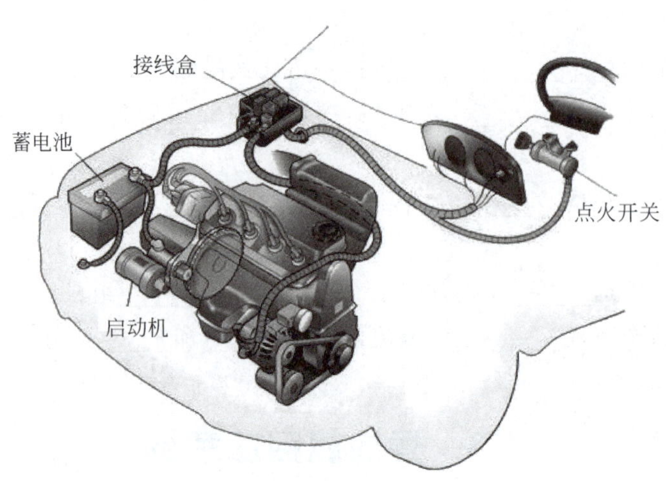

图 4-25 启动系统的组成

3. 启动机的组成及其分类

1）组成

启动机俗称“马达”，由直流电动机、传动机构和控制机构三部分组成，如图 4-26 所示。

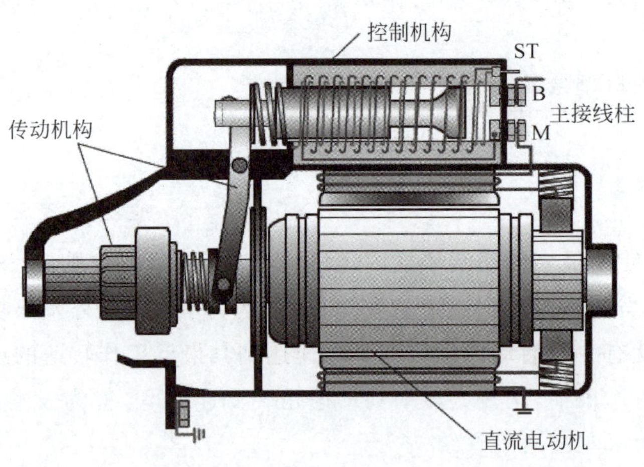

图 4-26 启动机

直流电动机的作用是将蓄电池输入的电能转换为机械能，产生电磁转矩。

传动机构的作用是利用驱动齿轮啮入发动机飞轮齿圈，将直流电动机的电磁转矩传给曲轴，并及时切断曲轴与电动机之间的动力传递，防止曲轴反拖。

控制机构的作用是接通或切断启动机与蓄电池之间的主电路，并使驱动小齿轮进入或退出啮合。

2）分类

启动系统按控制机构分为机械控制式和电磁控制式；按传动机构分为惯性啮合式、强制啮合式和电磁啮合式。除上述形式外，还有永磁启动机、减速式启动机等。

4.3.2 启动机用直流电动机

1. 直流电动机的工作原理

直流电动机是将电能转变为机械能的装置，如图 4-27 所示，它是根据载流导体在磁场中受到电磁力作用而发生运动的原理工作的。

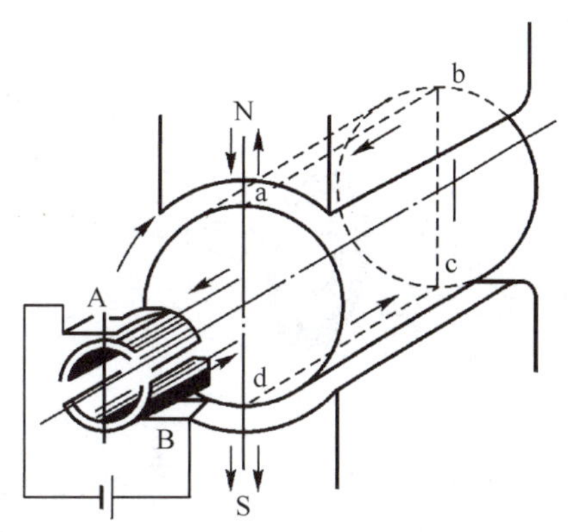

图 4-27 直流电动机原理

2. 直流电动机组成

启动机的直流电动机主要由定子总成、转子总成、电刷总成、驱动端盖及接线柱等组成，如图 4-28 所示。

1）定子总成

定子总成俗称“磁极”，作用是产生磁场，分为励磁式和永磁式两类。为增大转矩，启动机通常采用四个磁极，两对磁极相对交错安装，定子与转子铁心形成的磁力线回路如图 4-29 所示，低碳钢板制成的机壳是磁路的一部分。

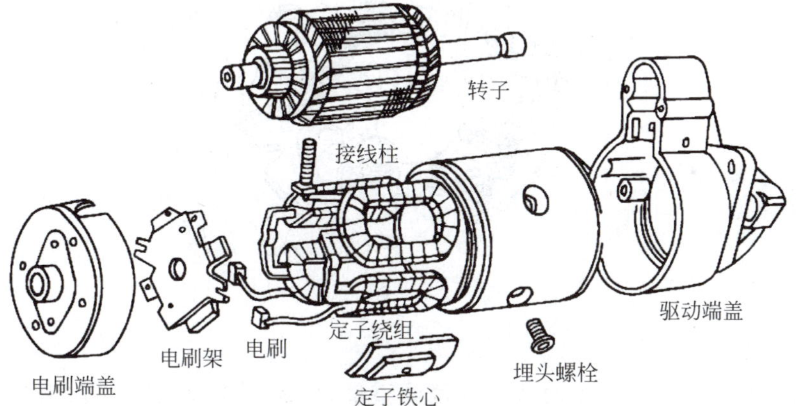

图 4-28 直流电动机组成

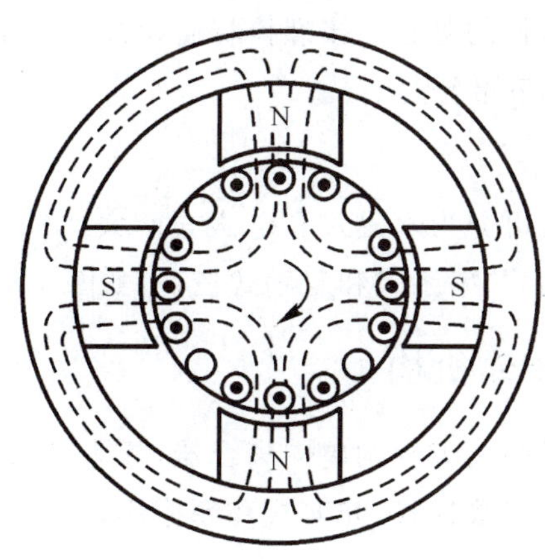

图 4-29 定子

2）转子总成

转子总成俗称“电枢”，如图 4-30 所示，由电枢轴、铁心、电枢绕组和换向器等组成。转子总成的作用是产生电磁转矩。

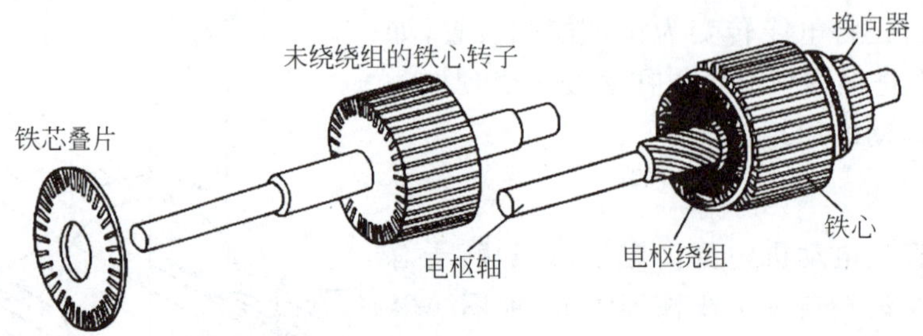

图 4-30 转子

3）电刷端盖

电刷端盖一般用浇铸或冲压法制成，盖内装有四个电刷架及电刷，如图 4-31 所示。

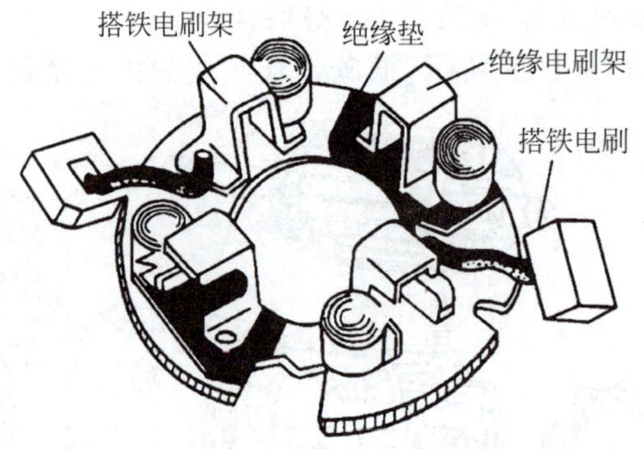

图 4-31 电刷端盖

4）驱动端盖

驱动端盖上有拨叉座和驱动齿轮行程调整螺钉，还有支撑拨叉的轴销孔。为了避免电枢轴弯曲变形，一些启动机装有中间支撑板。

两端盖与机壳靠两个较长的穿心连接螺栓将启动机组装成一个整体。端盖与机壳间接合面上一般制有定位用的安装记号。

3. 直流电动机类型

直流电动机按励磁方式可分为永磁式和电磁式两大类，电磁式按励磁绕组与电枢绕组的连接关系又可分为并励式、串励式和复励式三种，如图 4-32 所示。

4.3.3 启动机的传动机构

启动机的传动机构包括驱动齿轮的单向离合器，减速启动机的传动机构和减速装置。常见启动机单向离合器主要有滚柱式、弹簧式和摩擦片式三种。

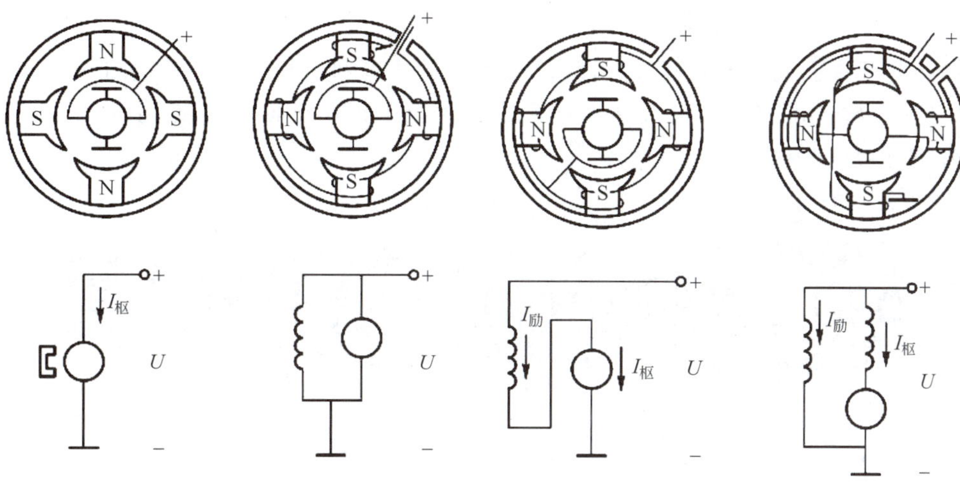

图 4-32 直流电动机类型

1. 滚柱式单向离合器

滚柱式单向离合器是通过改变滚柱在楔形槽中的位置实现结合和分离的。其结构分为十字块式和十字槽式两种，如图 4-33 所示。离合器的套筒内有螺旋花键，与启动机电枢轴前端的花键结合。单向离合器既可在拨叉下沿电枢轴轴向移动，又可在电枢驱动下做旋转运动。

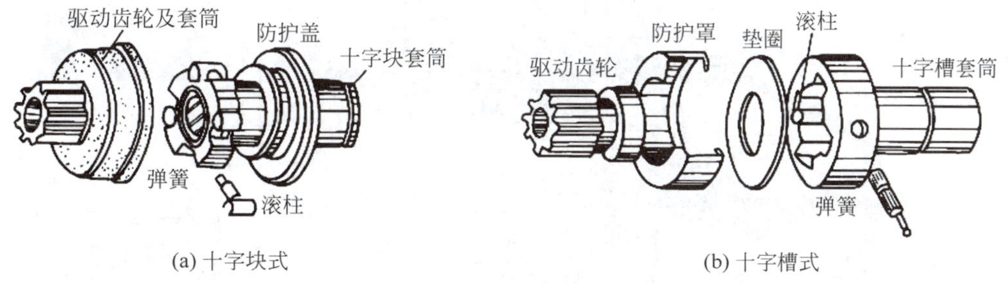

图 4-33 滚柱式单向离合器

2. 弹簧式单向离合器

如图 4-34 所示，弹簧式单向离合器是通过扭力弹簧的径向收缩和放松来实现接合和分离的。驱动齿轮与花键套筒间采用浮动的圆弧定位键连接。

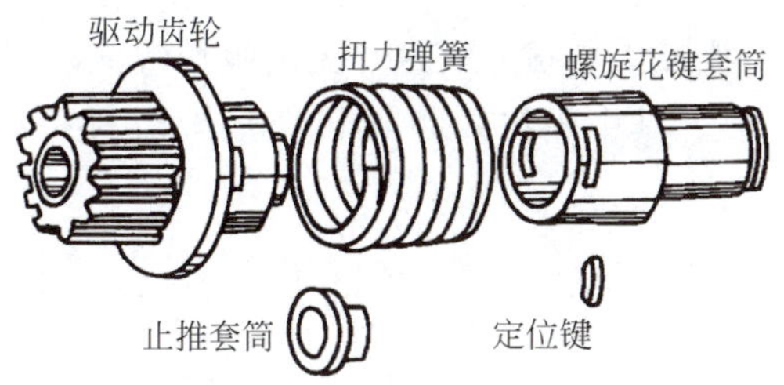

图 4-34 弹簧式单向离合器

3. 摩擦片式单向离合器

摩擦片式单向离合器是通过主、从动摩擦片的压紧和放松来实现接合和分离的。如图 4-35 所示，离合器的花键套筒通过四条内螺纹与电枢花键轴相连接，花键套筒又通过三条外螺纹与内接合鼓连接。

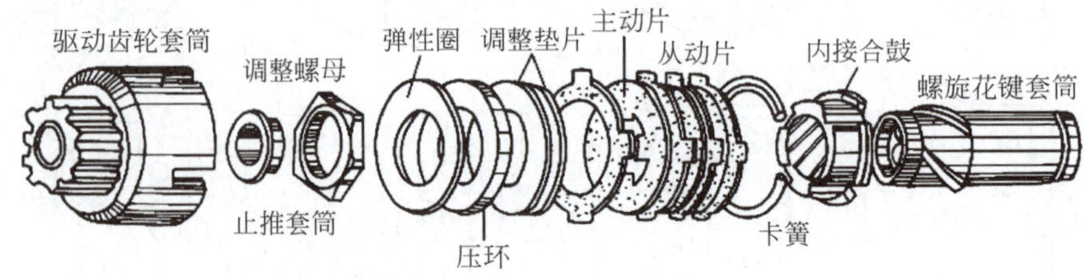

图 4-35 摩擦片式单向离合器

4.3.4 启动机的控制机构

1. 组成

电磁操纵式启动机结构组成如图 4-36 所示。

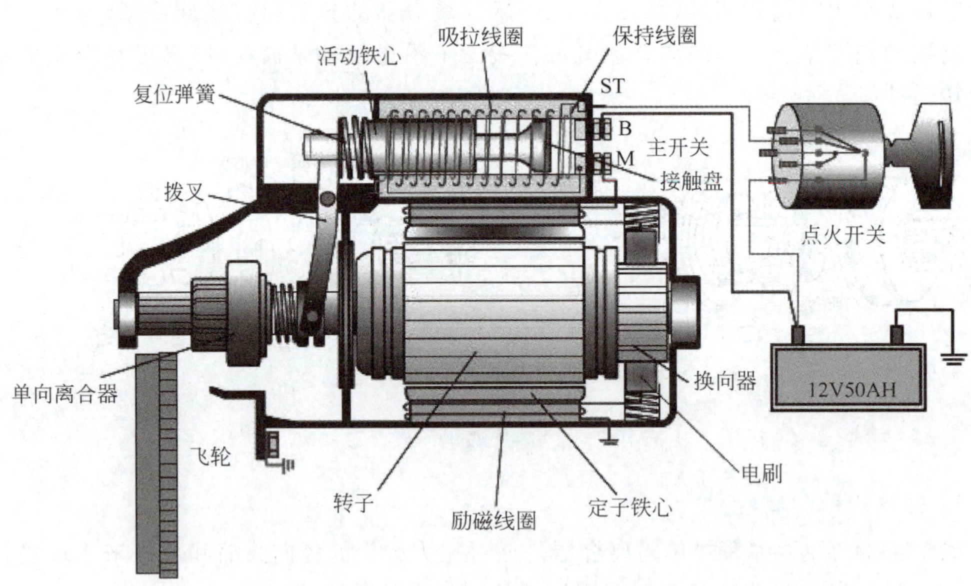

图 4-36 电磁操纵式启动机

控制机构由电磁开关、拨叉等组成；电磁开关由吸拉线圈、保持线圈、活动铁心、主开关接触盘及复位弹簧等组成。其中吸拉线圈与电动机串联，保持线圈与电动机并联。

2. 工作过程

(1) 启动机不工作时：驱动齿轮与飞轮齿圈不接触，电磁开关中的接触盘与各接触点分开。

(2) 将启动开关接通：蓄电池经启动控制电路向启动机电磁开关通电，此时吸拉线圈与保持线圈磁场方向相同，活动铁心压动推杆使启动机主开关接触盘与接触点接通，启动机主电路接通；与此同时拨叉将驱动小齿轮推向啮合。

(3) 发动机启动后：单向离合器打滑，避免了电枢绕组高速甩散的危险。

(4) 松开启动开关时：启动控制电路断开，但吸拉线圈和保持线圈通过仍然闭合的主开关得到电流。因两线圈磁场方向相反，相互削弱，活动铁心在复位弹簧作用下迅速回位，使驱动小齿轮脱开啮合，主开关断开，启动机停止工作。

4.3.5 启动系统控制电路

常见的启动系统控制电路有开关直接控制、启动继电器控制和启动复合继电器控制三种。

1. 开关直接控制启动系统

开关直接控制是指启动机由点火开关或启动按钮直接控制，如图 4-37 所示。

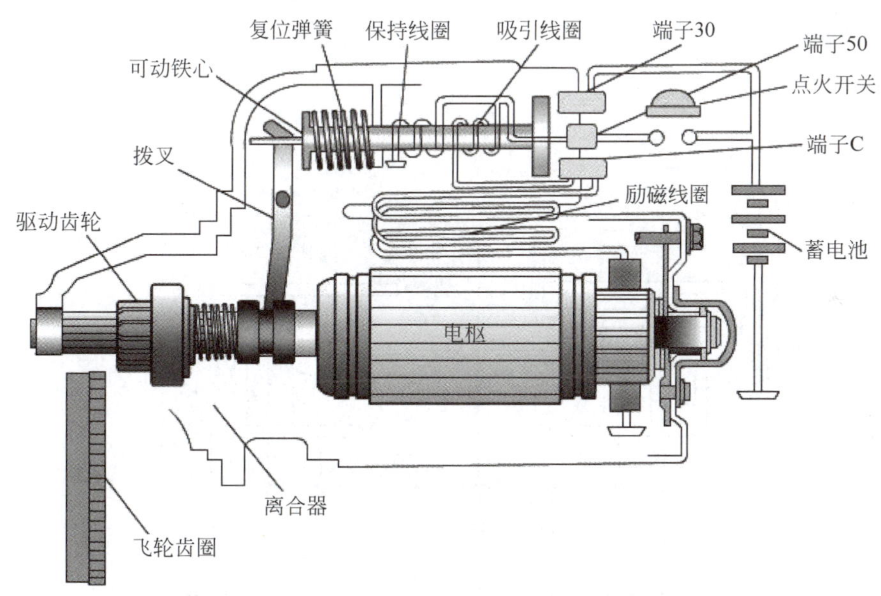

图 4-37 开关直接控制启动系统

2. 启动继电器控制启动系统

启动继电器控制是指用启动继电器触点控制启动机电磁开关的大电流，而用点火开关或启动按钮控制继电器线圈的小电流，如图 4-38 所示。启动继电器的作用就是以小电流控制大电流，保护点火开关，减少启动机电磁开关线路压降。

3. 启动复合继电器控制启动系统

如图 4-39 所示，启动复合继电器由启动继电器和保护继电器两部分组成。启动继电器的触点是动合的，控制启动机电磁开关；保护继电器的触点是动断的，控制充电指示灯和启动继电器线圈的搭铁。

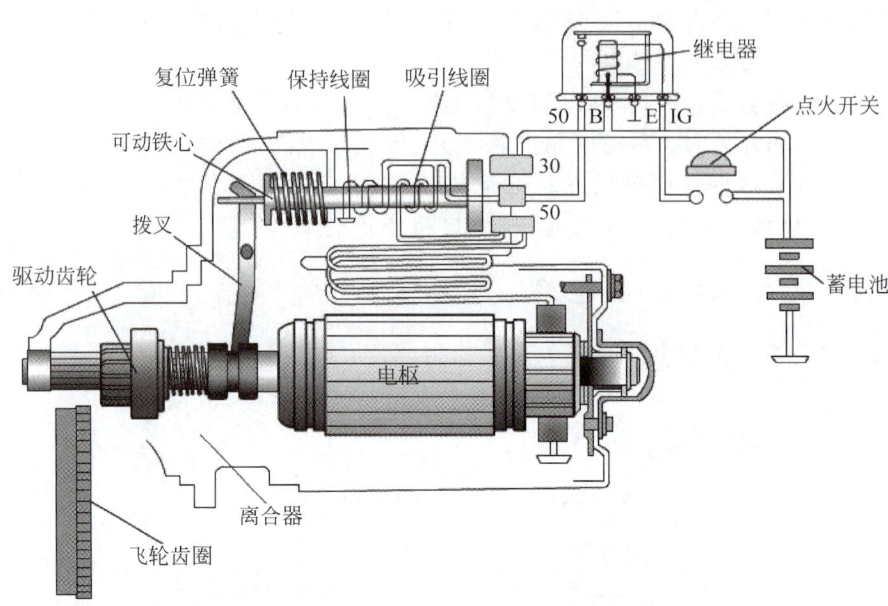

图 4-38 启动继电器控制启动系统

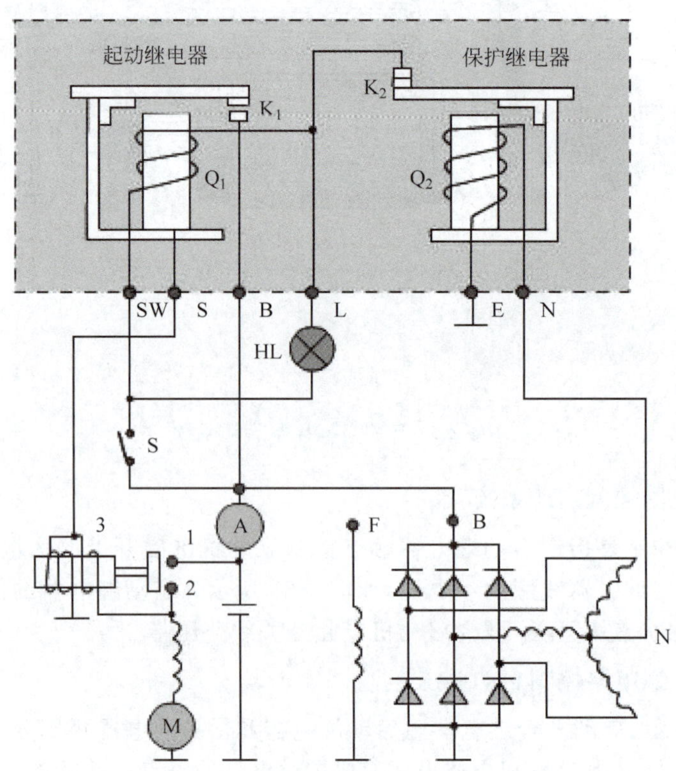

图 4-39 启动复合继电器控制启动系统

文件名称：典型启动机实例
文件类型：DOCX
文件大小：554KB

课堂小结

（1）启动系统的作用就是供给发动机曲轴启动转矩，以便使发动机进入自行运转状态。

（2）启动系统由蓄电池、启动机和启动控制电路等组成。

（3）启动机俗称"马达"，由直流电动机、传动机构和控制机构三部分组成。

（4）启动机按控制机构分为机械控制式和电磁控制式；按传动机构分为惯性啮合式、强制啮合式和电磁啮合式。

（5）启动机的直流电动机主要由定子、转子、换向器、电刷及端盖等组成。

（6）直流电动机按励磁方式可分为永磁式和电磁式两大类，电磁式按励磁绕组与电枢绕组的连接关系又可分为并励式、串励式和复励式三种。

（7）常见启动机单向离合器主要有滚柱式、弹簧式和摩擦片式三种。

（8）控制机构由电磁开关、拨叉等组成；电磁开关由吸拉线圈、保持线圈、活动铁心、主开关接触盘及复位弹簧等组成。其中吸拉线圈与电动机串联，保持线圈与电动机并联。

（9）常见的启动系统控制电路有开关直接控制、启动继电器控制和启动复合继电器控制三种。

自我诊断与检测

（1）启动系统由________、________和________等组成。

（2）启动机俗称"马达"，由________、________和________三部分组成。

（3）启动机的直流电动机主要由________、________、________、________和________等组成。

（4）直流电动机按励磁方式可分为________和________两大类。

（5）常见的启动系统控制电路有________、________和________三种。

4.4 汽油机点火系统

学习目标

知识目标：

（1）掌握汽油机点火系统的功用、类型及组成；

（2）了解汽油机点火系统的工作原理；

（3）发动机对点火系统的基本要求。

能力目标：

具有识别点火系统各个部件的能力。

学习内容

汽油机在压缩接近上止点时，可燃混合气由火花塞点燃，从而燃烧对外做功，为此，汽油机的燃烧室中都装有火花塞。火花塞有一个中心电极和一个侧电极，两电极之间是绝缘的。当在火花塞两电极间加上直流电压并且电压升高到一定值时，火花塞两电极之间的间隙就会被击穿而产生电火花。能够在火花塞两电极间产生电火花所需要的最低电压称为击穿电压；能够在火花塞两电极间产生电火花的全部设备称为发动机点火系统。

4.4.1 概述

1. 点火系统的功用

点火系统的作用就是按照汽油机工作的要求，在一定时刻供给火花塞足够能量的高压电，使其两极间产生电火花，点燃气缸内的混合气使发动机做功。

2. 点火系统的分类

随着现代工业的高速发展，对汽车发动机技术指标和排放污染物指标的要求越来越高，点火系统先后经历了传统触点式点火系统、晶体管式点火系统和计算机控制的点火系统三个阶段，其中计算机控制的点火系统又可分为有分电器式和无分电器式两个阶段。

文件名称：触点式点火系统
文件类型：DOCX
文件大小：1.00MB

文件名称：晶体管点火系统
文件类型：DOCX
文件大小：604KB

4.4.2 计算机控制点火系统

计算机控制点火系统是指计算机根据各种传感器输入的信号，经过数学运算和逻辑判断控制初级电路通断的点火系统。计算机控制点火系统消除了机械式提前角装置，点火时间控制得更精确，应用越来越广。如图 4-40 所示为计算机控制点火系统在发动机上的位置。

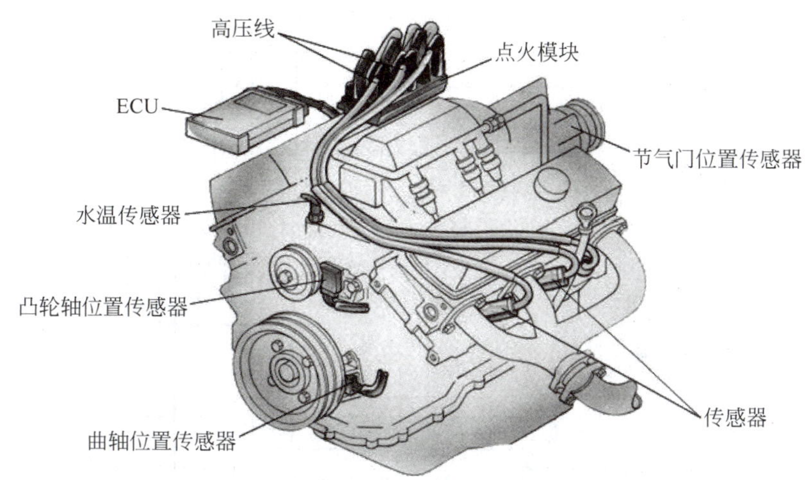

图 4-40 计算机控制点火系统

计算机控制点火系统按是否配有分电器分为有分电器计算机控制点火系统和无分电器计算机控制点火系统两种。

1. 有分电器计算机控制点火系统

有分电器计算机控制点火系统由低压电源、点火开关、计算机控制单元、点火控制器、点火线圈、分电器、火花塞、高压线和各种传感器等组成，如图 4-41 和图 4-42 所示。

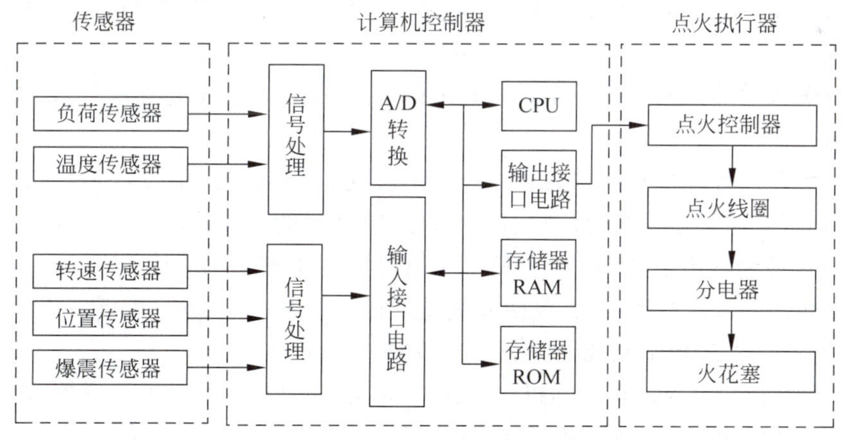

图 4-41 有分电 mc 器计算机控制点火系统框图

1）电控单元

电控点火系统 ECU 的作用是接收与发动机工作状况相关的各种传感器及其他装置的信号，并进行运算、分析、判断后发出指令，控制电子点火器，实现点火控制。

2）传感器

传感器用来检测与点火有关的发动机工况信息，并将信息输入电子控制器，作为运算各控制点火时刻的依据，主要的传感器有曲轴转角和转速传感器、曲轴基准位置传感器、进气压力传感器、空气流量传感器、进气温度传感器、冷却水温度传感器、节气门

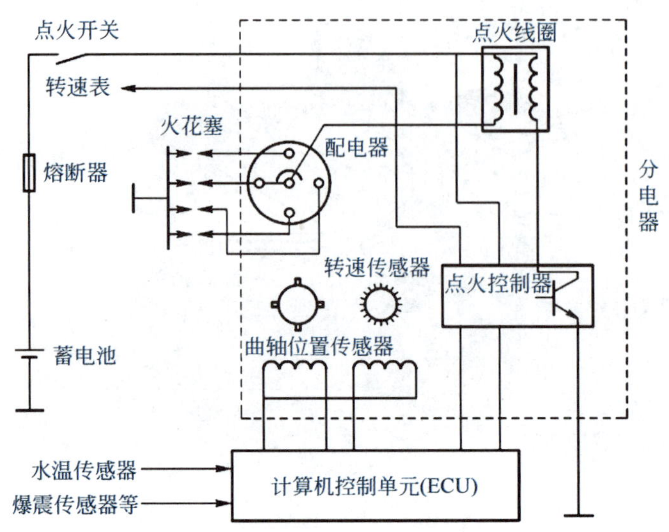

图 4-42 有分电器计算机控制点火系统原理图

位置传感器、爆震传感器、各种开关输入信号、启动开关信号、空调开关信号、空挡开关信号。

各种车型点火系统所用的传感器的形式、数量各不相同，一般主要包括以下几种。

(1) 发动机曲轴位置、转速传感器和判缸信号传感器：可以装于曲轴前端或中部、凸轮轴前端或后端、飞轮上方或分电器内。常见的结构形式有光电效应式、磁感应式和霍尔效应式三种。

曲轴位置传感器用来反映活塞在气缸中的位置，提供活塞上止点信号，以便确定各缸的点火时刻。

转速传感器向计算机控制单元提供发动机转速(曲轴转角)信号，作为计算机控制点火提前角、初级电路导通角与燃油喷射系统计算喷油量的主要依据。

判缸信号传感器用来区别到底是哪一个气缸的活塞到达压缩行程上止点。

(2) 发动机负荷传感器：主要包括节气门位置传感器、空气流量传感器或进气歧管绝对压力传感器，另外还包括空调开关和动力转向开关等。

(3) 其他传感器：为改善发动机的工作性能，还增加了一些其他传感器，以修正点火正时。主要有水温传感器、爆震传感器、氧传感器、进气温度传感器、启动开关等。

3) 点火控制器

各种发动机点火控制器的结构和功能不尽相同，简单的只有大功率晶体管，单纯起开关作用；有的除了大功率晶体管外，还有其他控制电路，不但起开关作用，还有恒流控制、气缸判别、闭合角控制和点火反馈监视等功能，向计算机控制单元反馈点火信号，以便进一步控制燃油喷射。

4) 点火线圈

点火线圈多采用闭磁路形式，实现小型化。有的与分电器合为一体，进一步减少了高压损失和无线电干扰。

5）分电器

分电器取消了机械式的离心提前机构和真空提前机构，主要起分配高压电的功能。

2. 无分电器计算机控制点火系统

无分电器计算机控制点火系统又称为直接点火系统，它除了具有有分电器计算机控制点火系统的优点外，取消了分电器总成，其高压配电由原来的机械式改为电子式，使其还具有如下优点：在不增加电能消耗的情况下，进一步增大了点火能量，有利于采用稀混合气燃烧降低污染物排放和燃油消耗量；避免了与分火头有关的一些机械故障，提高了工作可靠性；对无线电的干扰大幅度降低，几乎降至零；无须进行点火正时方面的调整，使用维护更加简便。

1）无分电器计算机控制点火系统的组成

无分电器点火系统由低压电源、点火开关、计算机控制单元、点火控制器、点火线圈、火花塞、高压线和各种传感器等组成，如图 4-43 所示。

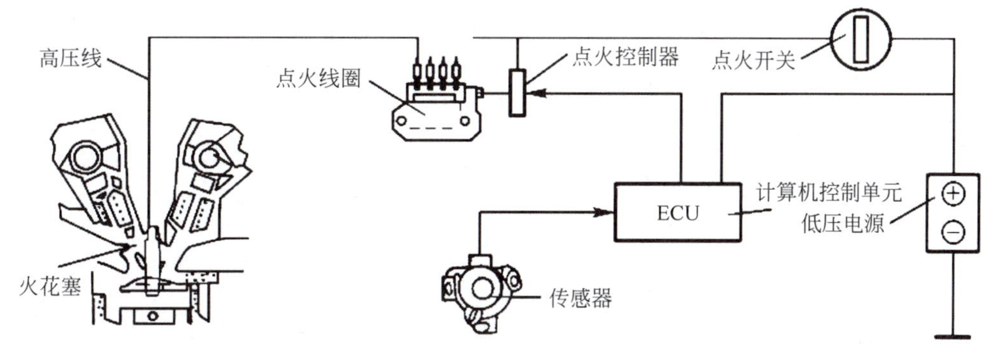

图 4-43 无分电器计算机控制点火系统

2）无分电器计算机控制点火系统的工作原理

无分电器计算机控制点火系统根据高压配电方式的不同分为独立点火方式和同时点火方式两种，其工作原理也各不相同。

（1）独立点火方式是一个缸的火花塞配一个点火线圈，各个独立的点火线圈直接安装在火花塞上，独立向火花塞提供高压电，各缸直接点火，如图 4-44 所示。这种结构去掉了高压线，因此可以使高压电能的传递损失和对无线电的干扰降低到最低水平。

（2）同时点火方式是利用一个点火线圈对活塞接近压缩上止点和排气上止点的两个气缸同时进行点火的高压配电方法。同时点火方式又分为点火线圈配电方式和二极管配电方式两种。

① 点火线圈配电方式。如图 4-45 所示，点火线圈配电方式是一种直接用点火线圈分配高压电的同时点火方式。几个相互屏蔽的、结构独立的点火线圈组合成一体，称为点火线圈组件。4 缸机的点火线圈组件有两个独立的点火线圈，6 缸机的点火线圈组件有三个独立的点火线圈。每个点火线圈供给配对的两个缸的火花塞高压电。点火控制器中有与点火线圈数量相等的功率三极管，各控制一个点火线圈的工作。点火控制器根据计算机提供的点火信号，由气缸判别电路按点火顺序轮流激发功率三极管，使其导通或截止，

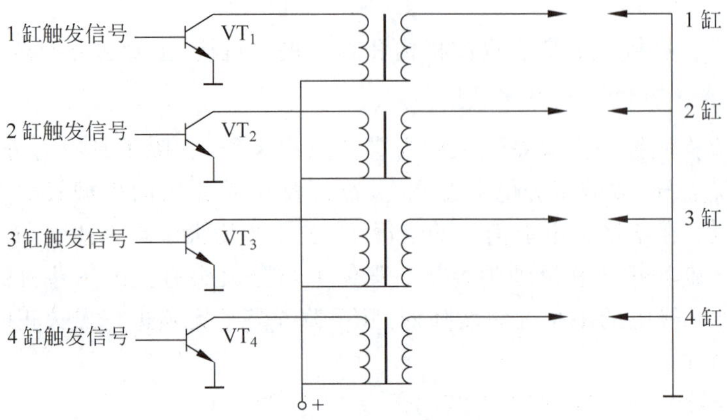

图 4-44 独立点火方式

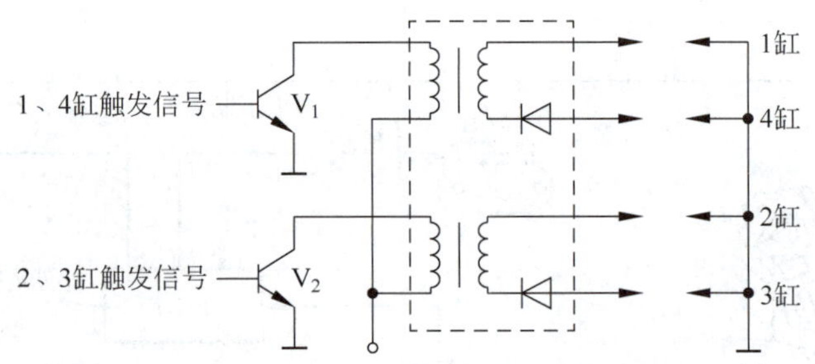

图 4-45 点火线圈配电方式

以此控制点火线圈初级绕组的通断，产生次级电压而点火。点火线圈配电方式点火系统是应用最广泛的一种无分电器计算机控制点火系统。

② 二极管配电方式。如图 4-46 所示，二极管配电方式是利用二极管的单向导通特性，对点火线圈产生的高压电进行分配的同时点火方式。与二极管配电方式相配的点火线圈有两个初级绕组、一个次级绕组，相当于共用一个次级绕组的两个点火线圈的组件。次级绕组的两端通过四个高压二极管与火花塞组成回路，其中配对点火的两个活塞必须同时到达上止点，即一个处于压缩行程上止点时，另一个处于排气行程上止点。计算机控制单元根据曲轴位置等传感器输入的信息，经计算、处理，输出点火控制信号，通过点火控

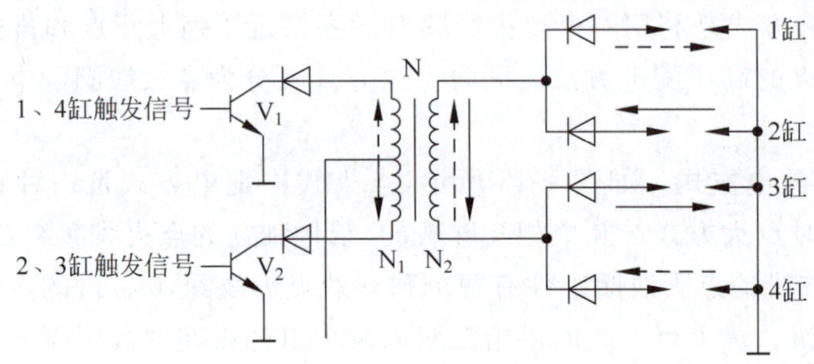

图 4-46 二极管配电方式

制器中的两个大功率三极管，按点火顺序控制两个初级绕组的电路交替接通和断开。当1、4缸点火触发信号输入点火控制器时，大功率三极管 V_1、初级绕组 N_1 断电，次级绕组产生虚线箭头所示方向的高压电动势，此时1、4缸高压二极管正向导通而使火花塞跳火。当2、3缸点火触发信号输入点火控制器时，大功率三极管 V_2 截止，初级绕组 N_1 断电，次级绕组产生实线箭头所示方向的高压电动势，此时2、3缸高压二极管导通，故2、3缸火花塞跳火。二极管配电方式的主要特点是一个点火线圈组件为四个火花塞提供高压电，因此特别适宜于四缸或八缸发动机。

3）无分电器计算机控制点火系统主要元件的结构

无分电器计算机控制点火系统组成如图4-47所示，与有分电器计算机控制点火系统相比，火花塞、高压线和主要传感器的结构和原理基本相同，但是在计算机控制单元、点火控制器、点火线圈的结构和原理方面存在一些差异。

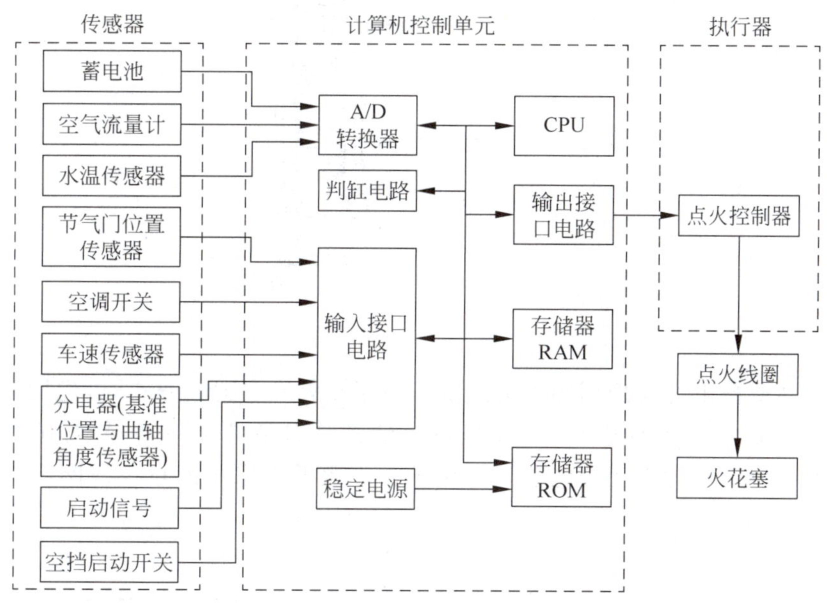

图4-47 无分电器计算机控制点火系统

(1) 计算机控制单元。无分电器计算机控制点火系统的计算机控制单元不只是控制一个点火线圈的初级绕组，还要根据曲轴的不同位置、按一定顺序控制两个或多个点火线圈的初级绕组，以实现电子式高压配电。

(2) 点火控制器。点火控制器一般除了具有自动断电功能、导通角控制、恒流控制等电路外，还有判缸电路和多个大功率晶体管及相应的控制电路等。许多无分电器计算机控制点火系统经点火控制器分为两部分：控制电路和大功率晶体管输出电路。控制电路直接合入计算机控制单元，大功率晶体管输出电路则自成一体，成为结构单一的点火控制器或与点火线圈集成在一起。

(3) 点火线圈

① 单独点火方式配用的点火线圈。采用单独点火方式时，发动机有几个气缸就有几个点火线圈，每个点火线圈的结构完全相同，如图4-48所示。

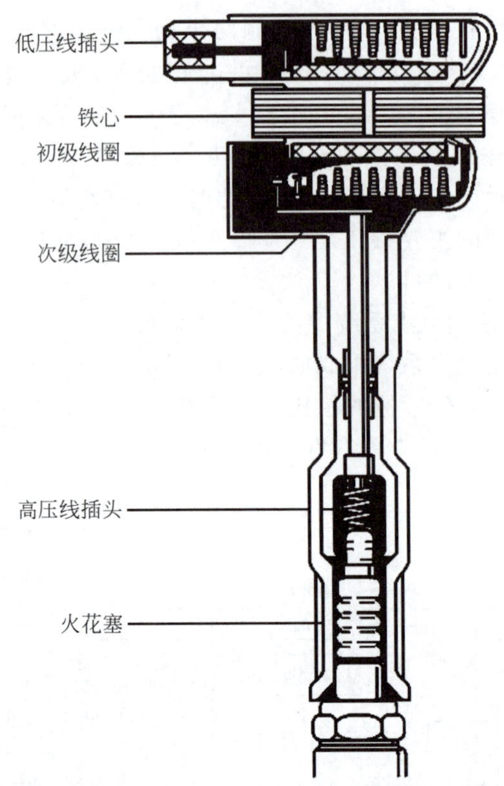

图 4-48　单独点火方式配用的点火线圈

② 点火线圈配电方式配用的点火线圈。采用点火线圈配电方式时，配用的点火线圈实际上是由若干个相互屏蔽的、单独的点火线圈组装起来的一个点火线圈组件。如图 4-49 所示为六缸发动机无分电器计算机控制点火系统采用的点火线圈组件的外形和电路。

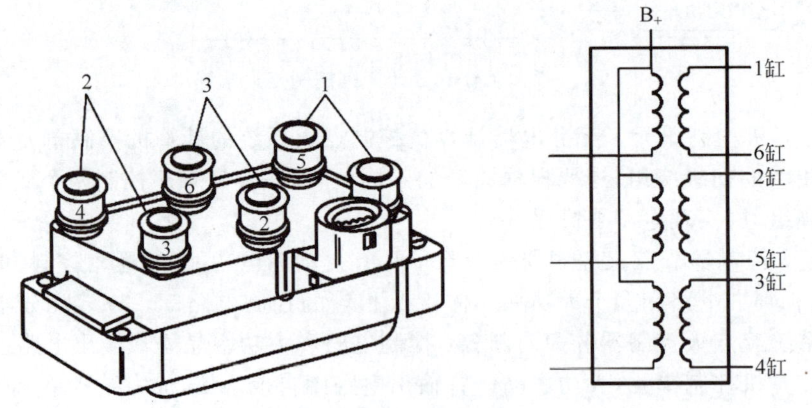

图 4-49　点火线圈配电方式配用的点火线圈

③ 二极管配电方式配用的点火线圈。二极管配电方式配用的点火线圈有两个初级绕组，一个次级绕组。次级绕组有两个输出端，每个输出端分别接两个方向相反的高压二

极管，这样次级线圈通过四个高压二极管与火花塞构成回路；两个初级绕组的电路由点火控制器中的大功率晶体管控制轮流接通和断开。

点火线圈有两种形式：一种是点火线圈只包含初级绕组和次级绕组，不包含高压二极管，高压二极管装在火花塞上方，点火线圈有两个高压插座，如图 4-50 所示。

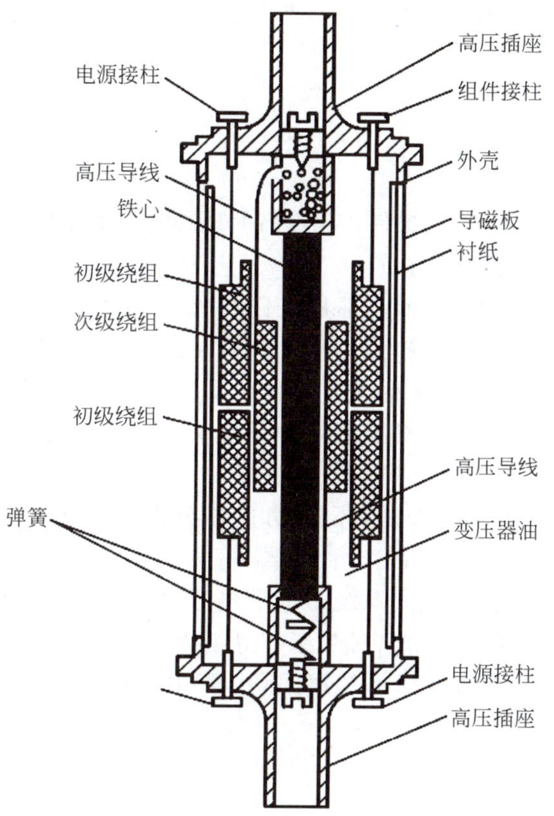

图 4-50 二极管配电方式配用的点火线圈

另一种是点火线圈既包含初级绕组和次级绕组，又包含四个高压二极管，点火线圈有四个高压插座，原理和外形如图 4-51 所示。

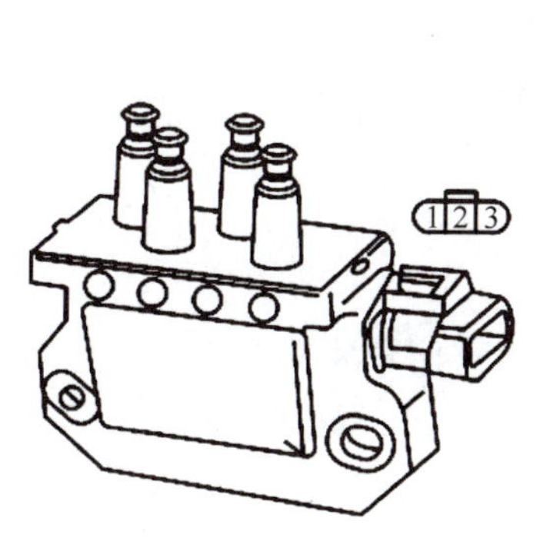

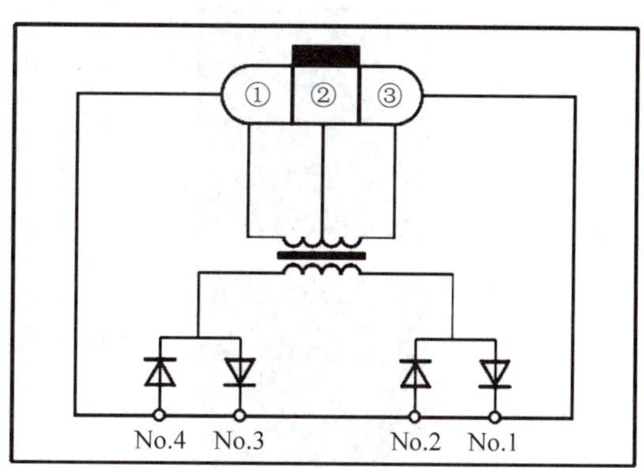

图 4-51 二极管配电方式配用的点火线圈

由于无分电器点火系统具有上述突出特点，所以 20 世纪 80 年代问世以来，在美、日以及欧洲发达国家得到迅速发展和广泛应用，带来了点火系统发展的又一次飞跃。进入 20 世纪 90 年代后，无分电器计算机控制点火系统在发达国家的应用已经比较普遍，我国一汽大众生产的部分奥迪轿车和捷达轿车、上海大众汽车公司生产的部分桑塔纳 2000 型轿车等也相继采用了无分电器计算机控制点火系统。无分电器计算机控制点火系统正逐步成为点火系统的主流。

课堂小结

(1) 发动机有效工作的三个条件：足够高的压缩压力；正确的点火时刻及强大的火花；适当浓度的空气燃油混合气。

(2) 点火系统的作用就是按照汽油机工作的要求，在一定时刻供给火花塞足够能量的高压电，使其两极间产生电火花，点燃气缸内的混合气使发动机做功。

(3) 点火系统先后经历了传统触点式点火系统、晶体管式点火系统和计算机控制点火系统三个阶段，其中的计算机控制点火系统又可分为有分电器式和无分电器式两个阶段。

(4) 计算机控制点火系统，按是否配有分电器分为有分电器计算机控制点火系统和无分电器计算机控制点火系统两种。

(5) 无分电器计算机控制点火系统由低压电源、点火开关、计算机控制单元、点火控制器、点火线圈、火花塞、高压线和各种传感器等组成。

(6) 无分电器计算机控制点火系统根据高压配电方式的不同分为独立点火方式和同时点火方式两种。

自我诊断与检测

1. 点火系统先后经历了________、________和________三个发展阶段。
2. 计算机控制点火系统可分为________和________两个发展阶段。

文件名称：汽车仪表
文件类型：DOCX
文件大小：273KB

文件名称：汽车照明及信号装置
文件类型：DOCX
文件大小：495KB

单元5

汽车的选购与维护

5.1 新车的选购

知识目标：

(1) 掌握新车选购的比较因素；

(2) 掌握新车的挑选、验收方法。

能力目标：

具有独立选购新车的能力。

随着国内汽车市场的发展，国产车和进口车大量投入市场，汽车已经成为许多人生活中必不可少的交通工具。面对市场上不同品牌、用途各异的汽车及完善的售后服务管理体系，了解并掌握购车的主要考虑因素、基本程序及相关的手续办理知识对购车者来说是非常必要的。

初次买车可以向朋友、媒体了解汽车的知识，包括外形、安全、技术、性能、配置、售后服务及某些品牌的口碑。另外，还要了解一点汽车市场的形势，因为汽车属于消费品，价格走势永远是下滑曲线，不要因为一些降价传言影响你购买的决心，需要注意了解的是产品降价的周期，选择一个合理的节点进行购买。

5.1.1 新车选购的比较因素

1. 车辆的安全性能

生命是最宝贵的，因此安全是第一位的，尤其是车身整体安全性更重要，直接决定着驾乘空间的安全。汽车的安全性直接影响人们生命财产的安全，国家制定了许多强制性的标准加以限制。安全环保不合格，整车的质量就不合格，其他性能再好也无用。

汽车安全是消费者的第一要求，汽车的安全性能又可分为主动安全性和被动安全性。主动安全性是在正常情况下汽车预防和避免事故发生的能力，主要受汽车操纵性能的影响，如超车时的加速性能(发动机功率、转矩)、制动性能、行驶平顺性、操纵稳定性、驾驶视野、汽车的灯光及重心等。

汽车的被动安全性能是汽车在事故发生后的承受能力，也就是对汽车内的乘员在事故发生后的保护能力。影响汽车被动安全性能的因素主要有安全带、安全气囊的数量、前后保险杠、汽车的大小、车体整体结构的抗冲击性和变形能力、脑后护垫等，安全配置也是越多、越先进越好。

值得注意的是，主动安全性能和被动安全性能有时候在设计上是冲突的，比如汽车对被动安全性能有利，但是由于质量加大使得制动距离加大，不利于汽车的主动安全性能。而同一种安全性能中也会冲突，如重心高一般有利于改善驾驶员的视野，但是同时汽车也容易翻车。

一般来说，大车、豪华旅游车的安全性能比小车和经济型轿车要好。同一档次、同一价位、相同配置的不同车型，就要看具体资料了。

2. 车辆的经济性

汽车的经济性主要是指汽车的燃油经济性，汽车行驶的燃油经济性是汽车性能的一个重要指标，其性能的优劣不但反映了汽车的整体设计水平，同时也影响到用户的汽车使用费用。

目前，在市场上销售的汽车中，进口汽车燃料消耗一般相对较低，但汽车的销售价格较高；国产车燃料消耗相对较高，但汽车售价较低。经过汽车界人士的不断努力，积极引进和消化新技术，国产轿车的燃料消耗已经降到5～8L/100km，为轿车进入家庭起到了很大的推动作用，燃料的消耗越大，费用就越高。另外，我国已部分实施费改税，耗油量越大的汽车缴纳的税金就越多。因此，耗油量是购车者格外注意的性能，从总体上看，汽车发动机的排量越大，其耗油量就越大。但随着汽车新技术的采用，使耗油量降低了。一般在购车前可通过汽车的使用说明书、厂家宣传资料、用户反馈等得到各车型的汽车燃料经济性，通过比较来挑选适合自己的汽车。

3. 可靠性与维修性

汽车的可靠性是指汽车在规定的使用条件下和规定的行驶里程(或时间)内，不发生故障的性能，而维修性是指一旦发生故障后能否迅速排除故障。二者都是汽车质量水平的综合反映，主要和设计、制造、装配、材料等因素有关，它直接关系到汽车的运输效率。可靠性和维修性不好的汽车，不仅给车主带来很多不便，而且增加了车主的维修费用和汽车的折旧率，从而大大增加了车主的真实费用，同时有些故障甚至可能造成安全问题。

汽车用户都希望自己购买的汽车在运行中不出故障或少出故障，一旦发生故障能在短时间内加以排除，这样才不至于影响经营运输，保证经济效益。汽车的可靠性如何，多数生产厂家有这方面的指标，尤其是进口汽车必不可少，可直接了解。对没有此项指标的汽车来说，可间接向老用户、修理企业、配件商店等了解。经常维修、配件销售量大的车可靠性较差，所以购车时应多花时间了解情况，避免盲目购车。

4. 购车用途

个人购车的目的是用来代步，还是用来从事营业性客运或货运，或是二者兼顾，这决定了汽车型号的选定。城市家庭用车一般以代步为主，并以方便舒适为主要的考虑因素，所以轿车是首选目标。若是从事营业性运输，如出租、客运、货运，以营利为目的，则以价格较为低廉的汽车为首选目标。

大多数人受经济能力的限制，不可能得到所有想要的配置。明确了购车的目的，购车者就清楚了什么是真正需要的，什么是可以放弃的。

5. 个人经济能力

对大多数人来说，经济能力是有限的，在考虑汽车的费用时必须考虑汽车使用的“真实费用”。真实费用包括原始购买价、税、牌照费、养路费、保险费、油费、每年折旧率及平均折旧率、每年平均保养费、维修费、零部件费等。汽车的真实费用直接与车主对车的使用(持有车的年数和每年行驶平均公里数)有关，更与汽车的可靠性及生产厂家的声望有关。

6. 车辆的品牌和款式

1）品牌因素

品牌作为汽车性能因素具有一定的抽象性。从品牌上看不到任何有关数据和指标，但品牌是在几十年甚至上百年的时间形成的，它包含着企业对客户的一种承诺，这个承诺包含着产品的内在质量，也包含着企业对售后服务的责任和让顾客满意的良好信誉。这无形中的资产还包含产品的外形美观及技术的先进性。

品牌就是质量的象征，欧美品牌以扎实著称，日韩品牌则物美价廉。但没有完美的汽车，如选购了欧系车，可能在油耗方面就没有日系车省油，而若选购了做工精细、省油的日系车，则安全系数也可能比不上欧洲的“铜墙铁壁”。

2）技术的成熟性

一般上市时间较长的汽车在维修保养方面比较成熟，比如上海大众的桑塔纳，走遍全国都不怕，因为它的配件及维修在全国都能找到。但上市时间较长的车型肯定旧。上市时间较长的车型购买者能够获得更多的用户的真实感受。买车一般不要去当“出头鸟”，因为一款车刚生产出来，各方面的性能参数都只是厂方的测试数据，实际使用的数据还没有。

3）性价比

买一款称心如意的车，当然包括称心如意的价格。性价比高的车是指各个方面良好、价格合理，因此在购车时考虑的不仅是价格，还包括不同车型综合价值的比较，特别是操控性能。可以去经销商那里试驾备选车型，切实体验该型汽车的综合性能。试驾时要着重体察汽车的动力性能、安全配置和驾驶舒适性能。进入车内可以感觉视野情况，各仪表操纵设置是否方便易触。动力性能要看它的起步阶段动力输出情况，是否抖动，挡位是否清晰，挡位间距离长短，是否容易进入挡位。行驶时要注意车内及发动机噪声，方向盘是否抖动，转向和挡位是否精确，踏板需要的力度。另外，还要看在颠簸路面的行驶情况。

安全性能要观察制动系统，除常见的前盘后鼓式升级为四轮盘式，现在多数车型拥有ABS、EBD等配置，安全气囊也是每个车型必备，一般多是前排双气囊及后排气囊的设置，可以为车主提供更多的安全保障。

另外，儿童安全锁、前后雾灯、后窗除雾线和防夹电动窗是车辆必要的配置。舒适性能则要看车内的密封情况，是否可以将噪声隔离在车外。要在驾驶中切实体验其悬架的减振效果，看悬架对路面的颠簸及发动机振动的吸收控制。

即使是相同排量不同品牌的两款车，在性能上也是有很大的差别，切身体验后，更容易进行选择。

4）造型和外观

有时选车就是第一印象，觉得这款车够时尚，就有要买的冲动。当然看外观也是有很多讲究的。外观主要看车型设计，除了了解汽车外形、颜色外，可以对照生产商的资料介绍看车长和车高，看车长可以了解车内空间及行李舱的容量，看车高可以观察其与整车的比例及后排乘坐空间是否充裕。

汽车外形还要观察它的C柱是否坚实，车顶到行李舱弧线设计是否和谐，看车胎宽窄，品牌产地及轮毂外观是否时尚动感、稳重大方。细节部分还要特别注意观察汽车间隙是否均匀，这既代表着总装质量，也反映着制作加工水平。看车门C柱是否是一体成形的，就是看车门或C柱中间是否有接缝，如果是一体成形的，那么安全性会更好些。

不必刻意追求时尚或与众不同，要看制造工艺是否精良等，不同厂家往往在工艺精度上会有很大区别，从而也带来产品品质的巨大差异。

另外，看车内的塑料装饰部件与车体之间是否紧凑，看汽车安全保险杠是否和车身紧密结合在一起。储物箱是否能稳定关上，开关车门的声音最好清脆而无杂音。

5）汽车颜色

一般情况下，人们对汽车颜色的选择多是从美观角度来考虑。颜色是车主个性的体现，能反映车主的情感和身份。红色能激发欢乐情绪；黄色是崇尚大自然的颜色；蓝色表示豪华气派；白色则给人以纯洁、清新、平和的感觉；而黑色是一种矛盾的颜色，既代表保守和自尊，又代表新潮和性感；绿色则能给人带来沉静和蔼的气氛。

但是，如果仅仅从喜好的角度来考虑对汽车颜色的选取是不够的。有关人士称，汽车颜色与交通安全密切相关。有些颜色在汽车遭遇紧急危险时，起到加剧肇事的副作用；相反，还有一些颜色却从某种程度上减弱或者遏制车祸的发生。

红色轿车给人以跳跃、兴奋、欢乐的感觉。红色是放大色，容易从环境中“跳”出来，引起人们视觉的注意，有利于交通安全。但是，红色却不耐脏，驾驶员长时间行车时，红色容易引起视觉疲劳，不利于对其他淡色物体的观察。从这一点上讲，又十分不利于安全。

有关人士通过研究发现，在雾天、雨天或每天清晨、傍晚时分，黄色汽车和浅绿色汽车最容易被人发现，发现的距离比发现一般深色汽车要远3倍左右。因此，浅淡且颜色鲜艳不仅使汽车外形轮廓看上去增大了，使汽车有较好的可视性，而且使反向开来的汽车驾驶员精神振奋，精力集中，因此，有利于行车安全。

嫩黄色也许不是最受大众欢迎的汽车颜色，但最近的一项研究却发现，色彩亮丽夺目的嫩黄色是最安全的汽车颜色。

6）内饰和配置

对于车的外形是否喜欢一眼就能决定，但内饰就不同了，看仪表盘的指针是否明确，中控台是否方便驾驶员触摸，有无为成员设计的人性化装置。另外要看内饰做工是否精致。一般经济型轿车在内饰方面都做得比较精致，但一些低端的越野车则在内饰方面下的功夫就不够了。

对于车的配置，在购车时不必把它看得太重，配置以实用、够用为限，因为配置越多，可能发生故障的部位也相应增多，可能就增加维修费用。

任何车型，即使它配置再高、油耗再低、价格再便宜，但是其安全不达标，也不会受到消费者青睐的。众所周知，美系车及德系车素以安全舒适著称。如通用旗下的别克品牌所采用的全金属封闭式承载车身、优化增强底盘与独立悬架系统、智能感应双级安全气囊以及独有的悬浮发动机防撞保护装置等，就能最大限度地保护驾乘者的安全。

有统计数据表明，“安全带＋气囊”的保护方式可以挽救约60％的生命；而在仅使用安全带的情况下，有效保护率为43％；在仅使用安全气囊的情况下，这一比例将下降到18％左右。安全的车都非常重视安全带设计，把车上每位乘客的安全看得同等重要。安全意识淡漠不一定会出交通事故，但安全意识强却一定可以避免很多悲剧的发生。就拿安全带来说，如果不系，无论多么坚固的车身结构、多么齐全先进的安全装备，也无法发挥作用，无法保护你了。

如果价格一样、性能一样，内部配置当然是多多益善了。可是这需要你做出取舍。不过现在汽车装饰业也很发达的，你不一定要一步到位。

7）车辆的舒适性

据有关调查显示，对于有车一族来说，其一生中将有5年时间是在车上渡过的，汽车无异于他们第二个家，因此选择一款乘坐舒适的车子就显得尤为重要了。车辆的舒适性包括驾乘的舒适性、车身的稳定性、减振性以及隔噪效果等。

7. 售后服务

购车是消费的开始而非终结，维修服务在汽车整体使用价值中占据很大的比重，售后服务系统的健全与否，直接关系到购车后的权益保障，其中包括索赔、维护、保养、配件供应、技术支持、网络分布（离你最近的站是多远，省内或全国的服务网络情况）、服务质量和价格等一系列内容。

销售出去后是否有了质量保证期？各地是否有售后服务站、维修站？是否实行“三包”、上门服务？维修配件是否供应充足？这些都是购车者需要认真考虑的问题。一旦汽车出现故障得不到及时的维修，或缺少汽车配件使汽车停驶，或延长了汽车维修停厂时间，都会给车主造成经济损失。通常情况下，买车时需要选择可靠的品牌和具备实力的经销商，这样，即可确保维修水平，也保证合理的工时费、正宗的配件和便利的服务。

如何选经销商？一般情况下，应尽量找大经销商或专门的4S店。这里的车较多，挑选的余地也就大些。同时它们的产品往往周转很快，购买者可以买到新近出厂的车。若看中的车货源不足，大经销商或专门的4S店也能依靠其进货渠道让购车者尽快提到车。此外，大经销商或专门的4S店的运营渠道有时还能帮购车者顺利快速办齐相关手续。例如，国内售后体系比较出众的有上海通用、上海大众等汽车品牌，其售后服务网络均已遍及全国。如此比较，若在几款候选车型的价格、配置、性能同等的情况下，可优先考虑售后体系完善的车型。

8. 综合用车成本

很多消费者片面认为油耗是衡量用车成本的唯一标准，这是个误区，油耗只是用车成本的一部分。用车成本还包括车辆的保养、维修费用等。如一款刚上市的新车，其售后体系尚未健全、技工的维修技术水平还不成熟，且零配件价格偏高，该车的使用成本也会随之上升。因此，购车应尽量选择成熟车型。

5.1.2 新车的检查与验收

目前新车都是流水线规模化生产的，同一批车之间质量相差不大，但由于制造、装配、运输、销售等多个中间环节的不确定性，并不能完全保证商家的每一辆车都能让顾客满意，因此有必要在提车时对车辆进行认真挑选和验收，如果感觉自己一个人会有疏漏，可以找一两个较内行的人帮忙，但由于提车前肯定已经做了大量工作，没必要找很多专家。

1. 新车的静态表面检查

1）看外观，重点看车身外部有无瑕疵

（1）看防锈喷涂效果。车身外表面与仪表板上平面应平整光亮，且颜色、色调光泽一致，无污点、变色、皱纹、龟裂、流漆、剥落等缺陷；棱角边缘光滑整齐、无脱漆现象。

（2）看覆盖件表面。用眼看、手摸等方法检查车辆应光顺平滑，正规企业生产的车身外表钣金件全是用模具压制而成，不允许有明显凹凸不平现象，如发现钣金件有凹凸不平现象，边角出现不直，焊口未经修光，个别零件与其他零件不协调或有锐边，说明该车进行过整修。

用简单易行的敲、看方法检查车身钢板的厚度。车体A柱、B柱和T形梁一定要坚固，尤其是T形梁，注重安全的车型会采用双层钢板，敲起来声音沉闷，而单层钢结构的声音则相对清脆。另外，注意观察车门，不是整体冲压的车门可以看出焊接的痕迹。

环绕汽车仔细检查，不要让脏物或灰尘遮住残损处，查看全车颜色是否一致，若不一致，用手摸一摸，看是否有修补的痕迹，若修补痕迹较多，则可判断该车为旧车。看车身是否有碰撞。仔细观察车身有没有小坑，剐蹭，检查车身各个部分接缝是否均匀；观察各玻璃、前照灯、塑料件有没有裂纹。

在车辆的仪表板上靠近风窗立柱位置的铭牌有一排由英文字母和阿拉伯数字组成的17位数字代号，这就是该车的车辆识别代号（VIN）。它是制造厂为识别而给每辆车指定的一组号码，在世界范围30年内制造的所有车辆的VIN代号具有唯一性。车辆识别代号中的英文字母无I、O、Q，如果发现VIN字码字迹不清、有手工打刻痕迹或出现I、O、Q

等英文字母,就说明这辆车有问题。

(3) 看车门及车窗开关是否灵活到位。每个车门、发动机罩盖、行李舱都打开关闭几次检查机构运转。听车门关闭是否有异响。依次打开每个车门观察是否有下垂现象。将门慢慢打开到推不动为止,感觉限位开关是否起作用、有没有异响。轻关车门,听关门的声音是否有尖锐的撞击声,车门拉手是否松动。

关门时如有撞击声说明阻尼和密封不好。另外需要检查车身外部的其他设备,包括反光镜能不能折叠、防撞条粘贴以及挡泥板安装是否牢固。

2) 看车底盘等相关部件

大型企业一般采用先进自动化生产线生产,驾驶室前围、底板总成、车架等均是一次性成形,如发现车架等部件有切割焊接处,则说明该车不是拼装也是改装。

看汽车悬架弹簧。悬架弹簧在汽车行驶中,承受高频往复压缩运动,起着缓冲和减振作用。其质量好坏,对车辆平稳性、安全性起着重要作用。专业正规企业生产的汽车悬架弹簧表面平整光滑、规格尺寸规范、喷漆工艺水平高,用刮刀刮去弹簧凹面漆层,弹簧上密布均匀小凹坑,以提高弹簧疲劳寿命。如果发现弹簧上小凹坑稀疏不均匀或有轧制、车削的痕迹,说明此悬架弹簧必是劣质产品。

3) 看车内设施

打开车门,检查车内座位是否完整,座椅及靠垫是否美观大方,座椅能否前后调整,座椅电动功能是否正常,乘坐是否舒适,有无安全系统,安全带伸缩是否自如,手动或电动车窗操作是否正常,门窗及前后风挡玻璃是否密封良好。玻璃是否存在裂纹,检查各后视镜中景物图像是否清晰。检查车内各装饰件安装是否牢固可靠,特别是,内顶棚是否有松脱现象等。看仪表台接缝是否均匀,地胶粘贴是否平整。看行李舱里面是否平整干净。检查座椅的舒适和安全(最好带头枕,桶形并防滑)性。

检查蓄电池各接线是否牢固可靠;检查蓄电池电解液液面高等是否符合要求;检查里程表是否有读数记录,对于新车其数值不应超过10km。

4) 检查各项指标

检查轮胎规格,备胎及其他4个轮胎是否相同,轮胎气压是否合适,轮胎颜色款式是否一样;检查发动机、变速器、后桥的润滑油量是否在规定范围内,润滑油是否变质;检查散热器冷却水的高度是否符合要求;检查发动机各传动带(发电机、压缩机等设备)是否有损坏及缺陷,张紧力是否合适;检查随车工具是否齐全等。

5) 查看车型及参数

先核对汽车型号,由于不少汽车是用多个英文字母代表其结构特点及有关参数,型号代号比较长,核对时一定要细心;核对发动机型号与说明书、发票上的是否相同,核对发动机号码、车身号码,要与说明书上的一致,若不一致,将无法办理上牌手续;查看汽车出厂日期。

6) 检查是否漏水漏油

检查散热器是否有水滴在地面或者散热器下部是否有明显的水滴凝集,用手摸散热器底部,若有较多水分,则散热器可能存在漏水问题;检查发动机油底壳是否有机油渗漏;检查后桥壳、主减速器壳是否有润滑油渗漏;检查转向器(动力转向)是否渗漏;检查燃油供给系统，特别是燃油滤清器、各燃油管路是否漏油等。

7）看相关文件资料

看随车产品合格证、产品说明书、音像制品资料、三包凭证等。合格证上车型、发动机号、底盘号应与车上的号码一致；光盘或盒式录音磁带图像和音质应清晰，所示无误。否则，说明相关资料非该车配套用品。

2. 新车的动态试车检查验收

（1）原地着车，等怠速稳定后听发动机的声音有无杂音，感觉隔音如何，怠速是否平稳，踩下离合器踏板后听发动机声音有无变化，将发动机转速升到3000r/min，再听声音有无变化。发动机运转声音是否有规律，运转是否轻快、连续、平稳而无噪声、异响，轻踩油门，发动机转速应连续平稳地上升，加速响应是否快捷。

看提速性能，不是愈快愈好，因为在城里开车没那么着急，一般国内的家庭车，0～100公里的提速时间是在12～15s（试车时别忘了问最佳经济转速和最佳换挡转速）；试乘后座，看空间的大小和舒适程度，并咨询前后悬挂系统的设计；听各种状况下车内的静音情况。

（2）试验音响系统、灯光系统（包括近光、远光、示宽灯、前后雾灯、制动灯、转向灯、双闪、仪表灯、阅读灯、后备厢灯）。检查各车灯如前照灯、小灯、制动灯、转向灯、防雾灯、牌照灯、车厢灯等是否工作正常；检查灯光亮度以及闪烁是否频率相同，电动车窗是否同时工作。按喇叭按钮开关检查声音是否响亮；拉紧手制动，挂上空挡，启动发动机，检查发动机启动是否容易，并观察各仪表及电气报警装置是否正常。

（3）调试空调系统。检查空调暖气是否暖和，冷风是否凉爽。

（4）试刮水器、前风挡清洁系统。

（5）车辆起步前行，离合器是否带助力；换挡力的大小及操控的灵活性（最好带挡位自锁功能，入挡清晰省力），换挡时应平顺，不应该出现换挡困难及出现齿轮异响的现象；轻踩制动，检查制动系统的制动力度，以及制动时的方向稳定性是否良好，制动性能是否良好，最好选择四轮盘式制动，并至少带ABS系统；检查滑行性能，在20km/h的速度下挂空挡滑行，应可滑行50～80m；多绕些弯路，检查转向系统，看汽车是否具有良好的操纵性；在不平路面上加速行驶，感受汽车的减振性能是否令人满意；高速行驶，检查汽车的高速行驶性能等。

（6）试转向有无助力。在着车和熄火状态下，分别打轮（方向盘转动不小于180°），体会力量大小便知。

（7）试制动助力。熄火后，踩制动踏板3～5次，若踩下的行程一次比一次小说明助力系统正常，否则就可能有问题，注意新车制动一般未经磨合都比较软，在上路前应在安全场地内多踩几脚以便自己体会，否则容易发生事故。助力（转向灵活性）最好是电液伺服方向助力。

（8）看试车效果。试车时主要看发动机是否运转平稳，怠速稳定，有无异响，机油压力是否正常；方向盘应转动灵活、操纵方便、无阻滞现象；离合器应接合平稳、分离彻底，工作时不应有异响、抖动和不正常打滑现象，换挡时齿轮啮合应灵便，互锁和自锁装置应有效，无乱挡、跳挡现象；运行中传动轴和驱动桥工作时不得有异响。检查制动系统和照明系统功能应健全、有效。如果试车效果不好，就说明该车出厂检验把关不严或存在其他问题，质量无保证。

(1) 购车时的比较因素有汽车款式、汽车性能、汽车的配置、汽车颜色、汽车的售后服务、综合用车成本。

(2) 新车的静态表面检查包括看外观，重点看车身外部有无瑕疵、看车门及车窗开关是否灵活到位、看车内设施、检查轮胎规格、车型及参数、检查是否漏水漏油、看相关文件资料。

(3) 新车的动态试车检查验收包括原地着车、试验音响系统、灯光系统、调试空调系统、试刮水器、前风挡清洁系统、试转向有无助力、试制动助力、车辆起步前行实验。

(1) 购车时的比较因素有________、________、________、________、________、________。

(2) 车辆识别代号中的英文字母无________，如果发现 VIN 字码字迹不清、有手工打刻痕迹或出现________等英文字母，就说明这辆车有问题。

5.2 二手车选购

知识目标：

(1) 掌握二手车选购的比较因素；

(2) 掌握二手车的挑选、验收方法。

能力目标：

具有独立选购二手车的能力。

在欧美国家，选购一辆二手车就像两个小朋友在跳蚤市场交换玩具一样简单。据统计，有 80% 以上驾驶者的第一辆车都来自二手车市场。

在我国，近年来二手车市场也日渐成熟，“买辆二手车练手艺”成为很多新手们的选择。但是，日渐成熟的国内二手车市场也仍然存在或多或少的问题，比如车辆信息伪造、价格不合理、以次充好等情况。

5.2.1 二手车检查及试驾

二手车又称旧车，在国外交易率很高，事实上，每年欧美市场的二手车交易量大大高于新车市场，大多数年轻的消费者更倾向于购买更加经济合算的二手车。以前我国对于家用轿车的定义似乎基本上局限于新出厂的车型这一方面，随着消费者消费目的和消费价值观的不断发展，近几年我国的二手车市场也开始逐渐升温。很多消费者受车价因素的影响，愿意购买二手车，这首先因为新车价格较贵，二手车比较便宜，尤其是企业淘汰下的七八成新的二手车价格一般只是新车价格的30％～50％；其次对于一些驾驶技术不熟练或用车率较高的车主来说，开二手车不必担心磕碰，照料起来比较省心；再有由于新车型的不断推出及价格的不稳定性，一些急于用车又在短时间不能选中满意车型的消费者，常会选购二手车。这样不但可以尽早享受驾车之便，而且可以等待选择满意车型。

然而许多消费者由于缺乏经验，对车辆技术状况不甚了解，盲目购买二手车，结果上当受骗，由此又引发经济纠纷的屡见不鲜。另外，二手车具有许多不确定因素，因此在选购二手车时不能操之过急，应慎之又慎。

1. 对二手车的检查

1）车辆手续的检查

按照有关规定，机动车辆自购车之日起1个月内应到机动车辆管理机关办理申领牌证手续方可上路行驶。若所购的车辆证照不全，则有可能是私自改装、组装拼凑的车辆。另外方向盘右置的车辆或走私车辆，办不了证照。若证照遗失、多年未年检等原因导致证照不全，买了以后也要花一笔费用来补办。

按照《中华人民共和国道路交通安全法》等法规规定，机动车辆必须参加年度检验，经检验合格方可继续使用，否则不许使用。另外，未经安全检测和质量检测的各类机动车，质量无保证，按规定不予入户。

在道路上从事运输或兼营运输的机动车辆，必须按规定向国家缴纳养路费、工商行政管理费、营业税等税费。如果买下别人拖欠税费的车辆，那么这些拖欠的税费就随着车辆转移给新车主了。

所以购买二手车前，要看清车辆出厂投入运营的时间，应该何时报废，必要时可请有经验的维修人员路试和检验。要查验车主的身份证、年检证明及保险单等，必要时可与车主到主管部门逐一核实。

2）外观的检查

（1）车漆部分的检查。

① 漆色。新补的油漆往往色彩不同于原车的漆色，若车使用的时间比较长，补漆往往比较多，因而整个车身各个部位颜色都有差异，有时甚至找不出原车的颜色。

② 车身的平整度。特别是有大面积撞伤的部位，补泥子的面积比较大，在工人打磨泥子时往往磨得不平，因而补漆后，车身表面看上去如同微微的波浪一样凹凸不平。

③ 油漆质量。补过的漆往往有如下质量问题：丰满度不如原车的油漆，油漆表面有流痕，表面有不规则的小麻坑，表面有小麻点。车辆成色越好，上述质量问题越少。

(2) 检查车门部分。从车门框 B 柱观察是否呈现为一直线,若无波浪形,表示此车无大问题;再从车门查看,在未打开车门时,可先查看车门接缝处是否平整,如果结合的密合度自然平整,表示此车无大问题,但不能由此而断定此车无问题。可以再打开车门来仔细查看 A、B、C 柱,即观察车门框是否在一条直线,如果不平整,有类似波浪的形状,表示此车经过钣金处理。也可将黑色的水胶条揭开看是否平整,车门附近是否留有原车接合时的铆钉痕迹,留有铆钉痕迹的表示此车为原厂车,表明此车烤过漆。最后可来回开关车门,检视车门开启的顺畅度,无异响或开启时极为顺手表示此车无大问题。

(3) 检查发动机和行李厢部分。通常发动机罩盖更换代表撞击后发动机罩盖卷曲,金属产生卷曲钣金整平极为困难,所以才会更换发动机罩盖。若发现更换发动机罩盖则下一步必须仔细检查散热器架是否有切焊或换新,是否因为撞击力度过强导致车头溃缩,同理,行李舱盖更换的可能是因为来自后方撞击力度过强产生溃缩。这种原因流入二手车市场的车辆,通常维修会采用包修的做法将车辆修到尽可能回复到原状即脱手,所以别指望修理好的车辆没问题,安全性根本没办法保证。查看行李舱开口处左右两边的钣金件或后保险杠的接合处,可先翻开行李舱下的地毯,检视该处有无烧焊过的痕迹,虽然现在的钣金技术已经非常先进了,但只要仔细观察还是能够分辨出是否进行过钣金维修,这一点非常重要,如果车辆维修得比较粗糙,可能存在下雨天行李舱漏雨的问题。

(4) 检查底盘部分。检查轮胎磨损程度,可能的话实际试车,感觉行驶时打方向盘的感觉,从而判断该车车轮定位及转向系统和悬架部分中各球头的好坏。另外通过简单的驾驶还能判断该车离合器及变速器或自动变速器的性能。通过目视检查减振器是否漏油,用手由上向下按压车身,体会减振器阻尼作用的好坏。

3) 内饰的检查

(1) 从座椅、地毯磨痕可推断汽车的使用频繁程度,新地毯更要注意检查真实车况。

(2) 打开空调,观察冷气和暖风是否良好,同时还要注意体会在压缩机运转时是否伴随异常噪声和车身的严重振动。

(3) 检查仪表板和汽车外部所有灯光及控制系统是否良好。一般来说,汽车每年的行驶里程在 1 万~3 万千米,累计里程表过低不一定是好现象,里程表可能被修改过。

(4) 现代轿车配备多种电子设备,注意观察发动机故障灯、气囊灯、ABS 灯及其他报警灯是否在车辆着车后长时间内不熄灭,或在打开点火开关后根本不亮,这些都表示故障的存在。

(5) 检查驻车制动器是否良好。

4) 发动机罩的检查

(1) 检查外观。仔细观察发动机罩与翼子板的密合度或发动机留有的缝隙是否一致,不要有大小不一的情形,发动机与风挡玻璃之间的缝隙是否一致或留有原车的胶漆,这些都是检查的重点。

(2) 检查内部。发动机罩内的检查更是重中之重,打开发动机罩盖,先检查其内侧,如果有烤过漆的痕迹,表示这片盖板碰撞过,因为一般人不会在这个地方乱烤漆,原因是不美观。然后检查发动机前部的端框,该部件往往是固定散热器和冷凝器的,同时它还是前照灯定位和调整的基准,所以非常重要。

2. 试驾操作

1）灯光

转动钥匙到2挡开关，检视仪表板指示灯是否正常（带ABS的车应有显示）。

2）离合器

发动机启动时，油压灯和蓄电池灯应熄灭。踩下离合器观察是否有噪声，以确定离合器分离轴承是否破损；转入4挡及拉动驻车制动，慢慢放松离合器，如离合器状况良好，发动机应立即停止工作。

3）转向

检查转向器时，可以在原地把方向盘从左到右打满，再从右向左打到头，看两次的圈数是否一致。还可以将车启动后检查，方法是确定一个参照物，把方向打满，从左到右转一圈，再返回来看是否回到参照物处，如未回到原处，则证明方向盘有问题，或是撞击后变形了。启动发动机后还可以看看方向盘回位是否良好，即方向打到头。还应检查发动机机舱内的走线是否整齐。在蓄电池上应该有两条总线连出。

4）倒车

倒车时变速器应无异响，发动机发出的声音应具有连续性，有的车在倒车时会有“咯噔咯噔”的声音，且车身随之振动，可能是球头松动的原因。

5）制动

试验制动的时候最好能找一处行人和车辆较少的地方。在车速提升后踩下制动踏板，看车轮是否被抱死，一脚制动是否有效等。在试验完毕后，还应检查驻车制动，方法是在路上找一个小的坡道，在踩制动的同时，拉起手制动。驻车制动应该很有弹性地拉起三四个齿时就能使车可靠地停住。但还要有至少两个齿的余量可以再拉紧，并在松开驻车制动时不费力。另外在试验制动时，观察其停车的距离，是否有侧滑、跑偏等现象。

6）异常抖动

正常的车辆在启动发动机后，无论是暂停状态还是行车中，车身部分应保持平稳状态。

如果消费者发现要买的车辆有不正常的抖动发生，则表示该车某部分可能产生问题。例如，怠速时车速抖动，则表示发动机部分有问题；行驶时发现方向盘有抖动现象则为轮胎部分有问题，可能要做前轮定位。这些异常的抖动情况如果问题不大，则较易解决，但如果现象严重，则极易威胁到车辆本身的安全。

7）减振系统

车辆减振系统的好坏，对该车在行驶中的舒适性有很大的影响，因此在试车时，可将车辆开到不平的路面，以测试其减振系统。如果减振不佳，坐在车内便会有强烈的颠簸感，车辆的舒适性自然大打折扣。另外，还要注意行驶在这种路面上时，车身是否存在杂音或异音，并注意确定是从何处发出来的，以此来判断该车各个部位可能出现的问题。

只在一般的路面上驾驶，无法判断车辆的真实状态。因此在试车时，最好能在各种状况的路面上行驶。如颠簸的路、多弯道路、坡路等，以实际的驾车感觉，体验该车的各种性能，并体会开起来是否顺手，是否容易操控。一旦发现该车有不对劲的地方或驾驶困难，则最好考虑更换其他车辆，否则，购车后开起来也会遇到更多的麻烦。

8）异常气味

车辆行驶时，该车的各个机件也会跟着运转，如果此时闻到车内或车外有异常的气味，且能够确定是该车本身的问题时，则表示此车某个部件有问题。例如，闻到焦味，可能是发动机舱内的电线有烧焦的现象，或传动带、制动蹄片因严重磨损而产生焦味；如闻到汽油味，则可能是发动机油底壳破损渗漏或输油管、油箱等机件部分存在漏油现象。在车内就闻到浓浓的汽油味，无论是哪一方面的因素导致的，其对车辆本身都具有潜在的危险性，因此车主在购买前要多加考虑。

5.2.2 二手车选购的比较要素

消费者对二手车钟情它的价格实惠，担心它的过往历史。一不走运，就可能买到那些事故车、水淹车，为以后埋下安全的隐患。如何淘到放心车，消费者需要注意以下一些细节。

1. 购车时机

车辆在放置一个晚上后，有的车会出现不易启动、地面漏油的情况，说明电气系统或油液系统出现问题。因此，车辆在早上最能体现出其基本性能。选车首先要选对时机，把握住机会才能“淘”到好车。

2. 出厂时间

在购买二手车时，一定要查清车辆的出厂时间，以免买回即将报废的车辆。车辆出厂时间一般可通过车辆标牌，或原用户的上牌记录查出，最准确的是通过查找该车型技术资料的方法来了解。

3. 行驶里程

通常汽车的使用寿命与使用时间和行驶里程有直接关系。一般在行驶 15 万～25 万千米以后，汽车的性能就会明显降低，技术状况也会变差，需要不断地进行修理或更换零部件。检查汽车的行驶里程可通过观察离合器踏板和制动器上的橡胶脚踏的磨损情形看出来，一般手动变速器的离合器踏板使用寿命为 3 万～5 万千米，而自动变速器的踏板寿命为 8 万～10 万千米。此外，根据轮胎的磨损状况也能判断出汽车的大致行驶里程，一般汽车的轮胎正常使用寿命为 10 万～12 万千米，而非正常磨损可能会使轮胎的使用寿命大幅度降低。

4. 车身外观

买二手车切记不能凭第一眼觉得车型时尚、表面无划痕就产生购买的冲动，一定要细心观察汽车外观。可按照由外到内的顺序，仔细观察车漆，一般原厂喷漆质感均匀，颜色协调，而经过修理厂修补的车漆，漆色或厚薄会与周围的不吻合；也可以打开行李舱，根据行李舱内的颜色判断出是否重新喷过漆。因此要注意补漆处的颜色偏差以及橡胶密封件边缘的油漆残渣，还应注意门下边缘，车身纵梁等区域的漆面情况以及有无腐蚀。

要认真查看车身的锈蚀,它与原车使用时间长短和以后的使用寿命有很大的关系,否则,车辆购回后,将会出现车身抖动,严重的还需要进行焊接或修补,可通过检查门、窗、叶子板、流水槽、密封胶条等处,看出密封状况和锈蚀程度,还可以打开行李舱和揭开前地板毡,查看行李舱地板上有无漏水现象。

5. 汽车内饰

在检查汽车内饰时,应当逐一检查仪表板、方向盘的功能键开关及显示灯是否完好。好的方向盘在用手晃动时,上下不应该有间隙,左右晃动幅度不应过大。还要注意观察车门玻璃是否能升降自如,密封性是否良好。座椅表面应该整洁无损坏,前后滑动顺畅无梗塞。

6. 发动机

查看发动机外观,识别漏油、漏水的痕迹。启动发动机,观察排出气体的颜色,若是半透明的淡灰色,说明发动机状况良好,如果排出的气体是黑色的,则说明发动机没有调校好。此外,还可以通过声音鉴别,声音清脆且节奏感强的一般是好发动机,但也有的车型设计得比较低沉。总之,发动机舱一定要整洁,无漏油、渗油现象,声音节奏不混乱。机油应该有黏度,无金属粉屑,由此可以看出原车主是否爱护和维护原车。

7. 减振及悬架

可用手将汽车前后左右角分别用力下压,如放松后汽车车身能回弹,并能自由跳动2～3次,说明该系统正常。如出现异响或不能自由跳动,则说明减振器或悬架系统的弹簧等部件工作不良,舒适性自然就会变差。

8. 行李舱

掀开行李舱盖,如发现边沿有钣金痕迹,则说明该车曾经追尾,这时再观察后翼子板(行李舱侧板)的光反射和色差。

9. 路试检查

起步后,检查离合器接合是否平稳,有无抖动和异响。原地起步加速行驶,猛踩加速踏板看提速是否灵敏,在坡道上检查提速是否有劲,如果提速慢,上坡又没有劲,则说明发动机功率不足。

10. 传动系统的检查

可以通过行驶中空挡滑行,根据滑行的距离长短判断传动效能的优劣。检查变速器可在增、减挡时感觉是否灵活顺畅,有无跳挡,夹挡和异响。

5.2.3 二手车的选购方法

1. 二手车选购技巧

1)看外观,首先要摸车身

二手车可以通过车漆上的一些小点判断它有没有事故,如果有很明显的凹凸的影子,就证明它肯定做过漆。从轮胎的磨损程度、车门连接缝的连接处的均匀度都能看出车的新旧程度。观察车身漆面的最佳角度就是蹲在车辆45°角1m开外的地方看油漆漆面是否平整，是否存在色差。

2）看内饰

看内饰要试一下它的音响、天窗等。车发动后有好多灯亮显示，如果机油灯亮，说明要加机油了。机盖打开，看骨架。看螺丝有没有松动过，再看车上的孔是不是圆形的，孔都变形了自然证明事故出得还不小。再一个看它的边条，是不是有锈蚀，包括密封胶，正常的胶贴得不会很粗糙。

3）验尾气

检测尾气时正常的车冒出的烟是没有颜色的，但如果冒出一种蓝色的烟，就说明车烧机油。

4）核对手续

车的年头有多少，以前是不是出过事故，从手续上也可看清楚。要核实手续是否真实；行驶证要注意它的年检是什么时候，是不是没年检的车；登记证的过户次数有几次，车船税交了没有，养路费在不在有效期内；过户票是否齐全，保单、购置税证、保养手册等是否齐全。如果这些基本上都全，就可以安心地购置这部车了。

5）小窍门

把密封胶条拉开以后，车边缝是否变形就一目了然。变形很严重就证明车的骨骼受损，说明车已经伤元气了。好的车原厂的焊点间隙都比较均匀，而且很平整。另外，无论买车卖车，都要选择正规的中介机构，这样才可以解决后顾之忧。

2. 二手车选购九大禁忌

选购二手车有绝招，同时也有禁忌。

1）禁忌一：着急交定金

一般来说只要不是特殊的车辆，不会遇到没有车的情况。当然用户的选择不一样，如果在用户不了解全面的情况下，没有完全确定的时候不要着急交定金，因为按照有关规定，用户如果不在合约期间内提车付款，定金不退还。

2）禁忌二：只关注某一方面

对于这类禁忌，一般女性用户和年轻用户比较多，往往只关注外表，尤其是一些个性化小车，比如甲壳虫、Mini、奥迪 TT 等。车辆需要考虑综合性能比较，需要考虑外观、车架、发动机、变速器、底盘、电气系统等，因此选择的时候不要“一根筋”，关键时刻要理智。

3）禁忌三：只面对一款车

二手车与新车的最大不同在于其个性化，尤其是供应车辆不一定符合购买方的意愿，比如车辆的型号、颜色、配置、价格等。我们建议用户一般选择二手车按照价格空间和功能需求来圈定车辆，而不能仅仅就面对一款车，这样容易造成价格偏差，购买价格偏高等。

4）禁忌四：过于坚持己见

二手车方面不仅要有对车辆状况的相对了解，同时要有对车辆的手续等复杂问题的了解，只有真正从事这一行业的人员才能更好地掌握，所以有时候不要过于坚持己见，多走访几家，多听听从业人员的建议，综合考虑。

5）禁忌五：虚假报价全当真

其实二手商品最大的问题在于价格的不透明化，因此这里面的价格也就有很多“水分”。卖车一般商家报价偏高，买车的时候砍价余地较大。我们建议用户不要听从虚假报价，以最终成交价格为基准，找正规商家洽谈交易，不要轻信路边、网络等虚假报价。

6）禁忌六：买车过于急切

不少用户买车都是一种“急切”的心态，在选择新车的时候相对好一些，但是选择二手车时，某些情况下也许当天的库存车辆并不能令人很满意，也许等待一周之后无论是价格还是车况会更好，所以选择二手车要有耐心，不要非得“今天就要把车开走”。

7）禁忌七：找行家100％没问题

在实际交易过程中，即使是最好的评估师也有“走眼”的情况，并且常规情况下10％的失误率普遍存在。即使用户找专家帮忙，但是为了确保真的出了问题能解决，用户还是要按照正规程序签署合同，专家可以相信但专家不是神仙，也会看走眼。

8）禁忌八：里程表作依据

不少用户在购买二手车的时候都参考里程表，主要问题是目前国内对于里程表的检查和鉴定规章不完善，容易出现人为的调整情况，因此里程表作为依据有一定的不确定性。

9）禁忌九：代办手续全省心

由于在办理手续过程中需要用户签订一些文件和证明，如果全权代理，在此过程中有很多细节用户缺乏了解，容易出现纠纷和后续的问题。代办虽然方便，但是转移登记表格、合同等重要的文件还是要用户自己看和自己签字确认。

课堂小结

（1）二手车的检查包括车辆手续的检查、外观的检查、内饰的检查和发动机罩的检查。

（2）二手车的试驾操作内容包括灯光、离合器、转向、倒车、制动、异常抖动、减振系统、异常气味。

（3）二手车选购要注意以下细节：购车时机、出厂时间、行驶里程、车身外观、汽车内饰、发动机、减振及悬架、行李舱、路试检查等。

（4）二手车的选购技巧要看外观、看内饰、验尾气、核对手续等。

自我诊断与检测

（1）二手车的检查包括________、________、________和________。

（2）二手车的试驾操作内容包括________、________、________、________、________、________、________、________。

（3）二手车的选购技巧要看________、________、________、________等。

5.3 汽车的维护

学习目标

知识目标：

(1) 掌握汽车维护的类型；

(2) 掌握汽车维护作业内容。

能力目标：

掌握汽车日常维护的基本技能。

学习内容

根据交通部颁布的《汽车运输业车辆技术管理规定》，我国汽车计划预防维护制度分为定期维护和非定期维护两大类。其中又按其作业范围和作业深度的不同，分为不同等级。定期汽车维护分为3级：日常维护、一级维护、二级维护；非定期维护包括走合维护、换季维护、停驶封存维护。

我国现行汽车维护制度原则为预防为主，定期检测，强制维护。

5.3.1 定期维护

1. 日常维护

汽车日常维护由驾驶员在出车前、行车中、收车后执行。

1) 行车前，驾驶员应坚持对车辆进行下列检查

(1) 检查车灯和转向信号灯工作是否可靠；

(2) 检查制动装置工作是否良好，包括对制动器、制动液面以及制动尾灯的检查；

(3) 检查燃油量；

(4) 检查后视镜位置是否合适；

(5) 检查前照灯、后尾灯、制动灯及车窗玻璃是否清洁；

(6) 检查轮胎气压和轮胎状况是否正常；

(7) 检查发动机润滑油液面是否符合要求；

(8) 检查刮水器和风窗玻璃清洗液液面及工况是否符合要求；

(9) 检查车辆外露部位螺栓、螺母是否安全；

(10) 启动发动机，检查发动机运转是否正常，有无异响，各仪表、警告指示灯工作是否正常。

2) 行车中的检查维护

长途行车时，行驶一段路程或一定时间后，应选择平坦、宽阔、安全可靠、能遮风或遮阳的地方停车，进行检查维护。通常进行下列项目：检查发动机和底盘的工作情况是否

正常；各种仪表工作是否有效、可靠；检查转向器、驻车制动器和离合器的工作是否正常可靠；检查轮胎气压，清除轮胎花纹中的夹杂物；检查有无漏水、漏油、漏气现象；巡视全车外身，检查有无异常情况。

3）收车后的检查维护

收车后例行检查维护，一般要进行下列项目：检查发动机运转是否正常，察听有无漏气之处，检查和补充燃油、机油、冷却液；按规定对润滑点进行检查和加润滑油(脂)；用手摸制动鼓是否发热或过烫；轮胎气压是否充足；气温在0℃以下时，无防冻液的应将冷却液放净；严寒地区，应将蓄电池放入暖室内，关闭所有开关和按钮；检查并配齐随车工具及附件；清洁全车外部，打扫驾驶室和车厢；检视主缸制动液液面是否符合规定；最后按下各车门开关按钮，拔下点火开关钥匙，关闭车门。车门关好后应再拉一下，看是否已锁上。

2. 一级维护

一级维护是在车辆行驶一定里程(2000～3000km)后由专业维修工负责定期执行的维护制度。作业范围除日常维护作业外，主要以清洁、润滑、紧固为主要内容，并检查制动、转向等安全部件的工作状况；检查紧固外露连接件的螺栓；检查各总成内润滑油液面，视需要添加润滑油；按规定给各个润滑点加注润滑脂；做好空气、燃油、润滑油滤清器的清洁工作；检查仪表、门锁工作情况，一旦发现故障应及时修理，超出一级维护项目的修理，应在小修作业中予以修复。

3. 二级维护

二级维护也由专业维修人员负责进行，依据各地条件的不同，一般选择行驶里程在10000～15000km时进行。它是以检查、调整为中心，作业范围除了一级维护外，还应进行检查、调整发动机和电气设备的工作状况；拆洗更换空气、燃油和机油滤清器及油底壳；检查并调整转向和制动系统；拆洗传动轴和各轮毂轴承并添加润滑脂，拆检轮胎并进行轮胎换位。

5.3.2 非定期维护

1. 走合维护

走合是指汽车运行初期(如新车、大修后的汽车及装用大修发动机的汽车)，改善零件摩擦表面几何形状和表面物理机械性能的过程。汽车运行初期的一段里程(一般为1000～1500km)称为走合期，在这段时间对汽车所进行的维护称为走合维护。

走合期有如下规定。

(1) 减载。走合期的装载质量一般按标准装载质量减载20%～25%，最大装载质量不超过额定装载质量的80%。走合期内的汽车不准拖挂或牵引其他车辆。

(2) 限速。汽车的最高车速不超过其经济车速。轿车发动机的转速不超过4200～4500r/min，各挡位车速也要按规定严格控制。

(3) 选择优质的燃料和润滑油。

(4) 正确驾驶。

(5) 按照规定进行走合期的维护调整作业。

2. 换季维护

1）汽车夏季维护

（1）正确使用空调。在炎热的夏季，空调的温度不宜调得过低，一方面对健康不利，另一方面，还会增加发动机的负荷。一般以低于外界10℃为宜。当车内温度高时，不要立即使用空调，而是要打开车窗，让热空气散出去再关闭车窗，开启空调。若空调出现不制冷，或制冷效果不好，应及时维修。

（2）防止燃料系统气阻。

（3）防止发动机过热。经常检查风扇皮带，不能沾有机油，以防打滑，皮带的松紧度要适当。在长途行车途中一定要选择阴凉处适时休息，并打开发动机罩通风散热，当车轮温度很高时，不能用放气或泼冷水的方法降低轮胎温度，而应立即停车休息。

（4）换用夏季润滑油。经常检查润滑油量、油质情况，并及时更换。

（5）夏季也使用防冻液，避免发动机冷却系统经常开锅。

2）汽车冬季维护

（1）正确使用刮水器。在寒冷的冬季，当刮水器被雨水粘在挡风玻璃上时，千万不要用热水直接冲洗，否则容易使车窗因为温度剧变而炸裂、刮水器变形。正确的做法是将空调开至热风，然后等待刮水器自然化开。

（2）检查冷却系统。冬季气候寒冷，要定期检查散热器、水泵、皮带、水管、膨胀水箱等部件，如有损坏或故障，应及时修复或更换。换用优质的防冻液。

（3）使用适于冬季的优质润滑油。

（4）轮胎的气压不可太高，也不能太低。要及时清理轮胎花纹中的夹杂物，尽量避免使用补过的轮胎，更换掉磨损较大或不同品牌的不同花纹的轮胎。

3. 停驶封存维护

汽车即使一动不动，也会发生损坏，也需要保养，千万不能以为车子往库里一停，车门一锁就万事大吉了。长期停驶的车大致应注意维护以下几个部位。

1）机油及滤清器

表面上看，机油的化学性质是非常稳定的，而实际上，机油容器一旦开封，就有氧化的可能，尤其是车子经常处于走走停停的状态或是每天行驶的里程很短，机油氧化的现象就更严重。机油氧化后，不仅润滑效果大打折扣，一些酸性物质还会对机件造成严重的腐蚀。另外，变质的机油会有许多沉淀物析出，这些沉淀物会堵塞油道或对摩擦副表面造成严重磨损。所以，即使车辆没达到保养里程，每隔一年也要更换机油及滤清器。

2）防冻液

防冻液更换的标准不是行驶里程的多少，而是时间的长短，或者更确切地说是启动的次数。因为机器从冷到热再到冷，这样一个循环就会使防冻液老化一次，积累到一定的次数，防冻液就必须更换了。另外，长期不用的防冻液，尤其是水基的乙二醇防冻液也会变质，因此，最多两年，防冻液就必须更换一次。

3）制动液

制动液中最忌有水，一旦混入水分，在持续制动时就很容易产生气阻，这是非常危险的，此外，变质的制动液还会腐蚀制动主缸、轮缸的橡胶元件。

如果车辆由于某种原因必须长期停驶，那么所采取的维护措施也不同于短期停放。在封存前，应放净冷却系统中的全部防冻液，放掉机油，蓄电池应在充足电后摘下桩头，在停放期间还应定期充电。另外，还应用牢靠的千斤顶把车子架起来，使轮胎和悬架部件不再受力。汽车在长期停放期间，最忌两点：一是潮湿，二是鼠害。潮湿不仅会使金属部件锈蚀，还会损坏电气元件，这对于自动化程度较高的汽车是致命的。鼠害很多人也许不以为然，可它的破坏力往往超出人们的想象。电线、轮胎、内饰件都会成为它们口中的食物。

5.3.3 汽车维护五部曲

1. 汽车维护一：日常汽车维护

汽车日常维护由驾驶员在出车前、行车中、收车后进行。在出车前，应环视汽车，看看灯光装置有没有损坏，车身有没有倾斜，有没有漏油、漏水等泄漏现象，检查轮胎的外表情况、检查车门、发动机舱盖、行李厢盖和玻璃的状况。打开点火开头钥匙，检查各报警灯和指示灯的点亮情况，启动发动机，检查各报警灯是否正常熄灭；看看指示灯是否正常点亮；查看油量表的指示，必要时补充燃油。

2. 汽车维护二：每星期的汽车维护

查找发动机各附件的固定情况，查看发动机各结合面有没有漏油漏水的情况；检查调整皮带松紧度，查看各部分的管路和导线固定情况，检查补充机油；检查补充冷却液；检查补充电解液；检查补充动力转向机油；清洁散热器外表；补充风挡玻璃清洗液等。清洗汽车外表；清洁车内各部位。

3. 汽车维护三：每月的汽车维护

在每月汽车维护时，应重复每星期的汽车维护项目，但所进行的检查工作应更细致。巡视汽车，检查灯泡及灯罩损坏情况；检查车体饰物的固定情况；检查倒车镜的固定情况；检查轮胎的磨损情况，出现接近轮胎的磨耗记号时应更换轮胎；检查轮胎有没有鼓包、异常磨损、老化和硬伤等情况；彻底清扫汽车内部，清理行李舱的多余物品，不要让车成移动仓库；清洁水箱外表、机油散热器外表和空调散热器外表上的杂物；清洁汽车外表，去除车体上的油污并修补车体脱落漆的部位。

4. 汽车维护四：每半年的维护

每半年进行的汽车维护，一般安排在春秋两季进行。

清洗发动机外表。清洗时注意对电气部分的防水处理，避免用高压、高温的水枪冲洗发动机，可以用毛刷蘸清洗剂清洗发动机外表。

清洁或更换发动机“三滤”和机油，用压缩空气吹去空气滤清器的灰尘，视情况更换燃油滤清器并清洗管路接头的滤网，结合更换机油更换机油滤清器。检查蓄电池接线柱部分有没有腐蚀的现象，用热水冲洗蓄电池外表，清除蓄电池接线柱上的腐蚀物，测量调整蓄电池的电解液密度。

检查补充冷却液，清洁散热器外表，检查轮胎磨损情况，对轮胎实施换位。检查轮毂轴承预紧情况，如有间隙应调整中央鼓式手制动器的蹄片；检查调整脚制踏板的自由行程；检查车轮制动器蹄片磨损情况，如果达到磨耗记号，应更换制动蹄片，检查调整车轮制动器的蹄片间隙，检查补充制动液。检查底盘重要螺栓或螺母的紧定情况，特别是转向系统的重要螺栓和螺母，发现松动或缺损情况，应补充拧紧。

检查底盘各部分管路情况，查看有没有泄漏情况，检查紧固所有金属连接杆件，并检查橡胶轴套有没有损坏的情况；对底盘所有润滑点进行补脂润滑。彻底清洗汽车的内、外部，并对脱漆和破损部位进行修补。检查修理汽车灯光，检查维护制冷、取暖装置；清洁音响系统等。

5. 汽车维护五：每年的汽车维护

虽然每半年的汽车维护已经很全面，但还是应该对汽车每年进行一次比较深入的检查，每年的汽车维护是和每第二个半年的汽车维护一并进行的，即在半年汽车维护项目中再加上以下内容：检查调整汽油发动机的点火正时情况，点火正时的检查与调整，最好到修理厂进行。国内轿车仍有部分发动机装有普通气门，应检查调整气门间隙，对于装用液力挺柱的发动机，则没有此项。清洁发动机舱盖、车门和行李舱的铰链机构的油污，重新调整并润滑上述机构。

课堂小结

（1）我国汽车计划预防维护制度分为定期维护和非定期维护两大类。定期汽车维护分为3级：日常维护、一级维护、二级维护；非定期维护包括走合维护、换季维护、停驶封存维护。

（2）我国现行汽车维护制度原则为预防为主、定期检测、强制维护。

自我诊断与检测

（1）我国汽车计划预防维护制度分为________和________两大类。

（2）定期汽车维护分为3级：________、________、________；非定期维护包括________、________、________。

（3）我国现行汽车维护制度原则为________、________、________。

（4）一级维护是在车辆行驶到________里程后由专业维修工负责定期执行的维护制度。

（5）二级维护也由专业维修人员负责进行，依据各地条件的不同，一般在行驶里程________时进行。

（6）汽车运行初期的一段里程（一般为________）称为走合期。

单元6 汽车与环境保护

6.1 汽车的外形

学习目标

知识目标：

正确描述汽车外形变化与空气动力性的关系，简单描述典型的汽车外形。

能力目标：

能正确区分各类汽车外形特点。

学习内容

行驶在道路上的汽车外形各有不同，而确定汽车外形有三个因素，即机械工程学、人体工程学和空气动力学。机械工程学要求动力性好、操纵稳定性好等；人体工程学要求驾乘人员有足够的活动空间，舒适性好；空气动力学要求汽车行驶时空气阻力小，流线型是指空气流过不产生旋涡的理想形状，流线型应用的最高境界是飞机的机翼。但是作为汽车绝对的流线型是不现实的，目前汽车的外形均是流线型的变化型。

1885年，德国工程师卡尔·本茨(1844—1929)在曼海姆制造成一辆装有0.85马力汽油机的三轮车，拉开了汽车现代史的帷幕。在此后的一百多年内，汽车无论是从车身造型还是从动力源或底盘、电气设备上，都有了很大的变化。其中车身造型经历了马车型、箱型、甲壳虫型、船型、鱼型、楔型的演变。

6.1.1 马车型车身

1885年，德国的两位工程师戴姆勒和本茨分别试制出1.5马力和0.85马力单缸汽油发动机并成功地试制出第一台汽车。但当时的汽车车身基本还是沿用马车型(图 6-1)。

图 6-1 马车型汽车

中国古代早有“轿车”一词,是指用骡马拉的轿子。当西方汽车大量进入中国时,正是封闭式方形汽车在西方流行之时。那时汽车的形状与中国古代的“轿车”相似,并与“轿车”一样让人感到荣耀。于是,人们就将当时的汽车称为轿车。

当时的马车型车身与我国古时的兵车车身并无本质上的区别。不过是一种箱型加上座椅,车身上部有的是敞篷,有的加上活动篷布用来避雨挡光。这样的车身难以抵挡较强烈的风雨侵袭,给乘坐者带来了极大的不便。

6.1.2 箱型汽车

由于马车型汽车很难抵挡风雨的侵袭,美国福特汽车公司在 1915 年生产出一种新型的福特 T 型车,它很像一个大箱子,箱子上部装有门窗,实际上只是在原来的马车车身上做了局部的改进,人们把装有这类车身的汽车称为箱型汽车(图 6-2)。因这类车的造型酷似于欧洲贵妇人们用于结伴出游和其他一些场合的人抬“轿子”式轻便座椅,所以它在商品目录中被命名为“轿车”。

图 6-2 箱型汽车

说起箱型车身不由让人想到我们现在乘坐的客车,现在的客车车身不论是豪华型还是普通型,也不论车身内饰和外形如何变化,供乘客使用的空间不过是一个长方体的箱型空间,也就是说,箱型车身延续至今仍然有着强大的生命力。

要想高速行驶,箱型汽车并不够理想,因为它的阻力大大妨碍了汽车前进的速度,所以人们又开始研究一种新的车身外形——流线型。

6.1.3 甲壳虫型汽车

1933年德国的波尔舍博士设计了一种类似甲壳虫外形的汽车。1934年美国的克莱斯勒公司生产的气流牌小客车，首先采用了流线型的车身外形。1936年福特公司在“气流”的基础上，研制成功林肯和风牌流线型小客车。此车散热器罩很精练，颇具动感，俯视整个车身呈纺锤形，很有特色。流线型车身的大量生产从德国“大众”开始。1998年，在最初的甲壳虫下线许多年以后，大众汽车正式推出了外形与原先非常相似的新甲壳虫(以大众高尔夫为平台)，如图6-3所示。而甲壳虫则在墨西哥和其他少数一些国家一直生产到2003年。

图6-3 大众甲壳虫型汽车

波尔舍博士把甲壳虫的自然美如实地、天才地运用到车身造型上，甲壳虫型车身迎风阻力很小，空气动力学的原理在这种车身上得到了很好的应用，也为以后在车身外形设计上运用“仿生学”开创了先河。波尔舍最大限度地发挥了甲壳虫外形的长处，使其成为同类车中之王，“甲壳虫”也成为该车的代名词。由于第二次世界大战的原因，甲壳虫型汽车直到1949年才真正大批量生产，并以一种车型累计生产超过2000万辆的纪录畅销世界各地。目前，大众公司仍在生产以这种车身形状为主要外形的乘用车。

6.1.4 船型汽车

美国福特公司经过几年的努力，于1949年推出具有历史意义的新型福特V8型汽车。这种车型改变了以往汽车造型的模式，使前翼子板和发动机罩，后翼子板和行李舱罩融于一体，大灯和散热器罩也形成一个平滑的面，车室位于车的中部，整个车身造型如同几个长方体的几何形体拼成一个船形，所以人们把这类车称为船型汽车(图6-4)。

图6-4 船型汽车

福特 V8 型汽车的成功，不仅在外形上有所突破，还首先把人体工程学应用在汽车的设计上，强调以人为主体来设计便于操纵、乘坐舒服的汽车。由于船型车身发动机前置，从而使汽车重心相对前移，而且加大了行李舱，使风压中心位于汽车重心之后，从而避免了甲壳虫型车身对横风不稳定的问题。

从 20 世纪 50 年代至今，现在的轿车无论为流线型还是在前翼子板与发动机罩之间大圆角过渡或者在轿车尾部做变动，都能看到船型车身的影子。

6.1.5 鱼型汽车

船型汽车尾部过分向后伸出，形成阶梯状，在高速时会产生较强的空气涡流。为了克服这一缺陷，人们把船型车的后窗玻璃逐渐倾斜，倾斜的极限即成为斜背式。由于斜背式汽车的背部像鱼的脊背，所以这类车被称为鱼型汽车(图 6-5)。

图 6-5 鱼型汽车

最初的鱼型汽车是美国通用公司 1952 年生产的别克牌小客车。1964 年美国的克莱斯勒顺风牌和 1965 年的福特野马牌都采用了鱼型造型。自顺风牌以后，世界各国逐渐生产鱼型汽车。

6.1.6 楔型汽车

为了从根本上解决鱼型汽车的升力问题，人们设想了种种方案，最后终于找到了“楔型”(图 6-6)。就是将车身整体向前下方倾斜，车身后部像刀切一样平直，这种造型能有效地克服升力。1963 年司蒂倍克公司第一次设计了楔型的阿本提小客车。

图 6-6 楔型汽车

楔型对于目前的高速汽车，已接近理想造型。现在世界各大汽车生产国都已生产出带有楔型效果的乘用车。汽车发展到鱼型，关于空气阻力的问题已经基本解决，楔型继承了这一成果，并有效地克服了鱼型车的升力问题，使汽车的行驶稳定性有了显著的提高，当之无愧为目前最为理想的车身造型。从外表看，这种车身造型清爽利落，简洁大方，非常具有时代气息，让人看了确实有一种美的享受。

车身外形从马车型、箱型、甲壳虫型、船型、鱼型到楔型的演变经历了漫长的过程，但纵观汽车外形的发展，它始终是在围绕着“高速、安全、舒适地行驶”这一主题发展的。每个时期都在不断地开拓汽车造型的新纪元，都在尽力满足机械工程学和人机工程学的前提下最大限度地减小空气阻力和升力的影响，从而使汽车的性能得以提高。随着时代发展，人们文化生活水平提高，用户对汽车这个运动的物体已不单单满足于它的力学性能，对汽车车身的审美意识已提到一个很高的层次。近年来，在国内外举办的车展上，多种多样的车身外形在人们面前展示了一个五彩缤纷的艺术世界。不难看出，车身设计已经作为一个单独的学科，需要更多的人去开拓。

课堂小结

汽车车身造型经历了马车型、箱型、甲壳虫型、船型、鱼型、楔型的演变过程。

自我诊断与检测

(1) 汽车车身造型经历了________、________、________、________、________和________的演变过程。

(2) 确定汽车外形需要考虑三个因素，即机械工程学、人体工程学和________。

6.2 汽车的未来

学习目标

知识目标：

(1) 正确描述汽车未来的发展方向；

(2) 简单描述电动汽车、混合动力汽车的基本构造。

能力目标：

能识别普通燃油汽车、电动汽车与混合动力汽车。

学习内容

如今，汽车已非简单的代步工具，它已成为集无线电科技、多媒体、计算机、GPS全球定位系统等多种新技术于一身的综合体。

未来数十年，电池电动车、混合电动车和燃料电池电动车的数量将稳定增长，而燃油汽车的数量将会逐渐减少，未来的汽车时代将是属于绿色环保汽车的时代。

据美国《汽车新闻》等杂志对目前每年生产5000万辆左右汽车的统计，预测国际市场汽车结构将出现以下十大特点。

(1) 柴油机被更多的轿车所采用,欧洲装备柴油机的轿车已越来越多。柴油机技术的发展,特别是小型高速直喷式柴油机技术日趋完善,使这种较汽油机更为经济、排放更低的轿车受到更多人的喜爱。

(2) 汽油机技术发展标志之一是电控燃油喷射发动机将取代化油器发动机。欧盟已明确规定:以后生产的汽油机汽车必须装备电控燃油喷射系统。

(3) 电动汽车将进入实用阶段。随着低价格、高能量和长寿命新型电池的研究发展以及人们对环保的强烈呼吁,电动汽车将在各大城市成为一种代步工具。

(4) 汽车安全标准将会更加严格。为保证汽车运行的可靠性和稳定性,ABS+EBD也将逐渐成为一些车型的标准装备;安装保障乘客安全的气囊装置的数量将逐渐增加,一些车型甚至装备侧面气囊,以保证侧翻时乘客头部的安全;三点自动上肩式安全带、防侧撞杆等都将装备到各种类型的汽车上。

(5) 使用更多替代钢的轻质材料,以降低车重。美国轿车自重由目前的1100kg降低到1000kg以下。铝合金、镁合金及碳素纤维等轻质材料在汽车制造上的应用将逐渐增多。

(6) 各种电子装置将在汽车上更多地应用,如电子发动机锁,它使偷车贼无法下手;全球卫星定位系统,使驾驶人员无论身在何处,都不会迷路。

(7) 载货汽车将改进现有的动力装置。使用一种更加有效的动力装置,可以使目前载货汽车获得更大的装载质量,更快的行驶速度。

(8) 前轮驱动汽车将有所增加,发动机横置技术进一步发展,将使汽车更省油,更为经济。

(9) 大量减少汽车污染,如用三元催化转换器对尾气进行处理。

(10) 提高经济性,降低油耗,这也是各大制造厂商为之努力的。估计在采取各种措施后,轿车的油耗能从目前6L/100km降到4.2L/100km。

6.2.1 国际环保车三大派系

目前,国际上汽车在环保汽车方面有三大派系。一是降低汽油发动机产生的公害,此类车型被视为“改进派”——汽车控制电子化与智能化,三菱公司是其中的佼佼者。二是改进燃料混合驱动,此类车型被称为“改革派”——电、油混合驱动或油、汽混合驱动。即变传统的汽油驱动为电、油混合驱动,并在尾气排放最严重的起步阶段利用电动机启动,在发动机达到一定转速后再使用汽油发动机驱动。由于发动机在高速运转时燃料得以充分燃烧,尾气排放很少,从而在一定程度上减少了尾气的排放。以丰田和通用为代表的汽车厂商主张改进燃料混合驱动。三是以无公害燃料电池取代汽油燃料,此类车型被称为“取代派”——电动汽车。燃料电池车是电动汽车的一种,它利用燃料箱中氢、氧燃烧产生的能量发电驱动汽车,因而它的燃烧废物只有水,被认为是“新一代环境技术车的代表”。

6.2.2 EV电动汽车

电动汽车(图6-7)是指以车载电源为动力,用电机驱动车轮行驶,符合道路交通、安全法规各项要求的车辆。电动汽车(Electric Vehicle)是装备有代替了发动机的电动机和电池、车载充电器、蓄电池、控制装置等，用充电电池的电力代替汽油驱动的汽车，由电池、电动机、控制装置和充电器组成。

图 6-7 电动汽车

电动汽车分为纯电动汽车(BEV)、混合动力汽车(HEV)、燃料电池汽车(FCEV)。

电动汽车的优点：它本身不排放污染大气的有害气体，即使按所耗电量换算为发电厂的排放，除硫和微粒外，其他污染物也显著减少；电厂大多建于远离人口密集的城市，对人类伤害较少，而且电厂是固定不动的，集中的排放，清除各种有害排放物较容易，也已有了相关成熟技术；电力可以从多种能源获得，如煤、核能、水力等，解除人们对石油资源日见枯竭的担心。电动汽车还可以充分利用晚间用电低谷时富余的电力充电，使发电设备日夜都能充分利用，大大提高其经济效益。有些研究表明，同样的原油经过粗炼，送至电厂发电，经充入电池，再由电池驱动汽车，其能量利用效率比经过精炼变为汽油，再经汽油机驱动汽车要高，因此有利于节约能源和减少二氧化碳的生成量。正是这些优点，使电动汽车的研究和应用成为汽车工业的一个"热点"。

电动汽车发展遇到的困难是目前蓄电池单位质量储存的能量太少，还因电动车的电池较贵，又没形成规模，故购买价格较贵。至于使用成本，有些试用结果比汽车贵，有些结果仅为汽车的 1/3，这主要取决于电池的寿命及当地的油、电价格。

电池是电动汽车发展的关键，要想在较大范围内应用电动汽车，需要依靠先进的蓄电池。经过 10 多年的筛选，现在普遍看好的有氢镍电池、锂离子和锂聚合物电池。氢镍电池单位质量储存能量比铅酸电池多一倍，其他性能也都优于铅酸电池，但目前价格为铅酸电池的 4～5 倍。锂是最轻、化学特性十分活泼的金属，锂离子电池单位质量储能为铅酸电池的 3 倍，锂聚合物电池为 4 倍，而且锂资源较丰富，价格也不很贵，是很有希望的电池。我国在镍氢电池和锂离子电池的产业化开发方面均取得了快速的发展。电动汽车其他有关的技术，近年都有巨大的进步，如交流感应电机及其控制，稀土永磁无刷电机及其控制，电池和整车能量管理系统，智能及快速充电技术，低阻力轮胎，轻量和低风阻车身，制动能量回收等，这些技术的进步使电动汽车日趋完善和走向实用化。我国大城市的大气污染已不容忽视，汽车排放是主要污染源之一，我国已有 10 个城市被列入全球大气污染最严重的 20 个城市之中。我国石油资源不足，每年进口大量石油，随着经济的发展，假如我国人均汽车持有量达到现在全球平均水平——每 1000 人有 110 辆汽车，我国汽车保有量将大量增加，石油进口就成为大问题，因此在我国研究发展电动汽车不是一个临时的短期措施，而是意义重大的、长远的战略考虑。

6.2.3 FCEV 燃料电池电动汽车

燃料电池是把燃料中的化学能直接转化为电能的能量转化装置，它从外表上看有正负极和电解质等，像一个蓄电池，但实质上它不能"储电"，而是一个"发电厂"。燃料电池也有多种类型，经过多年的探索，最有望用于汽车的是质子交换膜燃料电池。它的工作原理是将氢气送到负极，经过催化剂（铂）的作用，氢原子中两个电子被分离出来，这两个电子在正极的吸引下，经外部电路产生电流，失去电子的氢离子（质子）可穿过质子交换膜（即固体电解质），在正极与氧原子和电子重新结合为水。由于氧可以从空气中获得，只要不断给负极供应氢，并及时把水（蒸汽）带走，燃料电池就可以不断地提供电能。

燃料电池是使作为燃料的氢在汽车搭载的燃料电池中，与大气中的氧发生化学反应，从而产生出电能启动电动机，进而驱动汽车。甲醇、天然气和汽油也可以替代氢（从这些物质里间接地提取氢），不过将会产生少量的二氧化碳和氮氧化物。但总的来说，这类化学反应除了电能就只产生水，因此燃料电池车被称为“地道的环保车”。燃料电池的优点是能量转化效率高。燃料电池的能量转换效率可高达60%～80%，为内燃机的2～3倍；不污染环境。燃料电池的燃料是氢和氧，生成物是清洁的水，它本身工作不产生CO和CO_2，也没有硫和微粒排出，没有高温反应，也不产生NO_x。如果使用车载的甲醇重整催化器供给氢气，仅会产生微量的CO和较少的CO_2。燃料电池本身工作没有噪声，没有运动性，没有振动，其电极仅作为化学反应的场所和导电的通道，本身不参与化学反应，没有损耗，寿命长。

经20世纪90年代的研究，燃料电池在汽车上的应用已取得重大进展，质子交换膜电池（简称PEM燃料电池）功率密度已大大提高。1990年时每升体积可产生140W电力，1995年提高至1000W。每千克质量也从生成100多瓦电力提高到几百瓦，最高可达700W，2001年每千克质量已提高到2200W。质子交换膜的价格下降到540美元/cm^2，工作寿命可长达57000h。质子交换膜燃料电池工作温度为80℃。用于催化的铂的用量大大下降，过去用量是5mg/cm^2，一辆汽车燃料电池光铂就要3万美元，比整个汽车还贵，现在已下降到0.4mg/cm^2，近日报道已有做到0.25mg/cm^2，甚至0.10mg/cm^2。燃料电池的核心部件反应堆的能量转换效率，加拿大巴拉德公司已达到全速时为60%，满负荷时为40%。德国在额定负荷时为59%，20%额定负荷时为69%。供给氢气的方法有高压储氢瓶、液化氢储存器、金属储氢技术，这些都有明显进步，从甲醇和汽油经重整器获得高密度氢气的技术有很大进步，为利用现有加油站“加油”而保持汽车长距离行驶提供可能，尤其是从甲醇获取氢得到更多的重视，因为它的重整工作温度较低，耗能较少，同时生成的CO等有害物质较少。PEM燃料电池要在性能及价格方面达到与内燃机汽车有竞争力的水平还有大量的工作要做，特别是价格方面，20世纪80年代时燃料电池每千瓦功率的价格为1500～2000美元，20世纪末，已达到500～600美元，也就是说一辆功率为50kW的汽车，光燃料电池的价格仍需2500～3000美元，为了降低价格，正在大力研究新材料（如新的质子交换膜，新的催化材料及技术等）、新结构、新工艺和新技术。2000年巴拉德公司开发出最新一代燃料电池MK900，2001年研制出MK902，并已建成年产1万个电池的生产线。

6.2.4 HEV混合动力电动汽车

HEV是Hybrid Electric Vehicle的缩写，即混合动力汽车。HEV是传统汽车与完全电动汽车的折中：它同时利用传统汽车的内燃机（可以设计得更小）与完全电动汽车（Purely Electric Vehicle）的电机（PMSM或者异步电机）进行混合驱动（包含蓄电池与逆变器环节），减少了对化石燃料的需求，提高了燃油经济性，从而达到节能减排和缓解温室效应的效果。丰田普锐斯和本田音赛特是 HEV 生产的两大巨头。混合动力汽车显著提高了汽车的燃油效率，同时减少传统燃油汽车的尾气排放，克服纯电动汽车的缺点。对混合动力汽车概念的理解应该更广泛，任何拥有两种或两种以上动力源的汽车都是混合动力汽车。混合动力电动汽车是指车上装有两个以上动力源，包括有电机驱动，符合汽车道路交通、安全法规的汽车，车载动力源有蓄电池、燃料电池、太阳能电池、内燃机车的发电机组等多种。当前混合动力电动汽车一般是指内燃机，再加上蓄电池的电动汽车。

课堂小结

（1）未来数十年，电池电动车、混合电动车和燃料电池电动车的数量稳定增长，而燃油汽车的数量将会逐渐减少，未来的汽车时代将是属于绿色环保汽车的时代。

（2）国际上，环保汽车方面有三大派系，即改进派、改革派、取代派。

（3）电动汽车是指以车载电源为动力，用电机驱动车轮行驶，符合道路交通、安全法规各项要求的车辆。

（4）燃料电池是把燃料中的化学能直接转化为电能的能量转化装置。燃料电池的燃料是氢和氧，生成物是清洁的水，它本身工作不产生 CO 和 CO_2，也没有硫和微粒排出，没有高温反应，也不产生 NO_x。燃料电池在汽车上的应用已取得重大进展，质子交换膜电池（简称 PEM 燃料电池）功率密度已大大提高。

（5）任何拥有两种或两种以上动力源的汽车都是混合动力汽车。混合动力电动汽车是指车上装有两个以上动力源，包括有电机驱动，符合汽车道路交通、安全法规的汽车，车载动力源有蓄电池、燃料电池、太阳能电池、内燃机车的发电机组等多种。当前混合动力电动汽车一般是指内燃机，再加上蓄电池的电动汽车。

（6）混合动力汽车由汽油机、油箱、电动机、发电机、电池和变速器等组成。

自我诊断与检测

（1）未来数十年，________、________和燃料电池电动车的数量稳定增长，而燃油汽车的数量将会逐渐减少，未来的汽车时代将是属于________的时代。

（2）国际上汽车在环保汽车方面有三大派系，即________、________、________。

（3）电动汽车是指以________为动力，用________驱动车轮行驶，符合道路交通、安全法规各项要求的车辆。

（4）燃料电池的燃料是________，生成物是________，它本身工作不产生 CO 和 CO_2，也没有硫和微粒排出，没有高温反应，也不产生 NO_x。

（5）当前混合动力电动汽车一般是指________，再加上________的电动汽车。

（6）混合动力汽车由________、________、________、________、________和________等组成。

6.3 汽车公害

知识目标：

(1) 掌握汽车排放污染物的生成和危害；

(2) 掌握汽车排放的控制。

能力目标：

能够获取汽车环保、节能的感性认识。

6.3.1 汽车排放与大气污染

交通污染包括废气排放、噪声和振动三方面。相对而言，废气排放问题比较突出。就世界范围来说，很多发达国家的空气污染主要是汽车尾气污染。汽车尾气污染已经超越传统的工业污染，成为空气污染不容忽视的“祸首”，并且在英国，它还代替了交通事故，成为比车祸更厉害的“马路杀手”。据英国一项最新研究显示，每年因汽车尾气污染而死亡的人数是车祸死亡人数的两倍多。如汽车排放的一氧化碳、硫化物(指一氧化硫和二氧化硫)、氮氧化物(指一氧化氮和二氧化氮)、氟氯烃等使温室效应、臭氧层破坏和酸雨等大气环境问题变得更为严重；汽车排出的 CO、NO_x、SO_x、未燃碳氢化合物、颗粒物和臭味气体等污染了空气，对人类和动、植物危害甚大；汽车行驶过程产生的噪声和新近的驻车用防盗器的误鸣不仅能引起人体的生理改变和损伤，导致对心理、生活和工作的不利影响，还会使人的听力减弱、视觉功能下降、神经衰弱、血压变化和胃肠道出现消化功能障碍，影响人的睡眠、谈话、学习、工作和情绪等。又如报废汽车对环境也存在污染，报废汽车在发达国家已成为重要的垃圾源，并影响市容环境；残留在报废汽车中的燃油、润滑剂、空调制冷剂和铅等有害金属一旦进入水系和土壤，其危害不堪设想。汽车排气污染物造成的环境污染情况将日趋严重。所以对汽车排气污染物的监控与防治，已处于刻不容缓的地步。

6.3.2 排气污染物的主要成分与危害

汽车排放的主要污染物有一氧化碳(CO)、碳氢化合物(HC)、氮氧化合物(NO_x)、二氧化碳(CO_2)和微粒物(PM)等。它们的主要危害如下。

1. 一氧化碳(CO)

在内燃发动机中，CO 是空气不足或其他原因造成不完全燃烧时产生的一种无色、无味的气体。CO 吸入人体后，非常容易和血液中的血红蛋白结合，它的亲和力是氧的

300 倍。因此,肺里的血红蛋白不与氧结合而与 CO 结合,致使人体缺氧,抑制思考,使人反应迟钝,引起头痛、头晕、呕吐等中毒症状,严重时可能导致死亡。

2. 碳氢化合物(HC)

HC 是指发动机废气中的未燃部分,还包括供油系统中燃料的蒸发和滴漏。单独的 HC 只有在含量相当高的情况下才会对人体产生影响,一般情况下作用不大,但它是产生光化学烟雾的重要成分。

3. 氮氧化合物(NO_x)

NO_x是发动机有一定负荷时大量产生的一种褐色的有臭味的废气。发动机废气刚一排出时,气体内存在的 NO 毒性较小,但 NO 很快氧化成毒性较大的 NO_2 等其他氮氧化合物。这些氮氧化合物统称为 NO_x。NO_x进入肺泡后能形成亚硝酸和硝酸,对肺组织产生剧烈的刺激作用。亚硝酸盐则能与人体内的血红蛋白结合,形成变性血红蛋白,可在一定程度上导致组织缺氧。

NO_x 与 HC 受阳光中紫外线照射后发生化学反应,形成有毒的光化学烟雾。当光化学烟雾中的光化学氧化剂超过一定浓度时,具有明显的刺激性。它能刺激眼结膜,引起流泪并导致红眼症,同时对鼻、咽、喉等器官均有刺激作用,能引起急性喘息症,可以使人呼吸困难、眼红喉痛、头脑晕沉,造成中毒。光化学烟雾还具有损害植物、降低大气能见度、损坏橡胶制品等危害。1943 年美国发生的洛杉矶烟雾事件,1952 年伦敦的烟雾事件,以及 1970 年日本的四日市事件,都是最有代表性的光化学烟雾事件。在这些大气污染事件中,受害和死亡的人数以千计。1995 年,我国的成都、上海发生了光化学烟雾,北京和南宁分别于 1998 年和 2001 年也产生过光化学烟雾事件。

4. 颗粒物(PM)

由燃烧室排放出的颗粒物(Particulate Matter)有三个来源,其一是不可燃物质,其二是可燃的但未进行燃烧的物质,其三是燃烧生成物。燃烧过程排出的颗粒物质的组成中大部分是固态碳,火焰中形成的固体碳粒子称为碳黑。碳黑可以在燃烧纯气体燃料时形成,但更多的则是在燃烧液体燃料时形成。颗粒物质的组成中除碳黑外还有碳氢化合物、硫化物和含金属成分的灰分等。含金属成分的颗粒物主要来自于燃料中的抗爆剂、润滑油添加剂以及运动产生的磨屑等。

柴油发动机燃料燃烧不完全时,其内含有大量的黑色炭颗粒。形成的炭烟能影响道路上的能见度,并因含有少量的带有特殊臭味的乙醛,往往引起人们恶心和头晕。炭烟不仅本身对人的呼吸系统有害,而且炭烟粒的孔隙中往往吸附着二氧化硫及有致癌作用的多环芳香烃等。

5. 二氧化碳(CO_2)

世界工业化进程引起的能源大量消耗,导致大气中 CO_2的剧增。其中 30%约来自汽车排气。CO_2为无色无毒气体,对人体无直接危害,但大气中的 CO_2大幅度增加,因其对红外热辐射的吸收而形成的温室效应,会使全球气温上升,南北极冰层融化,海平面上升,大陆腹地沙漠趋势加剧,使人类和动植物赖以生存的生态环境遭到破坏。因此,近年来对

CO_2的控制也已上升为汽车排放研究的重要课题，提高汽车的经济性和使用低排量汽车是减少 CO_2 排放的重要措施。

6. 温室效应

汽车污染已成为世界性公害，其对于温室气体浓度增加的“贡献”不容忽视。汽车的内燃机实际上是一座小型化工厂，消耗大量石油资源。汽油燃爆后产生驱车动力，同时也伴随着许多复杂的化学反应，排放出大量温室气体，加剧了温室效应。

汽车每燃烧 1kg 汽油排出 3.08kg 的二氧化碳。当二氧化碳含量升高时，会增强大气对太阳光中红外线辐射的吸收，阻止地球表面的热量向外散发，使地球表面的平均气温上升，这就是温室效应。

地球上接连出现的“厄尔尼诺”和“拉尼娜”现象都与温室效应加剧有关。城市因人口密集、高楼密集、公路密集，导致“城市热岛效应”更为严重。温室气体像毯子一样把热束缚在低层大气里，城市年平均气温比郊区高 1℃，甚至更多。城市热岛效应已经改变了地方天气形势，特别是雨量分布形势已经发生改变。这是全球变暖在城市的反应。

汽车排放造成的大气污染还会破坏臭氧层，因臭氧损耗与气候变化通过某些机制相互联系。一些专家认为，臭氧层的破坏造成太阳辐射过强，也会导致高温天气。

大气环境是人类赖以生存的可贵资源，因此，减少温室气体排放，防止全球气候变暖是世界各国共同关注的问题。为了 21 世纪的地球免受地球变暖的威胁，1997 年 12 月，149 个国家和地区的代表在日本东京召开了《联合国气候变化框架公约》缔约方第三次会议，会议通过了旨在限制发达国家温室气体排放量以抑制全球变暖的《京都议定书》。该议定书规定，在 2008 年至 2012 年期间，发达国家的二氧化碳等 6 种温室气体排放量要在 1990 年的基础上平均削减 5.2%，其中美国削减 7%，欧盟削减 8%，日本削减 6%，加拿大削减 6%，东欧各国削减 5%～8%。

6.3.3 减少汽车排放的措施

减少汽车大气环境公害的基本方法可以归纳为两类。一是从源头着手的降低技术，称为源头法。二是采取一些措施减少已产生的汽车环境公害，通常把与此相关的技术称为后治理法。

1. 源头控制法

源头控制法是把燃烧污染物消灭在燃料化学能转化为机械能的过程之中的有关技术，因为发生在发动机的气缸之内，故这种方法以前被称为机内净化。源头控制法主要包括以下四个方面。

(1) 对现有的车用发动机进行改造，如丰田公司的 1～4 缸内直喷发动机根据负荷的不同而采用“分层燃烧、弱分层燃烧、均质燃烧”的方法；三菱公司采用的“两段燃烧法”；五十铃公司采用的“一次循环五次喷射”等技术，都使污染物的排放得到了大幅度的降低。由于这些技术仍然赶不上法规的加严速度，因而人们还在不断地寻求降低排放的新技术，如被各个厂家和研究人员看好的集压燃式发动机和点燃式发动机优点于一身的 HCCI 技术等。

(2) 设法使发动机始终工作在低排放工况，各种混合动力车的上市即是这种方法的成功范例。

(3) 采用电动汽车技术，包括燃料电池和各种电动汽车。

(4) 在汽车使用中控制污染的排出法，主要有使汽车保持良好技术状况和采用合理的驾驶方法，采用“自动停止怠速和启动”技术等。

2. 后治理法

由于源头控制的效果是有限的，并不是所有的问题都可以在源头解决。后治理法降低发动机排出的有害物的技术主要有各种催化净化器和过滤器等。汽油车使用最多的是三效催化净化器和吸附还原(NO)催化净化器。柴油车使用最多的是颗粒捕捉器 DPF (Diesel Particulate Filter)等，其原理是把排出的颗粒物 PM(Particulate Matter)过滤捕捉起来，使其燃烧变成 CO_2 排出。此外，还有利用氧化催化剂使 CO、HC 和 PM 变为 H_2O 和 CO_2 排出的氧化催化法等。

在实际的汽车排放控制措施中，都是源头控制法和后治理法并用的。

3. 使用中减少排放的措施

生产出的汽车在使用中减少排放，有时更加重要，具体措施如下。

(1) 汽车渗漏的润滑剂和其他渗漏的液体对空气的污染极大，因此，应每天进行检查，及时发现汽车的渗漏现象并立即修复故障。

(2) 每年应对车内空调进行一次彻底的检查，这是预防制冷剂渗漏的最好方法。在不使用空调的季节，也应偶尔打开空调，这样有利于更好地密封和防止渗漏。

(3) 经常检查阻风门。阻风门安装得太松，会导致发动机缺油，从而使汽车启动非常困难；阻风门装得太紧，则使大量汽油涌入发动机，使大量没有充分燃烧的碳氢化合物从尾气管中排放出去，从而造成对空气的污染。

(4) 避免燃烧机油，如果从排气管中排出的是蓝色或蓝白色的烟，则表明汽车是在燃烧机油，这样对空气的污染很大，应立即检修发动机。

(5) 检查空气管道最常忽略的是喷油器的空气通道，要经常对这个通道进行检查。如果松动了，紧一下；如果破损了，应立即更换。

(6) 使用清洁的滤清器，污染的滤清器将迫使发动机燃烧更多的油料，从而造成污染。因此，应该按照汽车生产厂家的要求，按使用里程进行更换。

(7) 按期更换机油，磨合前期，汽车行驶 500km，应换一次机油。当汽车正常使用后，按使用里程(或期限)更换机油。

(8) 不要冷启动就开动汽车，在发动机冷却时开动汽车，不仅对汽车本身毫无益处，而且会增加汽车对空气的污染和燃油消耗。因此，在发动机尚未预热完毕时，尽量不要开动汽车。

(9) 尽量减少发动机空转，汽车停止运动，产生更多的污染气体，因此，不要空转发动机。

(10) 加速要谨慎，有关试验表明，快速加速所消耗的燃料是通常情况下的 1.5 倍，从而产生过多的废气。因此每次踩加速踏板时，都应控制踏板的开度(70%～80%)，轻轻地、慢慢地踩下加速踏板。同样，突然制动也会造成过多的废气排放。

（11）装油不能太满，加油次数越少，汽油挥发对空气产生的污染就越小。但油加得不能太满，一般要比满箱少几升，这样不至于在汽车开动时有油溢出。

课堂小结

（1）汽车排放的主要污染物有一氧化碳（CO）、碳氢化合物（HC）、氮氧化合物（NO_x）、二氧化碳（CO_2）和微粒物（PM）等。

（2）减少汽车大气环境公害的基本方法可以归纳为两类：一是源头控制法，二是后治理法。

（3）生产出的汽车在使用过程中的减少排放更加重要。

自我诊断与检测

（1）汽车排放的主要污染物有________、________、________、________和________等。

（2）减少汽车大气环境公害的基本方法可以归纳为两类：一是________，二是________。

6.4 汽车噪声的危害与控制

学习目标

知识目标：

（1）掌握汽车噪声的危害；

（2）掌握汽车噪声的控制。

能力目标：

能够实现对汽车噪声的主动控制。

学习内容

6.4.1 汽车噪声的危害

声是一种普遍的物理现象。自然界中充满了各种各样的声音，有了声音，人们才能用语言交流思想感情，开展娱乐等各种活动。但是另一方面，有些声音却影响人们的工作、学习、休息和身体健康。例如，汽车、内燃机、拖拉机、发电机组运转时发出的声音，使人烦躁、讨厌，久而久之甚至引起耳聋和其他疾病。可见在日常生活中，有的声音是我们需要的，而另一些声音则是我们不需要的，甚至是厌恶的。从生理学和心理学的观点，把这些不需要的声音，无论是什么声音，统称为噪声。

噪声污染与大气污染、水源污染不同，噪声污染是局部的、多发性的，除飞机噪声等特殊情况外，其特点是从声源到受害者的距离很近。以汽车噪声污染来看，城市街道和公路干线两侧最为严重。

汽车噪声是汽车的第二公害，它随着汽车发动机功率、汽车速度及汽车流量的增加而增大，约占城市噪声的75%。噪声对人的影响是一个很复杂的问题，不仅与噪声的性质有关，而且与每个人的心理、生理状态以及社会生活等多方面的因素有关。经过长期的研究表明噪声确实会危害人的健康，噪声级越高，危害性越大。即便噪声级较低，如小于80dB (A)的噪声，虽然不致直接危害人的健康，但同样会影响和干扰人们的正常活动。

汽车噪声一方面对环境造成污染，使人心情不安、烦躁、疲倦、工作效率下降；干扰语言交流和通信联络，影响人们的工作和生活；会降低人的听力，严重时可致人耳聋。另一方面使驾驶员反应时间变长，从而影响行车安全。

6.4.2 汽车噪声的控制

汽车的噪声源有多种，例如发动机、变速器、驱动桥、传动轴、车厢、玻璃窗、轮胎、继电器、喇叭、音响等都会产生噪声。这些噪声有些是被动产生的，有些是主动产生的(如人为按动喇叭)。但是主要来源只有两个方面，一个是发动机，另一个是轮胎，它们都是被动产生的，只要汽车行驶就会产生噪声。

在发动机各种噪声中，发动机表面辐射噪声是主要的。发动机表面辐射噪声由燃烧噪声和机械噪声两大类构成，是发动机内部的燃烧及机械振动所产生的噪声。燃烧噪声是指气缸燃烧压力通过活塞、连杆、曲轴、缸体等途径向外辐射产生的噪声。机械噪声是指活塞、齿轮、配气机构等运动件之间机械撞击产生的振动噪声。一般情况下，低转速时燃烧噪声占主导地位，高转速时机械噪声占主导地位。两者是密切相关，相互影响的。实践表明，减少振动是降低噪声的根本措施。增加发动机结构的刚度和阻尼，是减少表面振动的方法，从而达到降低噪声的目的。

轮胎在路面滚动产生的噪声也是很大的。有关研究表明，在干燥路面上，当汽车时速达到100km/h，轮胎噪声成为整车噪声的重要噪声源。而在湿路面上，即使车速低，轮胎噪声也会盖过其他噪声成为最主要的噪声源。轮胎噪声来自泵气效应和轮胎振动。泵气效应是指轮胎高速滚动时引起轮胎变形，使得轮胎花纹与路面之间的空气受压挤，随着轮胎滚动，空气又在轮胎离开接触面时被释放，这样连续的“压挤、释放”，空气就迸发出噪声，而且车速越快噪声越大，车辆越重噪声越大。轮胎振动与轮胎的刚度和阻尼有关，刚度增大(例如轮胎帘布层数目增加)，阻尼减少，轮胎的振动就会增大，噪声也就大了。要降低轮胎的噪声，胎面可采用多种花纹节距，采用高阻尼橡胶材料，调整好轮胎的负载平衡以减少自激振动等。

为了防止发动机噪声和轮胎噪声窜入乘员厢，工程师除了尽量减少噪声源外，也在车厢的密封结构上下功夫，尤其是前围板和地板的密封隔音性能。

解决汽车的噪声是一项涉及整车方方面面的技术问题，包括发动机的结构、材料质量分布、工艺水平、装配密封性等。实际上，汽车噪声的大小能够反映出整车的质量和技术性能的高低。汽车噪声的大小是衡量汽车质量水平的重要指标，因此，降低汽车噪声也是世界汽车工业的一个重要课题。

课堂小结

（1）从生理学和心理学的观点，把那些不需要的声音，不论是什么样的声音，统称为噪声。汽车噪声是汽车的第二公害。

（2）汽车的噪声源有多种，例如发动机、变速器、驱动桥、传动轴、车厢、玻璃窗、轮胎、继电器、喇叭、音响等都会产生噪声。这些噪声有些是被动产生的，有些是主动产生的（如人为按动喇叭），但是主要来源只有两个方面，一个是发动机，另一个是轮胎。

自我诊断与检测

（1）以汽车噪声污染来看，________和________最为严重。

（2）汽车噪声是汽车的第二公害，它随着________、________及________的增加而增大。

（3）汽车噪声的主要来源有两个方面，一个是________，另一个是________。

（4）在发动机各种噪声中，________是主要的。________由燃烧噪声和机械噪声两大类构成，是发动机内部的燃烧及机械振动所产生的噪声。

（5）当汽车时速达到100km/h，________成为整车噪声的重要噪声源。

文件名称：汽车环保标志
文件类型：DOCX
文件大小：404KB

文件名称：汽车环保标准
文件类型：DOCX
文件大小：51.7KB

参 考 文 献

[1] 仲涛，张彬. 汽车概论[M]. 北京：人民交通出版社，2012.
[2] 蔡兴旺. 汽车构造与原理[M]. 北京：机械工业出版社，2010.
[3] 张弟宁. 汽车发动机构造与维修[M]. 北京：人民交通出版社，2008.
[4] 任恒山，周水庭. 现代汽车概论[M]. 北京：人民交通出版社，2009.
[5] 屠卫星. 汽车文化[M]. 北京：人民交通出版社，2009.
[6] 陈家瑞. 汽车构造[M]. 北京：机械工业出版社，2010.
[7] 金春玉，王瑞奎. 汽车电气构造与检修[M]. 北京：中国铁道出版社，2014.
[8] 赵传胜，吴俊杰. 汽车底盘构造与检修[M]. 北京：中国铁道出版社，2014.
[9] 周林福. 汽车底盘构造与维修[M]. 北京：人民交通出版社，2002.
[10] 李育锡. 汽车概论[M]. 北京：机械工业出版社，2010.
[11] 崔胜民，韩家军. 新能源汽车概论[M]. 北京：北京大学出版社，2011.